historia
inmediata

BOLIVIA
A LA HORA DEL CHE

por

RUBÉN VÁSQUEZ DÍAZ

siglo veintiuno editores, sa
CERRO DEL AGUA 248, MEXICO 20, D.F.

siglo veintiuno de españa editores, sa
C/PLAZA 5, MADRID 33, ESPAÑA

siglo veintiuno argentina editores, sa

siglo veintiuno de colombia, ltda
AV. 3a. 17-73 PRIMER PISO. BOGOTA, D.E. COLOMBIA

primera edición, 1968
cuarta edición, 1978

ISBN 968-23-0101-7

impreso y hecho en méxico/printed and made in mexico

Índice

CAPÍTULO TERCERO: LOS SUEÑOS DEL GENERAL BARRIENTOS

CAPÍTULO CUARTO: ALLÁ ABAJO EN CAMIRI

CAPÍTULO QUINTO: ALGUNOS PIENSAN QUE ESTÁN EN EL CAMINO JUSTO

Prefacio

En este libro el lector encontrará una pequeña parte de la historia boliviana. Sólo unos pocos meses. Un corto espacio de tiempo que, sin embargo, resultará decisivo para el futuro de Bolivia: los acontecimientos del medio año comprendido entre junio y noviembre de 1967. Tal vez no todos los acontecimientos, pero los más importantes de ellos: la matanza de los mineros en la noche de San Juan, las demostraciones estudiantiles, las huelgas, las fases iniciales y el veredicto final del juicio de Debray, las crisis políticas y, finalmente, pero no la menos importante, esa parte de la campaña guerrillera que empezó con la victoriosa captura de Samaipata y terminó con la muerte del comandante Ernesto Guevara y la heroica huida de los guerrilleros sobrevivientes del Ejército de Liberación Nacional.

El libro comienza más o menos alrededor de San Juan de 1967 y termina en noviembre del mismo año, y debido a que estos seis meses estuvieron tan llenos de hechos decisivos, ha sido una tarea fuera del alcance del autor el poner todo sobre el papel. Esto principalmente debido a que él vivió en medio de lo que sucedía y no tuvo la ventaja de poder contemplar los hechos desde la distancia necesaria.

No hay nada en este libro sobre los antecedentes históricos y políticos que condujeron a la actualidad boliviana. Esto es lamentable, pero el lector tendrá que manejarse sin ellos, porque el tiempo y el espacio no lo permitieron. Si alguien sin embargo sintiera la necesidad de referencias, escritores bolivianos tan excelentes como Augusto Céspedes y Sergio Almaraz Paz pueden ser recomendados.

También desearía destacar que el material incluido en la séptima parte del libro está basado en su mayor parte en testimonios de testigos visuales —oficiales al mando de las operaciones, soldados y población local. No he estado presente personalmente en la emboscada de Vado del

Yeso, ni he presenciado las luchas decisivas en las cercanías de la aldea de Higueras. Tan cuidadosamente como he podido, he tratado sin embargo de comprobar y comparar las diferentes versiones, tal como me fueron dichas durante algunas semanas de permanencia en la región de Vallegrande.

Con el fin de que el lector no se sienta defraudado, debe ser expresado de inmediato que no hay nada extraordinario incluido en este libro. No hay ningún "hecho revelador" ni declaraciones sorprendentes que no hayan sido de una forma u otra publicados por alguien antes en este o aquel periódico o revista. Si este libro es de alguna manera útil, es debido a que la mayor parte de lo sucedido en Bolivia en ese medio año trágico, pero grandioso, está incluido, y puede ubicar el surgimiento y momentánea declinación del Ejército de Liberación Nacional en una perspectiva correcta, así como explica las razones por las cuales los guerrilleros necesariamente entrarán de nuevo en acción.

Finalmente, el lector debe ser advertido de que no va a leer un libro "objetivo" o "imparcial" sobre Bolivia. En un país donde un grupo miserable de generales corruptos tratan de subyugar a todo un pueblo, la situación no puede ser vista desde dos ángulos.

RUBÉN VÁSQUEZ DÍAZ

1

La matanza de San Juan

22 de junio

Los muros de La Paz claman venganza

Dondequiera que uno vaya en el centro de La Paz, parece imposible evitar el nombre de Régis Debray. La mayoría de las polvorientas, deterioradas paredes de esta capital oficiosa de Bolivia, gritan su nombre.

Uno de los carteles dice: "La justicia boliviana no debe cometer nunca el error de perdonar a Debray. Queremos que el hombre que asesinó a campesinos y soldados sea puesto contra el paredón".

Otro —aún más sangriento— dice algo como: "Si las guerrillas de Debray ganan la victoria, los amantes de la patria y aquellos que tienen fe en Dios serán ejecutados. Debray que dirigió las guerrrillas bolivianas, merece la muerte".

Hay una cosa peculiar con respecto a estos carteles. Están todos colocados en el centro de la ciudad. Allá, en los sectores pobres de La Paz, muy poca gente sabe quién es Régis Debray, y las grandes palabras sobre los "amantes de la patria" tienen muy poco sentido allí. Y no sólo las demandas de la cabeza de Debray desaparecen cuando uno trepa las laderas de las montañas. Tampoco los carteles felicitando al general René Barrientos en su cumpleaños se ven allí. Es sólo en el centro de la ciudad donde la maquinaria del partido de los generales funciona, y también aquí muchos de los carteles "Debray" han sido rotos o arrancados por los opositores que pasan. Los carteles felicitando a Barrientos por "otro año de trabajo leal por el pueblo" están todavía intactos. La razón: ¡están colocados tan altos que nadie puede alcanzarlos!

La Paz es —como muchas otras capitales latinoamericanas— no una, sino dos ciudades. Una medieval, con señales de civilización moderna, y una ciudad de la edad de piedra, con fogatas al aire libre, y cerrados, introvertidos indios.

Cuanto más rico se es, cuanto más blanco se es, más dentro del valle de La Paz se vive. Los indios viven en las laderas de las montañas. Ellos son pobres y miserables, ¡pero por lo menos tienen un hermoso panorama! En las horas tempranas de la mañana ellos bajan de las montañas cargados con frutas, pan, y el símbolo de la vida moderna, las distintas clases de "chicles". Esto es, aquellos que tienen algún sitio donde dormir en las montañas. Muchos prefieren quedarse en la ciudad durante la noche. La Avenida Libertador Bolívar y el Parque Central Roosevelt están atestados de ellos. Algunos han encendido una fogata, pero la mayoría duermen cubiertos con delgadas capas de plástico. Es la vieja historia. Cada ciudad latinoamericana puede contarla, pero en La Paz es especialmente trágica, porque todos —desde el coronel a la cabeza del municipio hasta los indios mismos— parecen haber aceptado esto. La ciudad se ha convertido en esta forma en una perfecta sociedad esclava. Los indios hacen el trabajo pesado, los más afortunados pueden llegar tan alto como para trabajar de conductores de taxis, o dependientes de oficina de menor categoría, pero la vasta mayoría está vendiendo tarjetas postales, limpiando zapatos, limpiando las calles en el centro, transportando pesadas cargas que nadie más quiere llevar, o simplemente haraganeando, esperando ansiosamente "un trabajito". Indio, haz esto, haz aquello, y los indios corren. Hacen lo que se les dice, pero de alguna forma no parecen prestar atención alguna. Permanecen en su propio mundo.

Y los ricos, o aquellos en buena posición, o simplemente los blancos en la Avenida Camacho o en la Avenida 16 de Julio, hacen exactamente lo mismo. Ellos no ven a los indios. De vez en cuando les compran un periódico o un trozo de chocolate, pero no hay ningún contacto entre el comprador y el vendedor. La sociedad boliviana está perfectamente dividida, y uno no puede llamarlo racismo o *apartheid*, porque implica por lo menos dos razas o algo que mantener separado, pero los indios no son nada más que pedazos de piedra viva que han rodado hacia abajo por las polvorientas laderas de las montañas. Ellos sólo excitan a los turistas. Ellos miran fijamente a través de los lentes de las Leikas o las Voigtländers, la cámara saca una instantánea, y el indio pide sus dos pesos. Es barato. Dos pesos, y cualquier turista puede tener una foto de toda la miseria en este mundo.

La Paz no es una ciudad muy activa. Es el centro económico y administrativo de Bolivia, pero nunca inicia realmente sus actividades antes de las diez de la mañana. Los ministerios, a los cuales en los primeros años del régimen de Paz Estenssoro se les dio tanta importancia, están ahora medio vacíos. Sólo los edificios de la COMIBOL parecen estar funcionando. Esta organización minera tiene varios edificios impresionantes en la parte baja de La Paz. El que se informó fue dinamitado hace unos diez días, es sólo uno de ellos, y no sufrió muchos daños. Un agujero en la pared y todos los vidrios rotos. Pero el acto fue simbólico. El olor de la pólvora y la rebelión ha retornado a La Paz, y desde el Palacio Presidencial en la Plaza Murillo, el general Barrientos puede mirar hacia el mismo farol del cual, su ideal declarado, el comandante Gualberto Villarroel, fue colgado en 1946.

El estado de sitio no ha cambiado la vida de la ciudad. Hay unos pocos soldados más y unos pocos policías más en las calles. Pero eso es todo. Las calles están vacías mucho antes de la medianoche, pero eso siempre ha sido así. De tanto en tanto, los *rangers* hacen una pequeña demostración. Ellos marchan arriba y abajo por la Avenida 16 de Julio en sus desmañados uniformes y con sus corbatas hechas con seda de paracaídas. Los periódicos publican fotos de estos jóvenes muchachos de apariencia rústica, en las cuales hermosas muchachas de la más alta sociedad boliviana los abrazan y les ofrecen regalos. Los *rangers* miran con caras petrificadas a las sonrientes bellezas. Ellos saben muy bien que más allá, en las llamadas "zonas rojas", no habrá sonrisas, ni heroicas palabras de la burguesía. Allí están los ríos helados, los valles oscuros y los bosques despiadados. Y no olvidarlo: las guerrillas.

La Avenida 16 de Julio queda muy lejos, y es una cosa bien sabida que los oficiales tienen sus dificultades con los soldados que están todo menos entusiasmados por comenzar la lucha contra la naturaleza salvaje y las guerrillas que están esperándolos en alguna parte, en cualquier parte o en ninguna.

Los periódicos de La Paz no son muy afectos a escribir sobre lo que sucede en la parte sur del país. Uno tiene que leerlos cuidadosamente para encontrar noticias de lo que pasa. El 23 de junio, una pequeña noticia colocada muy discretamente en la primera página, decía que algunos guerrilleros se habían infiltrado en la capital oficial de Bolivia, Sucre, y que estaban en camino hacia Potosí. Las fuerzas armadas dijeron, como una especie de explicación, que los infiltrados estaban huyendo y tratando de evitar ser tomados prisioneros. Nadie, de todas formas, cree esta versión. Un estudio del mapa de Bolivia muestra que, si los guerrilleros se estaban moviendo desde Sucre hacia Potosí, lo estaban haciendo hacia las "zonas rojas", lo que parece indicar el hecho de que las fuerzas rebeldes están concentrando efectivos más fuertes, con el fin de comenzar una ofensiva, después de algunas semanas de completo silencio.

El Diario escribe el día 24 sobre el arribo de dos especialistas en lucha antiguerrillera, y el periodista no puede ocultar que está impresionado por el equipo perfecto de los dos caballeros de Estados Unidos, que de inmediato se dirigieron a Sucre para unirse a las fuerzas armadas de Bolivia, y el progresivamente creciente equipo de "especialistas" norteamericanos que se encuentra en esa región.

23 de junio

Panorama político boliviano. Palabras de un pasado perdido. ¿La Falange Socialista Boliviana en el Gobierno? La torre de naipes. La guerrilla: ¿Silencio estratégico? Régis Debray ha sobrevivido, ¿pero cómo?

Un año después del "histórico" discurso pronunciado por el general René Barrientos, en el cual el Jefe de Estado boliviano hizo una recapitulación del progreso y la estabilidad alcanzados por Bolivia bajo su gobierno, la situación política ha cambiado bastante. Progreso y estabilidad no son más palabras claves en la Bolivia de hoy día.

El 22 de junio de 1966, René Barrientos dijo entre otras cosas que "Bolivia, como México, ha sobrepasado el ciclo de la fuerza, los disturbios y el desorden administrativo. Ahora estamos emprendiendo con calma y confianza el curso majestuoso de la vida democrática... Aparte de ser una nación que sirve como centro de apoyo y estabilidad en la política continental, Bolivia ofrece hoy en día, estabilidad social, orden jurídico, y un potencial económico insuperable entre los países subdesarrollados". ¡Hoy el mundo parece haber olvidado esas palabras del general boliviano!

Los últimos meses parecen haber traído a Bolivia de regreso al desorden y la inestabilidad, de los cuales, en realidad, nunca salió.

"He suspendido mi viaje por Estados Unidos debido a la difícil situación nacional —declaró el senador Marcelo Quiroga Santa Cruz ayer, a la prensa boliviana, y agregó—. Considero que el gobierno actual está atravesando por serios problemas en los últimos 10 días."

Y no son sólo los guerrilleros —donde quiera que ellos estén— quienes hacen difícil la vida para el actual gobierno boliviano.

El influyente bimensual boliviano *Clarín* publica el 22 de junio un editorial titulado "¿El país otra vez en la pelea?"; un editorial que es un ataque mal disimulado contra el gobierno de Barrientos.

El editor de *Clarín* continúa:

"Una rápida mirada a los últimos acontecimientos produce, ciertamente, un diagnóstico muy dudoso. La desorganización en los sindicatos sólo puede mostrar unidad, en lo que se refiere a una continua protesta contra las condiciones de los salarios. La prensa, por su parte, ha agudizado sus críticas contra la administración en editoriales y artículos, y está atacando la vida turística oficial de los funcionarios del gobierno. Esta actitud ha sido unánime en lo que respecta a los ataques contra el vicepresidente Siles, que tiene el récord de viajes al extranjero. . ."

Clarín continúa describiendo las demostraciones estudiantiles, que llegaron hasta la oficina del Ministro de Educación. Entre tanto los mineros hicieron una marcha hasta Oruro, cuando la mina de San José fue cerrada y la economía local se vio gravemente afectada. Esto fue seguido por violentas demostraciones llevadas a cabo por los estudiantes en Oruro, Cochabamba y Sucre.

Hay pocas dudas de que Bolivia muestra evidentes señales de decadencia. La mejor prueba parece ser la actitud del general Barrientos mismo: mientras los partidos políticos tratan de elaborar un frente común contra el gobierno —FSB, PRIN, PDC, con ligeras conexiones con el MNR y el PCB— el Presidente trata de encontrar una salida a la confusión política, ofreciendo dos ministerios a la Falange Socialista. La Falange no está satisfecha. Quiere más. Por tres ministerios está dispuesta a olvidar todo lo que se refiere a la "rebeldía nacional" y a abandonar la alianza con el PRIN y el MNR.

Por otro lado, Barrientos inicia conversaciones con los partidos de oposición y las organizaciones mineras y campesinas. Los mineros ponen como condición para las conversaciones, que los prisioneros políticos sean dejados en libertad. Los campesinos no tienen, evidentemente, condiciones. La conversación con ellos tuvo lugar ayer, y parece haber terminado en simples cosas sin importancia, que los periódicos matutinos de hoy no encontraron que valiera la pena mencionar. En su conjunto, estas conversaciones con mineros y campesinos tienen un valor muy relativo, mientras Barrientos sólo converse con aquellos con quienes quiere hacerlo.

En general puede decirse que aun cuando la oposición no existe como un movimiento seriamente organizado, el gobierno de Barrientos y el partido títere del general, el Frente Revolucionario Boliviano, están más tambaleantes que nunca. El estado de sitio en el país es una mala señal, y como dice el diario *Presencia,* "...el estado de sitio no resolverá los problemas que deben ser resueltos". La solución, dice el periódico, que es el mayor y el más reaccionario de Bolivia, es "un cambio de gobierno y la aparición de un gobierno puramente militar".

Presencia no es la única voz que se levanta pidiendo por los "militares duros". Últimamente, dos políticos de alta jerarquía del FSB propusieron en Santa Cruz que un militar de honor debería encabezar una nueva junta en Bolivia.

Una "tercera fuerza" está vigilando todo esto con impaciencia: el ejército. No el ejército de Barrientos —él y algunos de sus colaboradores más cercanos se han perdido, en los ojos de los militares "puros", en maniobras políticas y pérdida de tiempo en actividad parlamentaria. El jefe de las Fuerzas Armadas, general Alfredo Ovando, es la punta de lanza de un movimiento puramente militar dirigido hacia el adiós final a toda la vida democrática, al parlamentarismo, a esta cierta libertad de prensa, que todavía puede encontrarse en Bolivia.

Hasta ahora, los dos generales que una vez se adoraron, mantienen un cierto diálogo. El general Ovando no se mezcla en política en estos días. Está ocupado en planear la forma de eliminar a los guerrilleros, a quienes ya ha cercado y eliminado varias veces.

La situación política boliviana es como la bien conocida torre de naipes. En su base, las huelgas, las demostraciones estudiantiles, la inflación y la guerrilla están socavando el fundamento. Y en la cima, los dos generales están ejecutando una peculiar danza de balance. Esta torre boliviana tiene —así parece— sólo dos posibilidades: *1)* se derrumba porque su fundamento ha sido socavado, o *2)* los generales pierden contacto con la cima y permanecen flotando en el aire, porque su frente oficial se deshace en pedazos. Y si los generales pierden contacto con la vida política del país, ¿qué pasa entonces con y dentro de Bolivia?

Los choques de los dos últimos meses entre las guerrillas y las fuerzas gubernamentales, han preocupado mucho al gobierno y a la prensa. Pero la quietud actual de los frentes guerrilleros siempre en movimiento, preocupan todavía más. El Estado Mayor de Ovando no sabe dónde tendrá lugar el próximo golpe. Las posibilidades son muchas, y las divisiones del ejército no pueden ser demasiado esparcidas. La prensa formula cada día la misma pregunta: ¿Qué están planeando las guerrillas? Y las especulaciones son muchas. La mayor parte de los periódicos parecen estar, sin embargo, de acuerdo en que los frentes guerrilleros están en movimiento y multiplicándose, no retrocediendo.

Algo en especial ha irritado al general Alfredo Ovando. Uno de sus oficiales, el coronel Edmundo Valencia, jefe de la Séptima División del Ejército en Cochabamba, ha declarado al diario *La Patria* que "evidentemente varios soldados han desertado al ser puestos en acción contra las guerrillas". Esto, dice Ovando, es una mentira. Nosotros (el ejército) no hemos hecho contacto con las guerrillas en las últimas semanas, y por lo tanto no pueden haberse producido deserciones. Preguntado sobre lo que él estaba esperando de las guerrillas, el general Ovando respondió: Nuevos choques, pero dónde, no lo sabemos. Los frentes guerrilleros pueden moverse alrededor de cincuenta kilómetros por día, y parece que algunos de ellos se están moviendo hacia el oeste o noroeste.

El intervalo entre los choques es utilizado por los diferentes políticos como una oportunidad para publicar declaraciones. El último fue el jefe del PIR, Ricardo Anaya, quien es también presidente del Senado.

"Las guerrillas —dijo Anaya— no cambiarán la estructura de este país; ellas sólo mantienen al país en el atraso, en un estado de alteración y amenaza contra nuestra independencia nacional."

El señor Anaya también usó la oportunidad para expresar su opinión con respecto al escritor francés, Régis Debray. "Es un mediocre —dijo Anaya— al que se le ha dado demasiada importancia."

Un diplomático de un país de Europa occidental dijo que Debray había sido torturado, y que los generales habían esperado obtener información. Sin embargo, parece que Debray ha rehusado hablar, aun a los especialistas norteamericanos, que vinieron desde la Zona del Canal de Panamá. Es evidente, dijo el diplomático, que los norteamericanos están mucho más interesados en Debray que los bolivianos. Si los bolivianos hubieran podido decidir por sí mismos, hubieran utilizado la "ley de fuga" y matado a Debray. Los norteamericanos esperan, sin embargo —"tratando" a Debray continuamente—, sacarle algo.

La sensación de la prensa de ayer fue la noticia de que un tal monseñor Andrés Kennedy —un clérigo norteamericano que anteriormente ha participado en la vida política de Bolivia— ha tenido recientemente una entrevista con Debray. Él aseguró que el escritor francés estaba vivo, y trajo consigo una carta para su madre, al salir de la prisión. La carta, sin embargo, fue retenida por las fuerzas militares, y la única cosa que monseñor Kennedy pudo decir a la prensa, fue que Debray estaba vivo y que había tenido un diálogo con él.

La hora del prometido juicio se está acercando, y un funcionario norteamericano en La Paz comentó ayer que los integrantes más "blandos" del gobierno de Barrientos, eran propensos a la aparición de Debray en un futuro muy cercano, pero —dijo el funcionario— los generales de Ovando no están de acuerdo.

26 de junio

La matanza de San Juan

Dos días después de que el presidente René Barrientos dijo a la nación que había sostenido "conversaciones satisfactorias" con los representantes de los mineros, el choque más serio que se haya producido en los últimos años tuvo lugar entre esos mismos mineros y las Fuerzas Armadas Bolivianas, el sábado 24 de junio.

La versión oficial es que los "extremistas" de la mina Siglo XX habían planeado atacar el día 25 de junio una unidad militar que se hallaba trabajando en las cercanías, con el fin de apoderarse de las armas, el material y los oficiales. Esto fue descubierto, continúa la versión militar, y el ejército de la región de Catavi-Huanuni se trasladó y ocupó Catavi y Siglo XX. Los mineros abrieron fuego, y los *rangers* y la guardia nacional respondieron, siendo el resultado 16 muertos y alrededor de 70 heridos.

Hasta ahí, la versión oficial de las Fuerzas Armadas.

Al mismo tiempo, el Ministro de Gobierno emitió una declaración diciendo que los líderes del MNR y el PRIN habían planeado un golpe para el día 25 de junio, y que los militantes de ambos partidos fueron movilizados y armados. En consecuencia, la policía y las fuerzas armadas tuvieron que arrestar a varios líderes de la oposición, prohibir todas las reuniones políticas y restringir la circulación en La Paz y otras importantes ciudades de Bolivia.

Los mineros de la misma Siglo XX de la COMIBOL tienen, sin embargo, una versión muy diferente. Ellos dicen que estaban celebrando San Juan cuando fueron sorprendidos y atacados por los *rangers*. Ninguno de ellos tenía armas. Las mujeres y los niños fueron balaceados en las calles y los *rangers* y la guardia nacional sólo encontraron resistencia en la oficina del sindicato, donde hay una guardia permanente. Al principio, dicen los mineros, no pensamos que eran tiros sino dinamita, pero descubrimos la realidad cuando mujeres, niños y mineros fueron baleados.

Confrontando estas dos versiones entre sí, no es difícil adivinar cuál es la verdadera.

Las minas de la COMIBOL han sido durante largo tiempo un centro de dura resistencia contra el gobierno de Barrientos y sus medidas impopulares. El gobierno ha tratado de obtener control total de las organizaciones de mineros, sus radioemisoras y su prensa. Al mismo tiempo, la situación económica de los mineros ha ido empeorando más y más. Pese a que la COMIBOL exporta una gran cantidad de metales, la impresionante corrupción de los altos sectores administrativos de la organización minera nacional da como resultado un déficit anual de muchos millones de dólares. Esto, por supuesto, se refleja en la situación de los mineros, quienes nunca ven el dinero, sino que reciben como pago una especie de "vales" con los cuales pueden comprar sólo lo absolutamente necesario en "pulperías" también propiedad de la COMIBOL. Ellos son, en otras palabras, esclavos que sólo tienen una posibilidad: vivir en la miseria y trabajar duramente.

Cuando el ejército, sin embargo, ha elegido ocupar las minas más importantes en este momento, la razón no es la situación crítica. En el Estado Mayor y en los círculos de gobierno existe el temor de que el movimiento guerrillero siempre creciente se extenderá directamente a las minas y comenzará a reclutar más intensamente entre los mineros, que están más que deseosos de unirse a la lucha armada y combatir contra el régimen de Barrientos.

Aun cuando no se han producido acciones guerrilleras de importancia en las dos últimas semanas, el Estado Mayor de Ovando ha notado que se han formado nuevos grupos rebeldes en la región de Sucre y Potosí, y los rumores dicen que las guerrillas también han aparecido en Tarija y Teoponte. El general Ovando ha negado esto oficialmente. "No hay guerrillas en Tarija y Teoponte —dijo Ovando—, si las hubiera habido, el Estado Mayor hubiera permitido un comunicado." Esa explicación no parece muy satisfactoria.

Sólo dos días después de lo que ha sido llamado por el FSB "la matanza de San Juan", la nación está aparentemente en calma. Pero es la quietud de las prisiones y las tumbas. El domingo 25 por la mañana temprano, una demostración de protesta fue atacada por la guardia nacional en La Paz. Mujeres, niños y trabajadores marcharon en un grupo de alrededor de 1 000 personas hacia el edificio central de la COMIBOL en la Plaza San Francisco, pero la guardia nacional y la brigada de incendios detuvieron a la multitud y dispersaron a los manifestantes con chorros de agua.

La nación ha sido evidentemente sacudida por el brutal ataque a los mineros, y aun dentro de la organización de Barrientos, el FRB, y en el gabinete, ha habido algunas discusiones. Sólo el ejército está firme. "Comunismo o democracia" dice el general Belmonte, jefe de la Fuerza

Aérea Boliviana, y el presidente René Barrientos lanza un "mensaje al pueblo de su Presidente constitucional", en el cual se pide a los demócratas de Bolivia que sean firmes al enfrentar "el peligro de las guerrillas y la conspiración comunista en las ciudades".

El Presidente continúa diciendo que el gobierno ha usado todos los medios con el fin de evitar la violencia, pero los extremistas y los agentes de Castro han forzado al gobierno boliviano a utilizar la fuerza, y el país está ahora, prácticamente, en una guerra internacional, que ha sido bien preparada, bien planeada y bien financiada por los castrocomunistas. Las guerrillas, la rebelión roja, la conspiración en las ciudades, la permanente agitación estudiantil, las huelgas y los desórdenes en las calles, todo esto, piensa el general, es una parte de un plan maestro cuyo objetivo es el colapso total de la nación boliviana —esto es, la Bolivia de Barrientos.

En el mensaje, el Presidente dice que si el ejército no hubiera hecho el favor a la nación de ocupar las minas, la ciudad de La Paz hubiera sido convertida en un nuevo Santo Domingo. "Y no estoy inventando una historia —asegura el general—, el proceso subversivo se desarrolló en la siguiente forma: primero hubo reuniones agresivas en las cuales los participantes se declararon en favor de las guerrillas y recaudaron dinero para las mismas. Después vinieron las amenazas contra el poder constitucional. Más tarde, las radios de Huanuni, Catavi y Siglo XX, emitieron declaraciones y trataron de incitar al pueblo a derrocar al gobierno, para comenzar la lucha de clases, e instalar un gobierno proletario. Últimamente, los rojos y los viejos líderes sindicales corrompidos declararon a las tres minas nacionalizadas más importantes, 'territorio libre', donde nadie podría entrar sin su permiso. Debido a esto, el gobierno ordenó a las Fuerzas Armadas que ocuparan las minas, para restablecer el orden y el principio de autoridad. Esto hubiera sucedido en cualquier país."

El general Barrientos, que ya había demostrado anteriormente que tiene una concepción bastante especial de cómo escribir la historia, finaliza su mensaje al pueblo diciendo que él y su gobierno todavía desean mantener conversaciones pacíficas con los mineros, pero que desea que éstos recuerden que él sabe muy bien quién comenzó los disturbios, y que las muchas víctimas en las filas de los *rangers* y de la guardia nacional demuestran que los mineros estaban bien armados, y de ningún modo celebrando San Juan, como ellos dijeron que estaban.

"Tenemos que elegir entre un mundo totalitario y un mundo libre —concluye Barrientos—. Con la patria o con el comunismo, no hay otra alternativa."

Mientras en la capital de Bolivia los diferentes partidos "revolucionarios" que integran el Frente Revolucionario Boliviano del presidente Barrientos, están saludando la matanza de los mineros como un verdadero acto "revolucionario", la región minera de Huanuni ofrece todavía una dura resistencia contra los *rangers* del gobierno y las tropas regulares del general Alfredo Ovando.

En un nuevo choque el lunes 26 de junio, un minero fue muerto y siete heridos, mientras el ejército —en vano— trataba de ocupar la mina de Huanuni, como lo hizo hace dos días con las minas de Siglo XX y Catavi.

El lunes tarde por la noche la situación era: los mineros mantenían sus posiciones, había habido fuerte lucha alrededor del hospital de Huanuni, y grupos de mineros habían bloqueado el camino entre Catavi y Huanuni, con el fin de detener las unidades del ejército que estaban avanzando desde Catavi.

Después de tres horas y media de lucha, los mineros y el ejército acordaron un alto el fuego, pero a lo largo de la noche se podían oír muchas explosiones de dinamita en los alrededores de la mina.

Es de esperar que la mina de Huanuni será ocupada. Los mineros están aislados, y el ejército está concentrando refuerzos en la región.

Una cosa, sin embargo, es ocupar una mina. Otra muy diferente, es controlar a los mineros. En Siglo XX y Catavi los mineros organizaron un Comité Nacional Clandestino, formado por mineros, obreros fabriles y estudiantes, y en una asamblea general los mineros de las dos minas nacionalizadas más importantes, acordaron hacer tratativas con los diferentes partidos de izquierda del país.

Más aún, los mineros acordaron llevar a cabo una huelga general de 48 horas, como protesta contra la agresión del ejército.

La asamblea general, que se realizó en la mina Siglo XX, finalizó con las siguientes demandas al ejército, que fueron más tarde presentadas al coronel Alfonso Villalpando, que es el comandante de las tropas de ocupación:

1] Todas las tropas deben ser inmediatamente retiradas de los sectores de la mina, con el fin de evitar choques más serios y consecuencias imprevistas.
2] Las llaves de la oficina del sindicato y de la estación de radio "La voz del minero" (ambas en Siglo XX) deben ser devueltas de inmediato a la organización de mineros.
3] Todos los líderes sindicales arrestados deben ser dejados en libertad de inmediato.
4] Los mineros exigen que la compañía (COMIBOL) pague todas sus deudas a los trabajadores, que se remontan tan atrás como mayo de 1965, con el fin de que las familias de los mineros puedan emigrar a las ciudades, donde sus vidas estén garantizadas y a salvo.
5] 48 horas de huelga general.
6] Pláticas con todos los partidos políticos de izquierda, con el fin de fortalecer el movimiento obrero.
7] Cada minero debe pagar 10 pesos bolivianos (80 centavos de dólar) cada 15 días, para los gastos del sindicato.
8] El gobierno debe pagar las deudas de las familias de los heridos.
9] Los técnicos en las minas reciben todas las garantías de los mineros, y
10] La asamblea general da su apoyo a los líderes sindicales y exige garantías para ellos.

El encuentro entre los representantes de los mineros y el coronel A. Villalpando, que tuvo lugar después de la asamblea general, duró dos horas y media, y no parece haber sido muy fructífero. Después de la reunión, el coronel de los *rangers* dijo a la prensa que sus tropas rehusarían abandonar la zona, y que "su presencia en la región minera tenía un carácter pacífico".

En La Paz, el poco importante periódico *Jornada* publicó fotos, el lunes por la noche, mostrando la deportación de los líderes sindicales, organizada por las fuerzas armadas. Las fotos muestran un grupo de no más de veinte sindicalistas subiendo a un avión militar, con destino a Puerto Rico, en la parte norte del país. La mayoría de los arrestados son de las regiones mineras y de la ciudad de Oruro. *Jornada* también publica los nombres de otro grupo arrestado, lo que muestra que la policía está también apresando a los líderes sindicales y obreros en La Paz.

El periódico más importante de La Paz, *El Diario*, publica el martes 27 otra lista de personas arrestadas por el DIC.

Esta lista es mucho más larga y termina con las muy lacónicas palabras "y otros".

Hasta ahora los periódicos de La Paz sólo han publicado una protesta contra la ocupación de las minas por el ejército. Es una declaración emitida por la FSB, Falange Socialista Boliviana, y entre otras cosas la declaración dice, que el problema de Bolivia es más que cualquier otra cosa, un problema político. Los trabajadores sienten que el poder está en las manos de unos pocos, y detestan esta situación. La declaración de la Falange continúa pidiendo al ejército que se retire y al gobierno que garantice la libertad de los sindicalistas.

El ex jefe del Estado Boliviano, el ahora exiliado Víctor Paz Estenssoro, ha emitido desde Lima una declaración en la que se dice que es una mentira lo que el gobierno de Barrientos dice al mundo, que los mineros estaban conspirando contra el Estado. "Ahora ha llegado el momento —continúa Víctor Paz Estenssoro— en que debemos formar un gran frente con todos los partidos políticos que están en la oposición."

Juan Lechín declara desde Santiago de Chile que es evidente que los generales en Bolivia han decidido defender sus privilegios con la violencia. "Para liberar a nuestro pueblo de esta brutal tiranía, repito que sólo nos queda la lucha armada, pero ésta sólo unidos, bien preparados y organizados, como las guerrillas", finaliza su declaración el líder sindical boliviano exiliado.

El ministro de gobierno, Arguedas Mendieta, declara que no habrá misericordia con los subversivos, que sólo forman un pequeño grupo que incita a los mineros a rebelarse contra el gobierno. El Ministro informa, además, que todos los activistas serán perseguidos debido a su abierto apoyo a las guerrillas.

El jefe de las Fuerzas Armadas, general Alfredo Ovando, también quiere decir a aquellos que desean escuchar su opinión. "Nosotros sólo estamos cumpliendo con nuestro deber, y de acuerdo con las leyes de la nación, combatiremos a los trabajadores castrocomunistas, y nunca permitiremos otro 'territorio libre' ", dice el general del ejército, que hace pocos días estaba planeando un viaje a Alemania Federal. Esa excursión, de todos modos, ha sido pospuesta. "En esta seria situación, permaneceré en el país", dijo Ovando. Corren rumores de que fue arrestado en su casa. "Esto es falso", dijo el general a la prensa.

29 de junio

Panorama político boliviano

Las guerrillas: algunas sorpresas para el ejército. *Las minas:* cerradas por algún tiempo. *Los mineros:* más que unos pocos izquierdistas. *Las universidades:* "Territorio libre". *Los estudiantes:* algunos enemigos del pueblo. *Los partidos:* "estado de emergencia". *La policía:* todavía unos pocos que arrestar. *Los generales:* alguien está conspirando. *Los poetas:* ¡extremistas! *Barrientos:* la pena de muerte.

Se dice que Barrientos no tiene una mente brillante, pero tiene fe, dice la gente. Esta fe u optimismo es seguro que los necesita justo ahora. Nunca, desde su "golpe" el 4 de noviembre de 1964, su régimen ha estado en más serias dificultades.

El Congreso está ahora en receso. Nunca funcionó muy bien, pero ahora toda vida democrática en el país está casi paralizada. Los generales gobernantes están emitiendo declaraciones, que se vuelven más y más absurdas. "Nosotros no queremos negociar con nadie", declara Barrientos después de la matanza en las minas. "No tenemos misericordia con los asesinos", dice el ministro de gobierno, Antonio Arguedas. No se refiere a los generales sino a los mineros. "Tenemos la ley de nuestro lado", dice el comandante de las Fuerzas Armadas, general Ovando.

Pero hay un sabor de desesperación en las declaraciones. Y la situación es desesperada —para el régimen.

Todos los sectores que están activamente contra Barrientos, se encuentran en actividad total en estos días: los guerrilleros, los mineros, los obreros de las principales ciudades, y los estudiantes.

El miércoles 28 de junio una unidad de la Octava División, que opera en la región de Santa Cruz, fue emboscada, forzada a retroceder, con una pérdida total de diez hombres entre muertos y heridos. El combate, que tuvo lugar en la zona de Florida, 40 kilómetros al norte de Río Grande y 70 kilómetros al sudeste de Vallegrande, fue corto pero enardecido, y dispersó completamente a la unidad del ejército.

Las fuerzas armadas piensan que el grupo guerrillero que emboscó a la unidad del ejército, es sólo la mitad de un grupo más grande, que hace exactamente un mes avanzó desde Carahuaturenda en dirección de Río Grande, y tuvo tres choques con unidades de la Cuarta División del Ejército. Ahora este grupo ha crecido y se ha dividido en dos unidades guerrilleras. Una está en camino a Ñacahuasu, y la otra está evidentemente planeando entrar en Vallegrande.

Este movimiento es muy alarmante para el Jefe militar de la ciudad de Santa Cruz, que ahora está directamente amenazada por la guerrilla.

El miércoles las autoridades militares y civiles —que también son militares— emitieron una declaración en la que decían que la presencia de importantes grupos guerrilleros en las cercanías de Santa Cruz amenazaba a la ciudad en tres formas: sabotaje dentro de la ciudad, interrupción de la línea férrea que une Bolivia con Argentina, o bloqueo de la carretera a Cochabamba.

Santa Cruz es la primera ciudad importante, donde las autoridades se ven forzadas a tomar medidas antiguerrilleras, y las autoridades municipales han pedido al Ministerio de Gobierno el envío de refuerzos para la guardia nacional, la policía y el DIC. Un total de 120 hombres. El comandante de la Octava División del Ejército, coronel Joaquín Zenteno, ha asegurado al alcalde de Santa Cruz que sus soldados mantendrán el orden en la ciudad, que es el centro de la industria petrolera en Bolivia. El coro nel, sin embargo, tiene sus propios problemas en el campo y las montañas. Las guerrillas se están acercando a sus unidades.

En las minas, los trabajadores se han declarado en huelga hasta tanto dure la ocupación militar. El sindicato de mineros ha ordenado la huelga en todas las minas nacionalizadas, porque los mineros temen ser arrestados mientras están trabajando, como sucedió el miércoles 28 en la mañana, cuando más de 30 mineros fueron detenidos por los soldados y transportados hasta las cercanías de Challapata, donde fueron encarcelados. Con los últimos arrestos llevados a cabo por el ejército y el DIC, el número de mineros arrestados ha ascendido a más de cien. La policía del gobierno seguirá arrestando hasta que los así llamados extremistas de izquierda queden aislados. El ejército publicó una declaración diciendo a la nación que "sólo unos pocos castrocomunistas" deberán ser arrestados. Ahora, sin embargo, no parece tener fin el número de castrocomunistas. Los verdaderos líderes sindicales de Siglo XX y Catavi han sido asesinados o encarcelados (algunos huyeron con anterioridad), pero otros nuevos aparecerán, y la firme línea de los mineros se ha mantenido hasta ahora

Huanuni está ocupada ahora por todo un regimiento motorizado. La radioemisora ha sido volada a pedazos, y las usuales declaraciones son publicadas: el ejército está sólo cumpliendo con su deber, la situación está bajo control, y sólo unos pocos izquierdistas han sido arrestados y deportados.

Los mineros de Huanuni están enterrando sus víctimas, y desde La Paz el presidente Barrientos condena la actitud de los mineros, pero promete ayudar a las familias afectadas con una especie de sistema de matar-primero-y-pagar-después.

El vicepresidente Siles Salinas, el "recordman" de los viajes al extranjero, quiere ahora ir a las minas a hablar con los mineros, pero el Presidente le ha pedido que permanezca en La Paz, demostrando en esta forma que "el gobierno no quiere negociar con los mineros mientras los agentes subversivos sigan trabajando". Esta respuesta fue dada al arzobispo de Oruro, monseñor Manrique, quien trató de persuadir al gobierno de La Paz a actuar en una forma más flexible. El general Barrientos llegó a prometer medidas "más drásticas" contra la subversión. "La alternativa —dijo el general— es defender a Bolivia, o defender la sombra sangrienta de Fidel Castro. Los bolivianos deben decidir si están con el comunismo o la democracia."

Con este mensaje regresó a Oruro el Arzobispo, y las huelgas continúan.

El martes por la tarde, la Universidad de San Andrés de La Paz fue declarada "territorio libre" y los generales Barrientos y Ovando fueron nombrados "Enemigos del pueblo". Algunas facultades decidieron ir a la huelga, otras comenzaron a hacer una colecta con el fin de comprar medicinas y alimentos para los mineros, y fue decidido que un equipo de estudiantes de medicina saldría de inmediato para las regiones mineras. La asamblea general de los estudiantes de San Andrés finalizó en una marcha de protesta por La Paz, que fue disuelta cerca del Palacio Presidencial en la Plaza Murillo. La policía usó gas lacrimógeno, y los estudiantes se retiraron, pero prometieron a la victoriosa fuerza policial que volverían —¡con un pueblo entero!

El miércoles por la mañana, el presidente de la Confederación Universitaria Boliviana (CUB), José Ríos (demócrata cristiano), dijo que su organización estaba ahora coordinando todos sus esfuerzos con las organizaciones obreras, y que el propósito de los estudiantes era participar en un vasto movimiento contra la política de Barrientos. "Debemos unirnos con los sindicatos", dijo Ríos.

Con referencia al episodio en las minas, el presidente de la CUB dijo que él estaba presente en Siglo XX cuando la cosa comenzó. "No puede haber ninguna duda de que el ejército inició el tiroteo, y que los trabajadores estaban celebrando inocentemente San Juan", dijo Ríos. "Fue una matanza a sangre fría."

De acuerdo con lo manifestado por Ríos, el plan de las fuerzas armadas y del gobierno: *1)* aterrorizar a los mineros, *2)* apoderarse de los líderes, y, lo que era más importante, *3)* evitar que la proyectada asamblea nacional de mineros, estudiantes y obreros fabriles tuviera lugar. La asamblea estaba fijada para los días 24 y 25 de junio. ¡Exactamente la fecha en que el ejército tendió el cerco!

Preguntando sobre las guerrillas, el jefe del CUB dijo que eran, sin lugar a dudas, una parte de la táctica de Castro, y que habían sido favorecidas por las condiciones sociales miserables del país. "Ellas constituyen una realidad que es seguida con interés por importantes masas del pueblo", concluyó Ríos.

Mientras los estudiantes en La Paz demostraban de esta manera su solidaridad con los mineros, los estudiantes en Santa Cruz hacían la vida muy difícil para las preocupadas autoridades de la ciudad petrolera.

El miércoles una gran demostración se inició con un choque con la guardia nacional, y destrozó las oficinas del PRA (Partido Revolucionario Auténtico), uno de los partidos políticos que integra el Frente Revolucionario Boliviano de Barrientos. Cuando los estudiantes trataron de incendiar el edificio, la gente del DIC tuvo éxito en disolver la demostración con bombas de gas y disparos de advertencia.

Los estudiantes de Santa Cruz, sin embargo, no están solos. En todo el país las masas estudiantiles están en plena actividad. En Oruro, en Cochabamba, en Sucre. Y esto da al régimen de Barrientos algo en qué pensar: Víctor Paz Estenssoro sufrió un golpe de Estado de los generales en 1964, pero todo comenzó en la misma forma. Con los mineros y los estudiantes, que no querían a los generales, pero que estaban profundamente insatisfechos con el régimen corrupto del venido a menos MNR.

Esto podría muy bien repetirse, con la única diferencia, de que esta vez el hombre a ser sacado del poder es el mismo Barrientos.

En la tensa situación de los últimos días de junio, los partidos políticos están jugando un papel de menor importancia. El futuro de la nación es decidido en las montañas, y en las minas, y en las fábricas.

En El Prado de La Paz los diferentes líderes de los partidos políticos más importantes, todavía se reúnen en sus sitios específicos.

Los jefes de Falange Socialista Boliviana, Romero y Gutiérrez, están conversando pacíficamente con el ex "líder guerrillero" de la Falange, fuera del restaurante A.B.C. Un poco más abajo en El Prado, uno puede encontrar a los "movimientistas", esto es, aquellos que no han preferido esconderse en estos días. Fuera del Hotel Copacabana, Benjamín Miguel, segundo al mando de la Democracia Cristiana, está conversando con algunos de sus partidarios.

Cada día alrededor de la una de la tarde, la misma gente se encuentran unos con otros. Se saludan todos los días y bromeaban. Esto es, aparentemente, parte de la potica oficial boliviana. ¡Esto es tal vez la política boliviana!

La mayor parte de los partidos ha declarado el "estado de emergencia" dentro de sus filas. Los periódicos están llenos con impresionantes declaraciones, las que —por supuesto— son todas a favor del gobierno y del ejército. La organización fantasma PRDN (Partido de Renovación y Desarrollo Nacional), declara que elige la democracia y no el comunismo (lo que no produce gran sorpresa), y que está listo para la lucha. Hay sólo una excepción: el sector de Andrade del MNR llama a la unidad en el "movimiento", el que por el momento está menos dividido que antes, aun cuando los diferentes grupos que se han separado, tienen evidentes dificultades en marchar juntos.

La organización campesina de Cochabamba ha emitido también una declaración que parece haber sido escrita en la oficina de Barrientos. Los campesinos pobres saludan al general y prometen luchar contra el comunismo internacional y eliminar las guerrillas por la fuerza.

Las fuerzas de la policía —especialmente las del DIC— siguen fuertemente con sus arrestos, y las víctimas —en su mayoría líderes obreros, pero también algunos estudiantes— son deportadas a localidades en regiones alejadas. Son llevados en aviones militares desde el aeropuerto de La Paz, El Alto, hasta los campos de confinamiento cercanos a la localidad de Puerto Rico. Es difícil decir por el momento, cuántos prisioneros políticos hay en Bolivia, pero un par de cientos sería una estimación muy conservadora, no sólo tomando en cuenta las regiones mineras, sino todo el país.

Ya no es un secreto en La Paz que las diferencias entre los dos generales, Barrientos, de la Fuerza Aérea, y Ovando, del Ejército, se están volviendo cada vez más serias.

Barrientos, que durante largo tiempo ha tratado de ganarse a la mayoría de los oficiales del ejército, mediante el soborno y las posiciones importantes, ha tenido un cierto éxito. Se dice que cuando Barrientos tomó el poder en 1964, 50 de los oficiales más importantes estaban de su lado, pero Ovando tenía 150. Ahora sucede lo contrario, 150 tiene Barrientos y 50 Ovando. Pero Ovando está lejos de ser un tonto. Él está aplicando el método que Barrientos utilizó para dar el golpe a Paz Estenssoro. Hay muchos oficiales de Barrientos en La Paz, pero casi todos los comandantes de división en el interior del país son fieles a Ovando y están exigiendo un paso adelante en la guerra contra los guerrilleros, que Barrientos, evidentemente, y por razones económicas, trata de limitar. La guerra antiguerrillera es costosa. Pero los comandantes de división no son economistas. A ellos no les interesa que una cierta inflación esté empezando a atacar a Bolivia, que ha tenido una sorprendente estabilidad durante los últimos 10 años (es muy fácil en un país donde no se sigue una política de salarios realista). Los gastos del ejército son pagados utilizando parte del presupuesto de otros ministerios. Pero ningún ministerio tiene mucho dinero. Así, muchos de los planes y programas públicos son paralizados, y el dinero va a las vastas regiones montañosas, donde radica uno de los más grandes problemas del ejército.

Durante cuánto tiempo crecerán las contradicciones entre los dos ex copresidentes antes de que suceda algo, nadie puede decirlo, pero Alfredo Ovando es un falso, impaciente general, que evidentemente piensa que ha habido demasiadas palabras en La Paz, donde los políticos han comenzado una guerra de declaraciones, mientras él quiere poder total para el ejército y una solución puramente militar a los problemas. Las muchas derrotas que sus *rangers* y tropas especiales han sufrido, sólo lo han vuelto más amargo con respecto a los políticos. Y esta amargura puede muy bien convertirse en un golpe, después del cual su ex compinche tendrá que seguir el ejemplo de Paz Estenssoro y muchos otros presidentes, constitucionales y no constitucionales, de Bolivia, donde muchos todavía creen en el "pronunciamiento" como el mejor medio contra el atraso del país.

1 de julio

Ernesto "Che" Guevara en la prensa boliviana

Aquellos que han fabricado historias sobre la muerte del argentino Ernesto "Che" Guevara, van a tener problemas ahora —con nada menos y nada más que el jefe de las Fuerzas Armadas de Bolivia, general Alfredo Ovando.

Se ha dicho y escrito que Guevara fue muerto en Cuba, que murió en Santo Domingo, o que fue baleado en Perú. Ahora el boliviano Ovando dice que tiene problemas con Guevara y sus hombres, en la llamada "zona roja" de Ñacahuasu. Y Ovando debería ser el primero en saber si esto es cierto o no. Sus unidades del ejército están luchando —sin mucha suerte— con un número siempre en aumento de guerrilleros que están comandados —así lo dice el general boliviano— con tanta habilidad y tanto conocimiento de la guerra de guerrillas, que su comandante no puede ser nadie más que Ernesto Guevara.

Aun cuando Ovando no tiene un 100 % de pruebas, "reveló" ayer en el Palacio Presidencial de la Plaza Murillo, en La Paz, que Guevara comandaba a los guerrilleros bajo el nombre de Ramón.

Después de haber lanzado los ataques usuales contra los guerrilleros: extranjeros, comunistas internacionales, agentes castristas, Ovando continuó y dijo a la prensa que comprenderá la importancia de Ñacahuasu y las operaciones del ejército boliviano, ahora, cuando se sabe quién es el enemigo.

"Guevara ha traído una cantidad de elementos cubanos con él, hombres que están perfectamente entrenados en la guerra de guerrillas. Hombres que han sido adoctrinados en Vietnam como guerrilleros en el Vietcong, hombres que están endurecidos y tienen experiencia."

El Jefe de las Fuerzas Armadas dijo a la prensa que sus soldados estaban combatiendo con dificultades y sacrificios (la semana pasada una unidad completa fue emboscada y perdió diez hombres), pero que, a pesar de todo, podía prometer a los bolivianos una victoria total.

También tiene planes para capturar, tarde o temprano, al famoso líder guerrillero. Pero sabe que será difícil, porque "es como buscar una aguja en un pajar".

La aguja es Guevara, quien —si se trata de él— está desplazándose constantemente. El pajar es la amplia zona de Ñacahuasu, un área de 16 000 km², con excelentes posibilidades de escape hacia otras regiones tan salvajes como ésta.

Escuchando al Jefe de las Fuerzas Armadas, uno tiene la impresión de un hombre que sabe muy poco sobre su contraparte. Piensa, pero no sabe, que los guerrilleros suman un total de 100-150 hombres.

Cuando se le preguntó sobre los gastos de las fuerzas armadas en la campaña contra la guerrilla, Ovando contestó diplomáticamente que era una cuestión de gobierno, y el gobierno debe resolver las necesidades materiales del ejército en lucha, si hubiera alguna.

El general también informó a la prensa que Ernesto Guevara era el hombre que una semana atrás había iniciado los disturbios en las minas. Él ha sincronizado el inicio de la campaña guerrillera, con los continuos disturbios en las minas, y la abierta subversión en el sector de las minas nacionalizadas.

Aun cuando la prensa boliviana no está en condiciones de publicar nada concreto sobre él, Ernesto "Che" Guevara es la figura principal en estos días, alrededor del 1º de julio.

Basada en las últimas revelaciones de Régis Debray, la prensa boliviana utiliza titulares como: "Che Guevara organiza la guerrilla en Bolivia", y este sensacionalismo da lugar a muchas especulaciones, que estudiadas cuidadosamente, terminan en muy poco.

El periódico católico de derecha, pero muy bien editado, de La Paz, *Presencia*, publica el viernes 30 de junio una "sensación": Ernesto "Che" Guevara fue perseguido cerca de río Grande. La historia sigue diciendo que el ejército perdió el rastro del grupo de Guevara alrededor del primero de junio, cuando el mismo desapareció en la zona de río Grande.

Nadie en las fuerzas armadas vio nunca a Ernesto Guevara, también llamado "Ramón", pero en el pueblo de Carahuaturenda, que fue tomado por los guerrilleros a fines de mayo, y más tarde ocupado por las fuerzas armadas, los habitantes dijeron a los oficiales que los guerrilleros estaban encabezados por un "barbudo", que ellos conocían muy bien. Nadie pudo acercarse al jeep en el cual el líder guerrillero estaba tomando su café y comiendo tajadas de queso, ofrecidas por los campesinos.

Más tarde los guerrilleros continuaron su marcha hacia la zona de río Grande. Esto sucedió la noche del 28 de mayo. El martes 30 de mayo, aparecieron en el pueblito llamado Pueblo Nuevo, donde se quedaron cuatro horas, antes de continuar hacia "El Espino", en la dirección de río Grande. Dos veces durante la marcha, el ejército tuvo choques con unidades de guerrilla de alrededor de 50 hombres. Dos veces el ejército fue obligado a retirarse con heridos y algunos soldados y oficiales muertos.

El grupo guerrillero continuó su marcha y se detuvo a unos 20 kilómetros de la aldea de Curiche, que está situada a 250 kilómetros de Carahuaturenda. El viernes 2 de junio, el grupo repentinamente cambió su rumbo hacia el oeste y se alejó de la zona de Ñacahuasu. El problema de las fuerzas armadas —uno de los muchos problemas— es: ¿por qué el grupo guerrillero con Guevara como supuesto líder cambió su marcha? ¿Por qué abandonó la zona guerrillera y se dirigió hacia río Grande?

El Estado Mayor piensa que el cambio de curso se debió a la decisión de poner a Ernesto Guevara fuera del país. Por otro lado, las fuerzas de Ovando dirigen su vista hacia el hidroplano que acuatizó hace un mes en río Grande y trajo medicinas y armamentos para los guerrilleros y se llevó a los heridos y cuatro muertos. Este hidroplano significó una embarazosa derrota para el servicio de inteligencia del ejército. Mucho antes de que esto sucediera —según manifestó un funcionario del gobierno— el ejército conocía los planes de equipar a los guerrilleros desde el aire, y ocupó, por lo tanto, los únicos cinco posibles campos de aterrizaje en el área. El servicio de inteligencia del ejército sólo olvidó una cosa, la posibilidad de acuatizar con un hidroplano sobre el río. Y eso fue exactamente lo que hicieron los guerrilleros, mientras varios regimientos los estaban esperando alrededor de los campos de aterrizaje, en vano.

Las conclusiones de los oficiales del Estado Mayor son, que Guevara abandonó el país a pie, o con este hidroplano. Como antes, el ejército sigue buscándolo, y las recientes declaraciones del general Alfredo Ovando no han servido para acercarlos a él, pero han hecho mucho para que el "mito Guevara" crezca, y el "Che" se convierta en el espíritu malo de cada oficial boliviano.

2 de julio

Instantáneas del juego político boliviano

Las notas que ofrecemos a continuación sirven para dar una impresión de cómo se lleva a cabo la política en el centro político boliviano y *cuán largo es el camino que va de las declaraciones brillantes a la acción*. Es posible que el lector salga de estas líneas tan confuso como lo está todavía el autor, pero, de todas formas, aquí están:

En la vida política de la Bolivia de hoy día, la Falange

Socialista Boliviana parece estar desempeñando el papel del partido mejor organizado, en una especie de oposición artificial. La política boliviana es de todas formas una confusión, y aquellos que hoy se integran a un partido podrían muy bien mañana pasar al contrario. A lo largo de muchos años la Falange ha desempeñado el papel de la oposición. Durante los 12 años del régimen del MNR, la Falange ensayó un golpe tras otro, y formó una oposición de ala derecha con las tendencias nacionalsocialistas. Después de más de dos años de gobierno de Barrientos, la Falange parece haber cambiado sus tácticas y orientación política una vez más. Se dice que el carácter reaccionario del régimen de Barrientos ha llevado la Falange a una dura oposición, y ha acentuado las tendencias socialistas dentro del partido, cuya estructura ha cambiado completamente desde que fue formado y modelado de acuerdo con la Falange Española de Franco en 1937. Pero no hace diez días los rumores decían que Barrientos planeaba abrir su Frente Revolucionario Boliviano a la Falange y ofrecer a sus oponentes por lo menos dos asientos en su gabinete. La Falange —siempre de acuerdo con los rumores— quería más, y no estaba deseosa de acceder a estas demandas.

Dentro de la Falange se dice que hay dos tendencias: una encabezada por el jefe del Partido, Mario R. Gutiérrez, y otra encabezada por el subjefe, Gonzalo Romero. El grupo de Gutiérrez, que es el más fuerte, representa la línea "socialista" del Partido, mientras que el grupo de Romero parece estar más vinculado al gobierno de Estados Unidos. Funcionarios del gobierno no vacilan en llamar a Mario R. Gutiérrez "marxista-leninista", y al mismo tiempo alaban la actitud de Romero, que, entre paréntesis, se encuentra en Washington en estos días de la crisis boliviana.

En un documento firmado por Mario R. Gutiérrez y publicado el 30 de junio en los periódicos de La Paz, el FSB revela su línea política y ataca a Barrientos en una forma ruidosa y violenta.

El documento, que es llamado "Pronunciamiento de la Falange Socialista Boliviana con respecto a la matanza de San Juan", acusa al FRB y a Barrientos de gobernar el país con un "gabinete oligárquico" e "ignorando las leyes, la justicia y los organismos de seguridad, cayendo en la dialéctica de la más cruda y ciega violencia". Pese a su origen, se pueden leer en el mismo algunas verdades.

El régimen constitucional, prosigue la declaración de la Falange, está ahogado en sangre, y está herido de muerte. Nosotros insistimos en que el prestigio y el destino de las Fuerzas Armadas no sean puestos en tela de juicio por disolver los sindicatos y perseguir a sus líderes. Si seguimos ese camino, nos estamos dirigiendo a una simple dictadura que finalizará con el divorcio entre el pueblo y el ejército.

El documento de la Falange continúa señalando que el ejército ha ocupado por ahora tantas posiciones en la vida civil, que el pueblo está comenzando a confundir el gobierno actual con las fuerzas armadas. El llamado para un regreso a los cuarteles, por lo tanto, no concierne sólo a las unidades del ejército que han ocupado las minas, también concierne a los muchos oficiales que se están beneficiando en altas posiciones civiles, donde fueron colocados después de la "revolución" del 4 de noviembre de 1964.

"Hemos llegado al mismo dilema que Paz Estenssoro —dice el documento—. Con el gobierno o con el comunismo." La historia ha demostrado que hay otra alternativa: un gobierno transitorio de las fuerzas armadas, pero ahora estamos frente a un gobierno impopular, el cual, débil y desorientado, amenaza con el uso de la fuerza con el fin de mantener el poder, y sólo es justo preguntarse si las fuerzas armadas, en defensa del poder constitucional, tienen derecho a seguir utilizando sus armas contra el pueblo boliviano.

El documento de la Falange parece querer decir que René Barrientos se está colocando en la misma posición en que se ubicó Paz Estenssoro hace tres años, cuando se iniciaron las medidas antipopulares de su gobierno, y cuando el coronel René Barrientos solicitó licencia en la Falange y comenzó sus maniobras dentro del MNR de Paz Estenssoro.

"El presidente Barrientos dice que no habrá 'territorios libres' en Bolivia" —finaliza diciendo el documento de la Falange. ¡Qué grave error histórico está implícito en esta frase! En este país siempre ha habido territorios libres de los pobres contra los ricos, de los dominados contra los dominadores, de los explotados contra sus explotadores, de los libres contra los tiranos. Ayer él mismo (el Presidente) permitió estos territorios libres en las universidades, en el campo, en las minas, en las fábricas y en las guerrillas del Alto Paraguay, en Apolo, y en la Magdalena (la "guerrilla" del FSB), pero fue con el fin de luchar contra la dictadura de Paz Estenssoro. Lo que era blanco ayer, no puede ser negro hoy. Lo que antes fue un deber, no puede ser ahora un crimen. La lucha por la libertad y la justicia, es una lucha de todos los tiempos contra todos los dictadores.

Como un paralelo a sus declaraciones en el frente político, la Falange publica el domingo 2 de julio una nota dirigida al Ministro de Economía, expresando su protesta contra la desnacionalización de la Corporación Boliviana de Fomento.

"Esto significa —dice la nota— que la CBF estará peligrosamente cerca a la política financiera del BID, que es una institución creada para dirigir el desarrollo de los antiguos países coloniales, de acuerdo con los intereses imperialistas, tanto en Bolivia como en el resto de América Latina."

La desnacionalización de la CBF y los planes de próximas desnacionalizaciones de organismos del Estado, tales como YPFB (Yacimientos Petrolíferos Fiscales Bolivianos), la COMIBOL y LAB (Lloyd Aéreo Boliviano), forma parte de la actual política económica del gobierno, que va contra los intereses de la nación, dice la nota de la FSB al Ministro de Economía.

Todas estas declaraciones de la FSB pueden ser, sin embargo, sólo palabras. Y aquellos que insisten en que la Falange en el poder llevaría a cabo exactamente la misma política que Barrientos, no parecen estar muy lejos de la verdad cuando uno piensa en las fuerzas sociales que integran la Falange.

La víctima de los ataques de la Falange, el Frente Revolucionario Boliviano, creación política del general Barrientos, ha estado tambaleándose en la última semana.

El Frente, que fue creado a fines de 1965, y que ganó alrededor del 60 % de los votos en 1966, está compuesto por varios partidos políticos (PIR, PRA, SD), a los que se les permite cogobernar con el MPC de Barrientos. Los últimos acontecimientos han creado una crisis dentro del Frente, y por lo menos en dos de los partidos integrantes hay fuertes tendencias en favor de abandonar la cada vez más comprometedora alianza con Barrientos.

El PIR terminó ayer su congreso nacional, después de un largo y duro debate sobre si el Partido debía permanecer dentro del Frente o si debía abandonarlo instantáneamente.

La estructura del Partido fue decisiva para el resultado del debate. El PIR, que es llamado por los funcionarios del gobierno "marxista puro", es un partido fantasma con una base muy pequeña, pero con un importante grupo dirigente de cuadros intelectuales. La tendencia del Partido es, por lo tanto, estar en desacuerdo "teóricamente" con la línea de Barrientos, pero, en la práctica, cogobernar con el general, con el fin de tener alguna influencia en esa forma. Siguiendo esta línea política, que en el mejor de los casos podría ser llamada oportunista, el PIR ha obtenido alrededor de 20 posiciones importantes dentro de la maquinaria del gobierno, y no teniendo base, no existe ninguna fuerza dentro del Partido que pueda resistir el oportunismo.

El reciente congreso del Partido ha demostrado, sin embargo, que tres de los comités regionales han insistido fuertemente en abandonar el Frente. Los comités de La Paz, Oruro y Cochabamba, se vieron derrotados en el debate final, donde el jefe del Partido, Ricardo Anaya, y otros funcionarios de alto rango, rehusaron la idea de romper con el gobierno de Barrientos, y en esa forma la dirección del Partido rehusó publicar una condenación de las matanzas en las minas, que de acuerdo con Anaya no podía ser llamada "la matanza de San Juan".

En una declaración, recién publicada, el PIR se lava las manos declarando que el Partido no sabía nada de antemano sobre la planeada ocupación de las regiones mineras nacionalizadas de Siglo XX y Catavi.

"Es nuestro deber en el gabinete —continúa la declaración del PIR— reducir, o si es posible, eliminar los efectos de la presión imperialista, en este caso específico de las minas, para que los trabajadores sean pagados en una forma que les permita cubrir sus necesidades más elementales."

La declaración del PIR usa una terminología muy moderada al referirse al gobierno de Barrientos, y finaliza diciendo que es el deber del PIR trabajar para una relación más estrecha entre la clase trabajadora y el gobierno, para que en esta forma la primera pueda ser una guía efectiva en la revolución boliviana hacia el desarrollo y la independencia nacional.

Otro partido, que también está integrado en el Frente, el PAR (Partido Auténtico Revolucionario), ha tomado, sin embargo, una posición más radical con respecto a una futura colaboración con el general Barrientos. Un grupo importante dentro del PAR ha emitido una declaracion en la cual la matanza de los siempre sacrificados mineros es condenada, y en la cual se exige el retiro del miembro del PAR del gabinete, el ministro de Educación, Edgar Ortiz Lema. Asimismo, el grupo, que está encabezado por Luis Castanón y Cosme Miranda, exige que el PAR abandone de inmediato el gobierno. El PAR, como tal, duda todavía, porque un grupo de sus líderes mineros ha pedido un nuevo congreso nacional, a ser celebrado en los distritos mineros, y se supone que ese congreso tomará la decisión final.

Ni el PIR ni el PAR son partidos de masas. Su papel en la vida política de la nación es limitado, pero han servido como una especie de cubierta para el régimen del general Barrientos. Con estos dos partidos (más el SD), los generales golpistas han podido decir al mundo: miren, hemos tenido hasta partidos de izquierda en nuestro gabinete. La mejor prueba de democracia.

Ahora el general tiene una buena posibilidad de ser dejado solo en su Frente.

Fuera del Frente, la cuestión minera ha creado un fuerte debate, especialmente dentro del PDC (Partido Demócrata Cristiano), que tiene una razón muy especial para estar amargado. Este partido ocupó desde agosto de 1966 hasta principios de este año el Ministerio de

Trabajo, pero fue expulsado del gobierno y perdió su ministerio, bajo cuya autoridad se encontraban algunas cuestiones mineras. Barrientos dijo que el PDC siguió una "política estúpida" y que el partido no estaba en condiciones de tener un ministerio tan importante como el Ministerio de Trabajo. El PDC, sin embargo, sostuvo que estaba desarrollando una política social nueva, dirigida a la elevación de los salarios en el sector minero nacionalizado que habían sido violentamente reducidos por Barrientos en mayo de 1965.

Ahora los integrantes del PDC están fuera del Frente, los salarios continúan reducidos, y en una declaración publicada el domingo 2 de julio, el Partido utiliza la oportunidad para pedir un inmediato aumento de los salarios en las minas. "La dignidad humana del minero —dice el documento del PDC— exige que sus salarios sean instantáneamente mejorados. Ésta es la única forma de aumentar la productividad. Aquí está el comienzo de la solución. Si esto es negado, ello significará el comienzo de una tormenta que en semanas o meses habrá destruido el país."

4 de julio

¿Contraofensiva del régimen de Barrientos?

Después de haber lanzado furiosas declaraciones durante los últimos diez días, contra los "extremistas, terroristas y enemigos de la humanidad", los generales Barrientos y Ovando han comenzado una nueva ofensiva, tratando de movilizar a sus seguidores dentro de un frente más amplio.

El general René Barrientos, que no hace una semana declaró que no podría haber ninguna negociación con los mineros mientras siguieran a sus líderes "extremistas" y persistieran en sus huelgas, el mismo general recibió ayer a una delegación de Siglo XX y Catavi y negoció con ella, a pesar de que las huelgas continúan y a pesar de que muchos de los llamados "extremistas" han escapado a la persecusión.

Barrientos, por lo tanto, ha elegido evidentemente otra línea. No quiere ceder, pero quiere derrotar a la oposición en otra forma. La conversación con los mineros, que tuvo lugar en la residencia del presidente en el sector de Florida en La Paz, no ha dado hasta ahora ningún resultado. Los mineros se mantuvieron firmes en sus cuatro puntos: *1*) Un aumento general de sus salarios, que habían sido reducidos en un 50 % desde mayo de 1965, *2*) Retirada inmediata de las tropas de ocupación, *3*) pago de los días de huelga, y, *4*) libertad para los mineros presos. El general mantuvo su línea y, defendiendo las medidas del ejército, señaló que eran los líderes "extremistas" los que tenían toda la responsabilidad por los sangrientos acontecimientos de unos diez días atrás. Ellos estaban explotando a los mineros con el fin de organizar una resistencia general contra su gobierno y en favor de los guerrilleros que operan en el sur del país.

En lo que se refiere al aumento de salarios, el general fue muy escéptico. En principio, la economía total de la COMIBOL debía ser revisada, y para poder aumentar los salarios a los mineros el país necesitaba 2 millones de dólares por mes, una suma que no existía, porque como lo expresara el general "nadie presta dinero para salarios". Barrientos, sin embargo, comprendió muy bien a los mineros y su situación, y con esta comprensión terminó la discusión sobre el problema de los salarios.

Tampoco en lo que se refiere a la retirada de las fuerzas armadas de las minas fue muy positivo el jefe de Estado. Su presencia en la región correspondía a una necesidad de orden y disciplina, y era también sumamente necesaria para el mantenimiento de la paz. En lo que se refiere a los prisioneros políticos, sólo aquellos que no tenían ninguna responsabilidad serían dejados en libertad, pero para los culpables no habría misericordia, no porque el general Barrientos quisiera tomar represalias, sino sólo debido a que la ley debía ser restablecida de una vez para siempre.

El pago por los días de huelga el Presidente no podría prometerlo, pero discutiría el asunto con el jefe de la COMIBOL, coronel Juan Lechín Suárez. Consideraba que había una ligera posibilidad.

Como es evidente, no hubo nada nuevo en la actitud del Presidente boliviano, pero ha comenzado a hablar con los mineros, lo que no hace más de una semana había rehusado violentamente, y este cambio formal en la táctica indica claramente que Barrientos ha comenzado su ofensiva para ganar las simpatías y algo de su prestigio perdido.

Mientras el Presidente conversa con los mineros, los periódicos de La Paz publican declaraciones de organizaciones, en cierta forma patrocinadas o dominadas por Barrientos y su Frente. Todas ellas se refieren al llamado "Cabildo Abierto", que tendrá lugar esta noche en la Universidad de San Andrés, en La Paz, el cual se espera que termine en una violenta demostración contra el régimen de Barrientos. El general ha movilizado, en consecuencia, a sus seguidores en varias organizaciones cívicas. Un grupo de maestros de La Paz anuncia en *El Diario* que ellos no quieren tomar parte en el "Cabildo", porque el mismo es subversivo y dirigido por unos pocos "extremistas". El deber de los maestros es enseñar, dice la declaración, no conspirar contra un gobierno legal. Algunos de los líderes de los estudiantes secundarios han emitido también una protesta contra el "Cabildo" que tiene más o menos el mismo contenido que la de los maestros.

Respaldando esas declaraciones, el general espera evidentemente debilitar las fuerzas que respaldan a los estudiantes y su bien organizada y siempre creciente protesta contra el gobierno. El general, sin embargo, no ha tenido mucha suerte en su movilización, debido a que la mayoría de las organizaciones estudiantiles, todos los sindicatos de La Paz y otras importantes ciudades, más todas las organizaciones mineras, han prometido estar presentes en el "Cabildo".

La actividad de los estudiantes ha preocupado al gobierno y a la policía, y Barrientos ha emitido una declaración diciendo que no permitirá el desorden y que su gobierno está preparado a disparar sus armas primero. Después de los sucesos en las minas, esto parece muy probable.

Paralelamente a la ofensiva en el frente civil, el gobierno está fortaleciéndose y concentrando sus tropas en la zona que rodea Camiri. Hablando con los periodistas, se hace muy difícil a los funcionarios del gobierno ocultar sus grandes esperanzas, en lo que se refiere a las "importantes operaciones" que se van a realizar. Ellos se atreven a soñar en la captura de Ernesto "Che" Guevara y con la eliminación final de los guerrilleros, y sus pequeños sueños se reflejan en la prensa progubernamental, que ha iniciado una campaña de rumores. "Los rumores dicen —escribe *El Diario*— 'que Guevara ha sido tomado prisionero'. El ejército no está, sin embargo, en condiciones de confirmarlo, debido al gran número de guerrilleros que han sido tomados prisioneros en los últimos días."

El tratado militar con la Argentina del general Juan Carlos Onganía está empezando a dar resultados en Bolivia. Ayer por la tarde el periódico falangista de derecha, *Jornada*, pudo decir a los bolivianos que un tren militar de 28 vagones, fuertemente protegido por soldados argentinos, había salido de Tucumán, en el norte de Argentina. En el pueblo fronterizo de La Quiaca, los soldados argentinos fueron cambiados por bolivianos, que no hicieron ningún secreto del contenido de los vagones: armas y soldados, como parte de la ayuda para la "importante ofensiva final". *Jornada* informó, además, que este tren era el cuarto que había entrado en Bolivia en condiciones similares. Oficialmente se dice siempre que los trenes contienen trigo y frijoles para Bolivia, y que la presencia de tantos soldados sólo se debe al servicio de control y aduana.

El régimen de Barrientos que habla tanto de los extranjeros que hay entre los guerrilleros, tendrá pronto algunos extranjeros dentro de sus propias filas.

El periódico vespertino seguidor del gobierno, *Última Hora*, de La Paz, publicó una violenta declaración dirigida al ejército boliviano por el así llamado "Movimiento Democrático Argentino", exigiendo al primero ejercer un control más rígido en la región fronteriza entre Argentina y Bolivia. La declaración fue también dirigida al ejército argentino, al que se pidió que ayude a "la nación hermana, que en este momento está llevando a cabo una lucha decisiva contra los enemigos de la humanidad".

Mientras se prepara para la batalla final contra "los

enemigos de la humanidad", Barrientos ha recibido con alguna sorpresa la noticia de que el jefe de las Fuerzas Armadas, Alfredo Ovando, y unos veinte de sus oficiales de más alto rango, han tomado parte en la última asamblea nacional de la Falange Socialista Boliviana, que se realizó hace unos diez días.

El Dr. Mario Gutiérrez y Gutiérrez mantuvo en esta ocasión una larga y confidencial conversación con Ovando (ex falangista él mismo), el ministro de Defensa, don Hugo Suárez Guzmán, y el general Juan José Torres, jefe del Estado Mayor de las Fuerzas Armadas, un hombre con "ideas de los años 50", lo que significa en lenguaje político en Bolivia un falangista convencido.

Después de la asamblea, en la cual tomaron parte más de cien personas, el vocero oficial de la Falange dijo a la prensa que los oficiales de alta jerarquía simpatizaban mucho con las ideas de la Falange, y que la política de ésta no sólo era paralela a la política del ejército, sino que también coincidían.

Ahora bien, Bolivia es un país donde la existencia de principios en la política es algo muy raro, y toda la exhibición, por lo tanto, puede haber sido arreglada en las altas esferas de las fuerzas armadas con el fin de apaciguar a la Falange, pero la ausencia de Barrientos y la evidente hostilidad entre él y Ovando en los días de la masacre en las minas, parece indicar el hecho de que el ejército está lentamente formando una alianza con la Falange, con el fin de tener un nuevo "caballo" el día que Barrientos caiga por una razón u otra.

Martes tarde por la noche: el "Cabildo Abierto" ha terminado. Todo empezó con la Marsellesa, cantada por lo menos cien veces, y terminó con el choque tradicional con la Guardia Nacional frente al hotel Copacabana, en el Prado. Gases lacrimógenos y una pequeña golpiza. A las siete comenzaron los discursos. A las nueve todo había terminado, y uno no podía dejar de notar la distancia entre las grandes palabras en la Universidad y el deseo de mostrar a la policía en las calles que había algo detrás de las mismas.

5 de julio

Si Fidel dice que somos amigos...

El sábado primero de julio la prensa tuvo una oportunidad en Camiri de encontrar al trío prisionero, Debray, Roth y Bustos. Antes de esto los periodistas tuvieron que escuchar al coronel Luis Reque Terán, comandante de la Cuarta División del Ejército, quien dijo que había podido verificar lo que el general Ovando había declarado el día anterior: Ernesto "Che" Guevara está o estuvo en la región. La prueba: un dibujo —o más bien, una foto de un dibujo— de un hombre sin barba, bigote o gorra. Una cara que podría haber sido la de Guevara o la de cualquier otra persona en esta tierra. El coronel, sin embargo, estaba satisfecho con su "prueba", y dijo además a la prensa que sus hombres habían identificado a un grupo de 18 guerrilleros, de los cuales 16 eran extranjeros y sólo 2 bolivianos. Los nombres que el coronel dio a la prensa, sin revelar cómo llegaron a su conocimiento, son: Marcos, Luis, Camba, Moro, Inti, Pedro Negro, El Chino, Rolando, Román, Pombo, Urbano, Miguel, Pocho, Ricardo y otros.

Después de la exhibición del coronel Reque Terán, la prensa comenzó a entrevistar a los tres periodistas extranjeros, y especialmente a Régis Debray. La entrevista tuvo lugar en la celda de Debray, y el francés aparecía fatigado y pálido. Estaba delgado, pero evidentemente su salud era buena.

Primeramente Debray rehusó contestar el cuestionario que había sido preparado para la oportunidad. No quería contestar preguntas capciosas, dijo. Más tarde, sin embargo, respondió a todas las preguntas que le hicieron los periodistas presentes.

Con respecto a la presencia de Ernesto "Che" Guevara en las guerrillas bolivianas, Debray dijo que las fuerzas armadas estaban informadas de esto, porque dos guerrilleros, que desertaron al principio de la marcha, habían hablado al servicio de inteligencia del ejército sobre esto.

Debray dijo además a la prensa que había venido a Bolivia a entrevistar a Guevara y que había mantenido tres largas conversaciones con él.

"Yo no sé —dijo— si él está aquí en la actualidad, o desde cuándo puede haber estado aquí. Sólo admito que lo he visto."

Sobre las entrevistas, Debray no quiso decir nada. Él desea publicarlas más adelante, dijo. Sólo podía informar que las entrevistas con Guevara se referían a cuestiones tales como por qué Guevara estaba en Bolivia, qué pensaba de la revolución mundial, y su concepción del Tercer Mundo.

Se preguntó también a Debray sobre su libro *Revolución en la revolución.* Contestó con una sonrisa que el libro, por supuesto, no dijo a Guevara nada que él no supiera de antemano. "No pienso que mi libro tenga ninguna importancia en el movimiento guerrillero, porque ha sido leído y analizado por el líder [Guevara], quien señaló que no estaba satisfecho y que no estaba de acuerdo con el análisis que se formula en el mismo."

Se preguntó a Debray sobre la nacionalidad de los guerrilleros. "La mayor parte de ellos son bolivanos", contestó y continuó: "No noté ninguna contradicción entre los bolivianos y los extranjeros. Todos ellos tenían suficientes municiones, y en lo que se refiere a comida, la compraban directamente a los campesinos".

Debray dijo a los periodistas que no había venido a la zona de Ñacahuasu con ningún conocimiento especial de la misma, y que no había tenido ningún contacto especial. "El mapa que estaba en mi poder era un mapa de la región de Sucre y Cochabamba que compré sin utilizar ninguna recomendación, porque sólo es necesaria la tarjeta de la Universidad para comprarlo", dijo.

Alguien preguntó a Debray qué esperaba del futuro inmediato, evidentemente refiriéndose al próximo juicio. Debray respondió que no podía decir nada sobre esto. "No he venido con ninguna intención subversiva y no puedo indicar el castigo porque desconozco las leyes de este país. Soy un filósofo y no un abogado."

"Estoy totalmente de acuerdo con las ideas de la guerrilla, y ustedes saben perfectamente bien que soy un marxista y que tengo un gran respeto por Fidel Castro y Ernesto Guevara. En lo que se refiere a mi amistad con Fidel Castro, puedo decir que no soy yo quien debe comenzar a hablar de esta amistad, porque él es mucho más de lo que yo soy, pero si él ha dicho que somos amigos, estoy más que contento."

2

Viernes por la noche en Samaipata

7 de julio

Hacia la puna

El chofer para su camión frente al primero de los numerosos puestos de control en el camino que desde La Paz, cruza la parte norte del altiplano hasta la estación fronteriza con Perú, en Desaguadero.

Salta sobre la nieve gris y abotona su saco, protegiéndose contra el viento salvaje de la puna. Entonces saluda con un ademán a los indios siempre presentes. No quiere chocolate, bizcochos, ni tarjetas postales coloreadas, con la Virgen de Copacabana, o alegres botecitos cruzando el lago Titicaca.

Se dirige hacia el puesto de control y sus tres oficiales de policía, de caras petrificadas. Paga lo que se supone debe pagar y luego diez pesos más, una especie de costumbre que todo el mundo ha adquirido en Bolivia.

Entonces verifica sus papeles y cambia unas pocas palabras con las tres autoridades. Sobre él, en la pared, hay una foto del Presidente en su uniforme de general de la Fuerza Aérea, con muchas medallas y una ancha banda azul. El Presidente fija su mirada desde donde está, a través de la puerta, hacia afuera, en el yermo gris, sobre la vasta puna.

La Paz no es atractiva. Es muerta, fría y pobre. Pero comparada con el altiplano, La Paz se convierte en el centro de la civilización.

Justo fuera de los límites de la capital, terminan las carreteras asfaltadas, no hay luz, no hay agua, y las casas se convierten en chozas y las chozas, en ruinas.

Aparte de unos pocos y miserables eucaliptos como la única excepción, no hay ninguna vegetación de importancia que pueda verse en los casi 1 000 kilómetros de largo y 100 de ancho del altiplano, que ocupa el 16 % de los 1.1 millones de kilómetros cuadrados del territorio boliviano, y está habitado por un 60 % de los cuatro millones que forman la población total del país. Unos pocos matorrales y un poco de pasto débil, que de tanto en tanto colocan una mancha de color en la nada gris.

Ésta es la puna, con un severo cielo azul y su clima temible. En las noches de invierno la temperatura baja a veinte grados bajo cero, y caen tormentas de nieve sobre las manchas oscuras, que son las aldeas, donde miles de olvidados bolivianos viven una vida que tiene muy poco que ver con una existencia humana.

Al borde de las montañas de la cordillera, la puna se hace todavía más triste y feroz. Aquí, a más de 4 000 metros de altura, es llamada "puna brava". Un paisaje que parece pertenecer a otro planeta, donde el rojo polvoriento y el gris húmedo, son los colores dominantes, y donde no se escucha ningún sonido, no se ve ningún movimiento.

Estamos en el único camino que va de La Paz a Guaqui, el único puerto donde los metales de Bolivia son embarcados hacia el otro lado del lago Titicaca, hacia Perú. De tanto en tanto, pasa otro camión, pero la mayor parte del tráfico se efectúa con llamas, mulas e indios, corriendo a los lados del camino, llevando pesadas cargas. Sobre nosotros, en la luz de la mañana, el jet de Braniff proveniente de La Paz pasa rugiendo hacia Lima. Una belleza de brillo plateado del siglo veinte, que sólo hace parecer a los indios más perdidos en el paisaje.

Pasamos la primera aldea. El chofer piensa que tiene un nombre, pero no recuerda cuál. Los indios tienen un nombre para ella, los conductores de camiones otro, y las autoridades un tercero. De todas formas, no tiene ninguna importancia, dice él, las aldeas son todas iguales: dos filas de chozas, de las cuales muchas están en ruinas, una calle enlodada que pasa entre ellas, donde las mujeres están juntando el agua sucia, marrón, derretida de la nevada de anoche. Esta agua sirve para todo, para lavar, para beber.

En la plaza está el alcalde. Es todavía temprano, pero él está en uniforme completo. Tiene cuatro estrellas, que entre los militares bolivianos significa coronel. Aquí hay tantos coroneles como llamas, y desde que René Barrientos tomó el poder, hace dos años y medio, todos sus coroneles han cogido un pequeño hueso. Cómo gana su vida nuestro coronel, aquí en esta aldea, no es fácil decirlo, pero es una cosa sabida, que nunca la corrupción y el soborno han estado tan integrados en la vida pública de Bolivia, como hoy día. Aun los tipos de la época del MNR no habían alcanzado ese nivel. Ellos no eran nada comparados a esto.

Cada permiso, cada documento, que de acuerdo con la ley boliviana, deben ser dados gratuitamente o por muy poco dinero, nuestro coronel "los vende" diez veces más caros, con el motivo de que, por supuesto, usted puede obtenerlos por la vía regular, pero, como usted sabe, toma tanto tiempo, y por lo tanto es mucho mejor que usted los ayude un poco en el camino. Aquellos que prefieren esperar rara vez obtienen su permiso a tiempo. El coronel se ocupa de eso.

No sabemos, naturalmente, si nuestro coronel en esta aldea hace exactamente eso, pero lo que *sí* sabemos es que ésta es la manera en que la mayoría de los oficiales del ejército boliviano ganan su vida, y que ésa es la forma en que permanecen fieles al régimen.

El coronel nos saluda, con un gesto satisfecho, perezoso. Frente a él tiene la iglesia, un enorme edificio hecho de ladrillos y con torres y vitrales en las ventanas. El paraíso sobre la tierra. A su izquierda tiene una pared amarronada, media rota, donde alguien hace largo tiempo escribió "Barrientos al poder", con una pintura demasiado oficial.

Cuántos indios están viviendo aquí, en la puna, nadie lo sabe. Un millón tal vez —o más. Uno no los distingue en el paisaje. Sus chozas lucen igual que los alrededores enlodados y polvorientos, y ellos mismos han adquirido el color de la tierra.

A pesar de las declaraciones pretenciosas de La Paz, en las cuales los políticos hablan del progreso y del "salto de Bolivia al siglo veinte", los indios de la puna permanacen en la Edad Media. Algunos de ellos están todavía divididos en *ayllus*, como los indios de los Andes siempre han estado. Un *ayllu* es una especie de célula, que tiene tres funciones: una religiosa, una familiar y una productiva. Es una especie de clan, con sus propios dioses —el cóndor o el arco iris— que protegen la casa y los instrumentos de trabajo. Además, por supuesto, está el gran Dios, el de la iglesia en la plaza de la aldea cercana, pero es otra clase de dios, mucho más lejano, menos familiar, menos indio.

La mayor parte de los indios de la puna son trabajadores agrícolas o trabajan en las minas, si tienen la suerte de tener trabajo; en ambos sitios por un salario ridículo. El indio es considerado como un animal, que sólo tiene que trabajar. De cada cuatro indios, tres son analfabetos, pero ellos leen en el cielo, en la tierra, en el arco iris. De cada cinco indios, cuatro sufren de "soroche", la enfermedad particular del altiplano, pero contra ésta, contra el hambre y el frío, el indio ha encontrado una medicina, que no cura, pero consuela: la coca. La coca, la chicha —el aguardiente de maíz— las papas heladas, y en las noches frías, el alcohol, parecen indispensables en la vida diaria de estos millones del altiplano, que viven fuera del circuito económico de Bolivia.

Otros veinte kilómetros de yermo y entramos en Tiahuanacu. Aquí, dicen, hubo un importante centro de cultura precolombina, la cuna, tal vez, del imperio Aymará, que desapareció nadie sabe cómo y por qué.

Hoy "La Puerta del Sol" se levanta en ruinas y custodia la aldea de Tiahuanacu, donde los descendientes de un pueblo que había olvidado la palabra "hambre", viven en la miseria más extrema.

Algunos viernes, los indios de Tiahuanacu tocan la flauta y bailan —no para los turistas, porque verdaderamente, no es un sitio para turistas. Entre las canciones hay una que dice más o menos así: "Nací en una noche de tormenta... el viento y la lluvia fueron mi cuna... nadie se apiada de mi miseria... maldito sea el día que nací, maldito sea el mundo, maldito sea yo". Ésta es cantada en el cerril y duro dialecto aymará, pero no hay pasión en las palabras. Los indios parecen haber abandonado la posibilidad de ser apasionados en este mundo, donde el hambre y la miseria se han convertido en una tradición a través de las generaciones, a través de tantas generaciones, que el mero pensamiento de un cambio parece absurdo.

Después Guaqui. Más lodo, más puestos de control. Algunas barracas oficiales alrededor de la iglesia: la gendarmería. Guaqui sostiene el sueño de todo el país. El sueño de tener un puerto, de tener barcos, de tener acceso al mar. Guaqui tiene un puerto. Guaqui tiene algunos barcos pequeños, pero no es el mar, que brilla fuera de Guaqui. Es el lago Titicaca. Y en la otra orilla del Titicaca el sueño termina. Está Perú con sus montañas cubiertas de nieve, y allí los barcos de Guaqui deben descargar el metal que traen de Bolivia, y que viene desde Oruro, bien adentro del altiplano.

Las paredes de Guaqui están, como las paredes de cualquier otra aldea aquí arriba, cubiertas con la misma pintura oficial: Barrientos al Poder. De cuando en cuando un MNR o un Paz Estenssoro todavía pueden verse. Hay un nuevo presidente, y un nuevo nombre pintado en las paredes. La lucha por la democracia, la civilización occidental, y el mundo libre, que son los lemas favoritos de los políticos de La Paz, tienen muy poco significado aquí.

"Muy pronto —dice el chofer— cubrirán el nombre de Barrientos con el de Ovando. Aquí hay una ventaja en ello. Es más fácil de deletrear. Aparte de eso, nadie notará la diferencia."

Fuera de Guaqui se levanta una enorme barca de un regimiento de caballería, que se supone debe proteger la región fronteriza. Ahora es casi mediodía y orgullosas clarinadas salen de las torres y se esparcen sobre el lago Titicaca.

Afuera, en el agua helada, los indios están trabajando. Están cortando hierba para las vacas. El suelo de esta región no produce hierba, pero sí el agua helada. Los indios están allí, sin botas, y cortan durante horas. Entonces las vacas bajan hasta la orilla, caminan perezosamente en el así llamado lago sagrado y comen la hierba flotante.

Desaguadero. La frontera: algo absurdo en esta región. Un pequeño río divide el pueblo en dos partes. De un lado, las chozas son grises y embarradas. Del otro lado es lo mismo. Sólo las dos iglesias son un poco diferentes. Del lado peruano la iglesia está un poco mejor conservada, y dicen que por la noche el lado peruano tiene luz eléctrica. En cambio, la Alianza para el Progreso ha estado de lado boliviano y ha construido una oficina de aduanas. Hace un año la terminaron, pero todavía nadie la está usando. El pueblo de Desaguadero hubiera preferido luz eléctrica, como tienen los peruanos, pero "los intereses económicos de la nación" exigían la construcción de una oficina de aduanas.

No hay mucha actividad en Desaguadero. Del lado boliviano, un coronel que hace un par de años cayó en desgracia, está al mando. Él ha colocado su silla afuera en el sol frío, y estudia los últimos periódicos de La Paz, mientras filas de indios pasan con sus mulas y llamas, en su camino hacia Perú o desde Perú. Para los indios no existe ninguna frontera. Ellos pasan frente al coronel boliviano en desgracia y saludan, después pasan frente a los cuatro oficiales de policía, del otro lado del puente, y saludan otra vez, y desaparecen en las montañas.

Al atardecer, los pequeños botes pescadores abandonan la orilla. Sus velas desaparecen muy pronto. La lluvia y la pesada nieve se derriten juntas con la oscura superficie gris del Titicaca.

Nosotros no comprendemos cómo los pescadores pueden soportar el frío y la lluvia durante toda la noche. De todos modos, como dice nuestro chofer, no puede ser mejor en tierra.

8 de julio

Panorama político boliviano

Algo tan simple y ordinario como un tren, ha creado una serie de problemas para el gobierno boliviano en los últimos días.

Hace cinco días los primeros rumores alcanzaron a la capital de Bolivia, de que un tren fuertemente guardado estaba cruzando la frontera argentino-boliviana, en dirección a algún lugar en el sur de Bolivia. El tren estaba cargado con trigo y frijoles, decían las autoridades. El tren estaba lleno de armamento ligero y pesado, decían las malas lenguas.

Todo esto ha sido dicho antes, pero este tren dio inicio a un conflicto casi internacional entre Chile y Bolivia, porque el gobierno chileno envió instantáneamente una nota al gobierno argentino, pidiendo una explicación. ¿Estaba Argentina ayudando a Bolivia a formar un ejército más fuerte? Si Argentina estaba enviando armamento a Bolivia, ¿era sólo con el fin de combatir a los guerrilleros, o tenían los gobiernos argentino y boliviano pensamientos ocultos?

De inmediato los dos gobiernos aludidos emitieron notas asegurando que el famoso tren no contenía nada más que cosas comestibles (los argentinos), y que Bolivia nunca aceptaría ninguna ayuda militar de Argentina (la versión boliviana).

Esto fue, sin embargo, sólo el principio. Ahora los periódicos bolivianos están desarrollando una campaña contra Chile, a quien se acusa de haber actuado con "mala fe", creyendo en "algunas historias" publicadas por los enemigos de Bolivia.

Mientras la contradicción tradicional entre Bolivia y Chile, sigue su curso en los editoriales en La Paz, el pacífico tren ha alcanzado su destino en Bolivia, y todavía se oyen voces exigiendo una explicación. Las cosas no están muy claras. Ante todo, ni el gobierno argentino, ni el boliviano, se tomaron el trabajo de explicar por qué el tren tenía que estar tan fuertemente protegido, si sólo contenía trigo y frijoles. En segundo lugar, hubo una extraña coincidencia entre la hora-cero de la "ofensiva final" del ejército boliviano contra los guerrilleros y la llegada del tren. Es de suponer que las unidades del ejército boliviano iban a obtener abastecimiento de exactamente ese tren —¡e iban a obtener algo más que trigo y frijoles! Finalmente, hay una declaración oficial argentina que dice que este tren y otros cuatro, son parte del programa de asistencia militar ordinaria, que existe entre Argentina y Bolivia. ¡Aquí, otra vez debe suponerse que los programas de asistencia militar incluyen algo más que lo que es bueno para el estómago!

El ex presidente boliviano, Siles Suazo, se enteró de la historia en Montevideo, donde está exiliado, y el 5 de julio utilizó la oportunidad para atacar al régimen de Barrientos, por haber permitido la intervención extranjera en la política boliviana.

El presidente Barrientos debe retirarse de sus funciones, dice Siles Suazo, porque es evidente que Bolivia se está "vietnamizando". Un gobierno que por sí mismo no pueda mantener el orden y establecer la autoridad debe retirarse, y si no lo hace, debe ser derrocado cualquiera que sea el precio.

Siles Suazo finaliza refiriéndose a la infiltración norteamericana en América Latina, diciendo que ahora una doble lucha ha comenzado: una defensa de la nación llevada a cabo por los bolivianos mismos.

De los invisibles frentes guerrilleros ha habido muy pocas noticias en los últimos días. Las tropas del gobierno han encontrado el cuerpo de un supuesto guerrillero, a quien no han podido identificar. En la misma región —a algunos kilómetros de Río Seco— un grupo de guerrilleros ha sido observado transportando heridos sobre mulas.

El jefe de la Octava División del Ejército, coronel Joaquín Zenteno, ha dicho a la prensa que él piensa que los guerrilleros planean cruzar la carretera a Cochabamba en la región de Angostura, con el fin de tomar posiciones en las montañas que hay allí. Las montañas Amburó son consideradas como especialmente favorables para la guerra de guerrillas, debido a su naturaleza y debido a su posición cercana a las zonas industriales en el norte y a las regiones petrolíferas de la provincia de Sara.

El ejército, asegura el coronel Zenteno, está sin embargo preparado y firme en su decisión de mantener el orden y la tranquilidad en la región.

Cuán firme y decidido está el ejército boliviano es en estos días el gran interrogante. Fuentes bien informadas dicen que la insatisfacción con la forma en que es dirigida la campaña antiguerrillera, está en constante aumento. Los soldados y los jóvenes oficiales deben sobrellevar las presiones y los peligros, pero los oficiales de alta jerarquía están recibiendo los buenos salarios y están a salvo en buenas posiciones. Esta contradicción dentro del ejército boliviano —una contradicción clásica, cuando un ejército tradicional tiene que combatir a los guerrilleros— ha hecho que el gobierno boliviano siga una línea de "compre-donde-pueda". Si hay un problema con un oficial o un grupo de oficiales, el gobierno trata de comprarlos. Esto, por supuesto, no puede ser hecho abiertamente, y por lo tanto el régimen de Barrientos busca los caminos más extraños para estimular el espíritu antiguerrillero. En el puerto peruano de Matarani, por ejemplo, hay alrededor de doscientos pequeños automóviles que están esperando para ser transportados a Bolivia. Están camuflados como taxis, pero en realidad son automóviles personales para los oficiales más problematizados de la Octava División del coronel Zenteno, que ha sido especialmente molestada por las guerrillas.

También dicen los rumores que más de diez millones de pesos bolivianos están asiendo transferidos de otros presupuestos al de defensa. Explicación: la campaña antiguerrillera cuesta muchísimo dinero. Pero no es ningún secreto que esta campaña es pagada y auspiciada por el Pentágono, y los diez millones de pesos son, por lo tanto, para ser usados en otra cosa. ¿Qué? Otra vez un pago oculto con el fin de ganar simpatías entre los oficiales del ejército. Esto, naturalmente, no puede decirse porque probaría lo que en realidad es un hecho bien conocido: que la moral del ejército boliviano está cercana a cero.

Mientras el ejército tiene sus pequeños problemas financieros, los guerrilleros se están desplazando por los alrededores, y últimamente se ha informado que uno de sus líderes "Coco" Peredo ha sido visto junto con 60 hombres muy cerca de Santa Cruz. Se dice que él y su grupo estuvieron durante varias horas en las aldeas de la Fortaleza y Loma Mansa. Después de esto el grupo continuó en dirección de Barchilon, que está a menos de 30 kilómetros de Angostura. Los guerrilleros estaban bien equipados, e hicieron un llamado a los campesinos a unirse a ellos, porque "sólo en esa forma podrían evitar el destino de los mineros".

Casi dos semanas después de los sangrientos sucesos de San Juan en las minas, comienzan a aparecer más noticias sobre lo que sucedió realmente en Siglo XX y Catavi.

En primer lugar, no fueron 17 sino más de 30 mineros los que fueron asesinados. Pero lo que resulta más sorprendente es que las pérdidas del ejército ascienden a más de 25. Sin embargo, es también verdad que los mineros estaban completamente desprevenidos cuando comenzó el ataque y no tuvieron el tiempo necesario para responder al fuego. ¿Cómo puede entonces el ejército haber perdido 25 soldados?

Parece que el tiroteo se inició entre la guardia nacional de las minas y las fuerzas armadas, debido a que estas últimas confundieron a la guardia con mineros, ya que tanto unos como otros usan cascos mineros.

Las víctimas del ejército fueron enterradas en silencio y su número no fue nunca publicado, con el fin de mantener el mito del soldado boliviano, que nunca muere.

Hoy las huelgas continúan. Las radioemisoras siguen todavía en manos del ejército y las minas siguen ocupadas. No se ha producido ningún nuevo incidente, pero es la opinión general que la situación puede explotar en cualquier momento.

La COMIBOL ha iniciado una vasta ofensiva para convencer al pueblo boliviano de que los mineros están en realidad viviendo como príncipes. Durante tres días la organización minera ha publicado grandes anuncios, en los cuales trata de probar que 2 680 pesos bolivianos son un salario mensual excepcional para un minero en Catavi.

En otras palabras: los mineros dicen que están insatisfechos, pero aquí nosotros (COMIBOL) mostramos y probamos que eso no es verdad. Los mineros están sólo provocando y siguiendo a unos pocos extremistas de izquierda.

Nadie que conozca un poco sobre las minas cree en la propaganda de la COMIBOL. Se parece demasiado al eco de algún discurso del Presidente.

En los últimos días el presidente Barrientos ha ido bastante lejos en su campaña antiextranjera. No es sólo en la guerrilla que el Presidente ve la intervención extranjera.

A medida que se acerca el proceso de Debray, Barrientos comienza a descubrir agentes extranjeros por todas partes.

Ayer fue un pacífico abogado belga, Lallemand, que vino a defender a Debray, que fue tratado de agente. "La dignidad de la nación (que permite armamento argentino y asesores norteamericanos) nunca permitirá la intervención extranjera", dice Barrientos. El abogado belga se apresuró a declarar que sólo había venido como un observador. Con él ha venido el abogado francés Pinet, el profesor universitario Vigneron y el editor François Maspero. (Todos ellos fueron más tarde molestados, amenazados o expulsados de Bolivia.)

El "agentismo" ha atacado a La Paz en un grado tal, que corrían rumores ayer de que el gobierno intentaba pedir a todos los periodistas extranjeros que abandonaran el país dentro de las 24 horas. Esto no se ha hecho realidad todavía, pero nadie se sorprendería si Barrientos o su histérico Ministro de Gobierno comenzaran una pelea con la prensa mundial.

Hoy el periódico matutino católico *Presencia* publica la noticia de que Régis Debray será juzgado por un consejo de guerra en un juicio militar.

El periodista francés es acusado de haber violado los artículos números 1, 15, 16, 17, 103, 110, 111, 257, 258, 259, 260, 261, 262 y 296 del código militar. Además, Régis Debray ha cometido crímenes según los artículos números 1, 115, 116, 479 y 483, del código civil.

Esto es, en términos comunes, que Régis Debray es oficialmente acusado de haber realizado actividades hostiles contra una nación amiga o neutral, en su territorio, y/o contra sus tropas; ha realizado sabotajes y cometido toda clase de violencias contra sus pacíficos ciudadanos y su propiedad; ha desvestido prisioneros y les ha robado sus pertenencias personales, y ha atacado con su propio cuerpo a unidades de las fuerzas armadas dentro y fuera de sus barracas.

Se dice que en los próximos días será formado el Consejo de Guerra, y la opinión general en La Paz es que sólo la caída de Barrientos puede salvar a Régis Debray de una sentencia a 30 años en una prisión boliviana. Una sentencia a la que nadie podría sobrevivir.

10 de julio

Los guerrilleros llegaron en ómnibus

La guerrilla está lenta pero seguramente "comiéndose" los primeros y victoriosos boletines del Estado Mayor de las Fuerzas Armadas de Bolivia.

Los días de "los hemos cercado, sólo tenemos que agarrarlos", se han terminado. También los días de "los borraremos del mapa". Y ahora parece que la "victoria final" de las fuerzas armadas se está perdiendo en la selva.

Los periódicos no publican más mapas mostrando las regiones donde están operando los guerrilleros, porque no es sólo la región de Camiri la que está amenazada. Ahora es Charagua, ahora es Lagunillas, ahora es Florida, es Valle Grande y es Samaipata. Esto significa que los grupos guerrilleros han marchado más de 350 kilómetros hacia el norte, desde que empezaron sus operaciones en Camiri en el mes de abril.

Esto ha sido ocultado al público boliviano, que todavía piensa que no se trata más que de "unos pocos bandoleros rojos" en las montañas, pero poco a poco la verdad va apareciendo.

Ayer los periódicos vespertinos publicaron un decreto del gobierno que es una especie de clímax en la campaña informativa sobre la guerrilla.

El decreto gubernamental dice algo como que los acontecimientos en la campaña antiguerrillera, *que han costado numerosas víctimas en las filas de las fuerzas armadas,* hace necesario que el gobierno ofrezca una ayuda económica a las familias de los soldados caídos.

Por primera vez los círculos oficiales están admitiendo que las pérdidas son numerosas. Este es un cambio bastante abrupto con respecto a los días de la victoria en abril.

Entre tanto, la "Operación Cintya" prosigue en la zona de Ñacahuasu. Cintya es el nombre de la hija favorita del coronel Luis Reque Terán, el jefe de la Cuarta División del Ejército, que tiene su cuartel general en Camiri.

El coronel Terán ha bautizado así a su operación, porque —como él ha dicho a la prensa— una vez que la misma se termine la recordará con placer cuando piense en su hija Cintya.

La operación se está desarrollando desde hace cinco días, y estos cinco días no serán muy memorables para el coronel, que ha dicho a la prensa que el objetivo final de la misma es apoderarse de los dos líderes de la guerrilla, Jorge "Coco" Peredo y Ernesto "Che" Guevara. Una semana de tiempo, dijo el coronel, y veremos. Hoy, el 8 de julio, han pasado cinco días, y ¿qué es lo que vemos? Movilizando las unidades de *rangers* del regimiento motorizado de Viacha, del Centro de Instrucción de Tropas Especiales (CITE), del Centro de Instrucción para Operaciones en la Selva (CIOS) y del regimiento Manchego, movilizando todas estas unidades que pertenecen a la llamada *élite* del ejército boliviano, el coronel ha conseguido encontrar tres sacos en una cueva en un lugar llamado El Horno cercano a El Pincal en la zona de Ñacahuasu.

Los sacos contenían municiones, algunas camisas (de confección boliviana), y algunas latas, todo perteneciente a los guerrilleros.

El mismo coronel que encontró los sacos dijo a la prensa que esta operación se prolongaría hasta cierto día de la semana próxima, y que la segunda fase de Cintya sería la "gran ofensiva" contra la zona roja, lanzada desde Lagunillas, donde el coronel Terán tiene su cuartel general. Toda la historia está siendo coordinada con la Octava División del Ejército en Santa Cruz, y parece que mientras la Cuarta División se mueve hacia el norte, la Octava División del coronel Zenteno lo hará hacia el sur, y los guerrilleros serán atrapados. Así es como los oficiales bolivianos ven la situación.

Algo parece, sin embargo, señalar el hecho de que los oficiales bolivianos han olvidado la realidad.

Esta realidad demostrada hace dos días, cuando un grupo de guerrilleros, que se había dicho se encontraban en la reigón, pero en lo que fue llamado "lamentables condiciones", entraron repentinamente en la capital provincial de Samaipata *en ómnibus* y sorprendieron a la pequeña guarnición de la ciudad.

La acción tuvo lugar el viernes de madrugada, y la intención de los guerrilleros era, evidentemente, abastecerse después de la larga marcha desde la zona de Ñacahuasu, vía río Grande, La Paliza, La Florida y Parabanó.

Un testigo del episodio, un chofer de camión de Samaipata, dice que vio una camioneta color crema pararse frente al puesto de control en Samaipata. Cuando los soldados trataron de registrar la camioneta, fueron desarmados y puestos en línea frente a la estación de gasolina. Luego los guerrilleros entraron a la pequeña ciudad, vaciaron la farmacia y una tienda de comestibles, y finalmente hubo un pequeño intercambio de disparos entre unidades de las fuerzas armadas y el grupo de alrededor de 23-25 guerrilleros. Un soldado fue muerto y varios heridos, y, de acuerdo con el ejército, varios guerrilleros fueron heridos, pero esto no pudo ser verificado, porque los guerrilleros siempre se llevan sus muertos y heridos consigo.

"Las fuerzas armadas —dice un comunicado oficial— mantienen el contacto con los bandoleros rojos, que se han retirado a la selva."

La batalla de Samaipata, como el episodio es llamado, tiene una cierta significancia, porque demuestra cuán ineficiente es el cerco que ha tendido el ejército con mucha propaganda. Y lo más irónico de todo esto es que el grupo que asaltó Samaipata es exactamente ese grupo que los coroneles Zenteno y Terán habían esperado eliminar en su "gran ofensiva", porque se había informado que el mismo estaba debilitado, con muchos heridos, sin comida, ni conocimiento del terreno.

Ahora el Estado Mayor de la Cuarta y la Octava División enfrenta un grave problema: la guerrilla ha alcanzado finalmente la carretera que une Santa Cruz y las regiones orientales de Bolivia, con Cochabamba y la capital. Es, en otras palabras, la carretera más importante del país, que está ahora amenazada directamente por los guerrilleros.

Es una amarga situación para el coronel Terán allá en el sur, el que los guerrilleros que él está buscando con su "Operación Cintya", están atacando inesperadamente una importante población y amenazando una también importante carretera, ¡a más de 200 kilómetros de distancia!

El último fin de semana ha sido un fin de semana excepcional en la historia reciente de Bolivia. El general Barrientos no ha publicado ninguna declaración, no ha insultado a nadie, no ha pedido a nadie que colabore "por el bienestar de Bolivia", no ha amenazado a nadie, no ha derramado lágrimas, ni se ha apiadado de ninguna madre. En otras palabras, el Presidente se ha comportado de una manera poco usual.

Tiene sus razones.

Ha estado masticando el último escándalo en la así llamada campaña antiguerrillera. El escándado de Samaipata, una de las noventa capitales de provincia, cuya historia completa se está comenzando a conocer, y pone al ejército boliviano en ridículo mientras convierte a los guerrilleros en héroes populares, con bastante sentido del humor.

Hasta ahora, la "batalla" de Samaipata ha tenido el siguiente desarrollo:

Alrededor de las seis de la tarde del jueves 6 de julio, un grupo de guerrilleros apareció en la granja del alemán Enrique Stember. Los guerrilleros —no más de diez— dijeron al alemán que informara en la cercana Samaipata (la ciudad más importante en la región y situada muy cerca de la carretera Cochabamba-Santa Cruz), ¡que el pueblo iba a ser ocupado por fuerzas guerrilleras al día siguiente, pero que la población no debía atemorizarse, porque la ocupación iba a ser puramente pacífica!

El ciudadano alemán Stember marchó al poblado cercano de Cuevas, que está situado a unos 17 kilómetros de Samaipata. Allí hay un teléfono, y Stember llamó a las autoridades de Samaipata y les contó la historia, como los guerrilleros le pidieron que hiciera.

Las autoridades de Samaipata pensaron que Stember se había vuelto loco y le dijeron que lo tomara con calma.

Sin embargo, a las siete y media de esa misma tarde una especie de comité de defensa fue formado en Samapaita, pero no muy efectivo ni muy ansioso de participar. Esto no se debió a la advertencia de Stember, sino a que un soldado dijo que los guerrilleros se encontraban en la cercana Palermo. Para apoyar al "comité de defensa", los soldados de la ciudad fueron ubicados en puntos estratégicos, la circulación en la carretera fue controlada, el alcalde de Samaipata marchó por la ciudad con un altoparlante y previno a la población que no abadonaran sus casas, difundiendo en esta forma una cierta atmósfera de nerviosismo.

Los guerrilleros, entre tanto, estaban también muy atareados. Ocuparon la localidad de Las Cuevas (desde donde había telefoneado Stember), y comenzaron a detener todos los camiones y ómnibus que iban en dirección de Samaipata. En la primera hora se apoderaron de cinco camiones. El sexto no paró y continuó su camino, ignorando las advertencias de los guerrilleros. Entonces unas veinte balas de ametralladora pincharon sus gomas. El camión se detuvo. El chofer estaba enojado. Los guerrilleros se excusaron, pagaron por las gomas destruidas y ofrecieron al infortunado chofer una "pepsi".

Un poco más tarde llegó un ómnibus que en Bolivia es llamado "góndola". Este salvaje y estropeado medio de transporte, más el primer camión que fue detenido, es lo que eligieron los guerrilleros como medio de atacar Samaipata. La góndola venía llena de estudiantes de Oruro que iban en dirección a sus casas desde Santa Cruz, donde habían tomado parte en un mitin de protesta contra el gobierno.

Con cerca de 20 guerrilleros en el camión y 5 en el ómnibus, y con "barbudos" como conductores, la tropa de asalto salió de Las Cuevas, donde permaneció un grupo más pequeño de guerrilleros para custodiar a los choferes capturados y controlar el tráfico en dirección a Samaipata.

Los jefes militares de Samaipata, que en el ínterin habían avanzado a la localidad de La Tranca —300 metros de Samaipata—, recibieron una llamada telefónica del Comando de la Cuarta División del Ejército, diciendo que tanto Samaipata como La Tranca debían ser totalmente movilizadas y armadas, y un grupo de civiles y soldados enviados en dirección de Las Cuevas, porque los guerrilleros iban a atacar ese poblado.

Ahora son las once y media de la noche. El teléfono suena, lo que evidentemente era algo preparado, con el fin de crear la confusión en las mentes preocupadas de los oficiales y las autoridades civiles, y justo cuando ellos deciden llevar a cabo la orden, un camión azul y un ómnibus llegan por el camino de Las Cuevas. "Preguntémosles", deben haber dicho los oficiales. "Ellos deben saber dónde están estos guerrilleros."

¡Ellos lo sabían!

Segundos más tarde el puesto de avanzada de los oficiales y las autoridades civiles en La Tranca, fueron tomados. Todos fueron alineados y desarmados, y los guerrilleros cambiaron ahora de medio de transporte, y eligieron un camión blanco perteneciente a la Gulf Oil. En La Tranca se quedó otro grupo de guerrilleros, custodiando a los soldados capturados allí, mientras el cuerpo principal del grupo rebelde eligió nueve soldados y un oficial para acompañarlos a Samaipata en el camión de la Gulf. No fue hecho ningún disparo, y Samaipata estaba por lo tanto, pacífica y tranquila, cuando los guerrilleros entraron en la ciudad a la una y veinte de la madrugada.

Primero fue abierta una farmacia. El médico de los guerrilleros eligió algunas medicinas, y reprochó al propietario por no tener los antibióticos más nuevos. El propietario de la farmacia, Héctor Inturias, estaba —es comprensible— bastante confuso, y cuando los guerrilleros le preguntaron cuánto le debían, él pidió 1 000 pesos de menos. Los guerrilleros lo corrigieron y pagaron más o menos el precio correcto, como pagaron por todo lo que se llevaron de la tienda de Inturias, que "hizo su agosto" el 7 de julio por la madrugada.

Con el camión los guerrilleros atravesaron Samaipata hasta la escuela, donde los soldados estaban durmiendo, y unos pocos de guardia. El oficial capturado dijo a los guardias que se rindieran, y los guerrilleros capturaron la escuela. Sólo fueron hechos unos pocos disparos. Uno hirió a un soldado que murió instantáneamente. Una granada de mano hizo rendirse a los soldados que estaban en el salón de clase, ellos fueron desarmados y desvestidos, y gritando "viva la revolución" los guerrilleros salieron de la ciudad, llevando consigo todavía al oficial capturado.

De regreso en La Tranca, los guerrilleros compraron más alimentos y medicinas, y fue observado por la población india que los precios que pagaron los guerrilleros fueron excepcionales. 60 pesos por cuatro "pepsis" y 1 200 pesos por algunas latas que no costaban más que 200. "Queremos que ustedes vean que nosotros pagamos" —dijeron los guerrilleros.

Siempre utilizando el camión de la Gulf, los guerrilleros retrocedieron ahora hacia Las Cuevas. En el camino, dejaron al oficial y sus nueve soldados sin botas ni uniformes. Al llegar a Las Cuevas se unieron con el grupo que había quedado allí, y dejaron ir a todo el mundo, después de haber preguntado si alguien deseaba unírseles. Finalmente todo el grupo salió de Las Cuevas en dirección a Santa Cruz, conduciendo por la carretera que —de acuerdo con el coronel Zenteno— ¡es la mejor custodiada en el país!

El viernes al anochecer —12 horas después— las primeras unidades militares llegaron a Las Cuevas, sólo para encontrar el lugar plagado de rumores:

Todo el mundo decía que habían reconocido al "Che" como el líder del grupo rebelde, y que también habían visto a los hermanos Peredo. El "Che" fue alcanzado por balas de subametralladora, pero nada le había sucedido, dicen los testigos, "porque él y la mayoría de los guerrilleros usaban casacas a prueba de balas".

Cuando todos los rumores sobre el "Che" sean olvidadas, surgirá una pregunta más seria: cómo fue posible para los guerrilleros tomar la ciudad de Samaipata. Los tres oficiales (uno teniente coronel), los treinta soldados, las autoridades de la ciudad, y las dos pequeñas poblaciones, todos ellos tendrán que responder a esa desagradable pregunta.

Las malas lenguas saben ya la respuesta: La población colaboró con los guerrilleros o fue absolutamente indiferente en lo que se refiere a las instrucciones del ejército y de las autoridades civiles.

El sábado por la noche un boletín del ejército proclamaba que, "fuerzas especiales" estaban persiguiendo a los rebeldes, y que se esperaba un choque entre el ejército y los guerrilleros.

¡El lunes por la noche Bolivia estaba todavía esperando que se produjera este choque!

11 de julio

El proceso de Debray: una comedia trágica

El prisionero Régis Debray es el gran espectáculo del gobierno boliviano. De cuando en cuando, es archivado por un par de días o una semana, pero entonces reaparece en los titulares de los periódicos matutinos, y el general Barrientos emite una nueva declaración informando sobre el "señor Debray", declaración que —de acuerdo con la tradición— dice más o menos lo opuesto de la anterior.

Que Régis Debray no sea más el "asesino de nuestros hijos" sino sólo el "señor Debray", no significa que el gobierno boliviano esté ahora dispuesto a dejar en libertad al prisionero. Pero significa que las autoridades bolivianas han sido sorprendidas por la violenta reacción del extranjero, y ahora, aparentemente, está menos sediento de sangre que hace solamente un mes.

Régis Debray ha decidido asumir su propia defensa, porque su abogado francés no podía soportar la falta de oxígeno en La Paz, porque se prohibió a su abogado belga actuar en la corte boliviana, y finalmente, porque su abogado boliviano, Dr. Walter Flores Torrico, no tomó la cosa muy en serio y pasó la mayor parte de su tiempo en los bares locales y no en las cortes locales.

Como testigos contra Debray el gobierno boliviano piensa presentar un grupo de soldados, todos los cuales han visto al periodista francés *como un guerrillero activo*. Uno lo ha visto con un arma en sus manos durante los primeros choques en Ñacahuasu, otro lo ha visto tomando parte en el interrogatorio de los soldados capturados, y otro ha visto a Debray matando a un soldado boliviano.

Todo esto es sin embargo una gran comedia. El veredicto contra Debray ha sido ya escrito sobre el papel, y el próximo juicio no cambiaría las decisiones que ya se han tomado. Debray recibirá la máxima sentencia, que es 30 años, pero hay un pero, y ése es la remota posibilidad de que el general René Barrientos, cuya necesidad de popularidad se va haciendo mayor, *incluya al francés sentenciado en una especie de amnistía general.*

Hay señales de que el gobierno quiere ganar las simpatías de la opinión mundial, con una especie de política de "golpea primero, sonríe después". Ayer, el periódico progubernamental *El Diario* dijo a sus lectores que los líderes sindicales, que fueron capturados y arrojados en la prisión después de la matanza de San Juan, pueden esperar una amnistía general, y más tarde o más temprano, Régis Debray podría muy bien verse incluido en este arreglo. Si no es canjeado por los prisioneros políticos de Cuba, que es otra de las iniciativas que existen alrededor del prisionero francés, que ha pasado más de tres meses en prisiones bolivianas.

En los últimos días una nueva clase de campaña contra Debray ha sido lanzada: artículos escritos por los corresponsales de AP y UPI en Chile y Argentina hacen mucho ruido con lo que llaman *"la confesión de Debray"*.

"Las informaciones que Debray ha dado al ejército boliviano y al DIC han sido muy valiosas en la lucha contra las guerrillas", claman los artículos, dando en esta forma la impresión de que Debray es un traidor.

Primeramente, Debray no ha dado ninguna información. De otra forma no hubiera sido necesario para el equipo de interrogadores el golpearlo y torturarlo en la forma en que evidentemente lo fue los primeros diez días. En segundo lugar: si el ejército ha conseguido "información valiosa que los ayudará en la lucha contra los guerrilleros", el mundo no ha visto ninguna prueba de que el ejército haya podido utilizar esta "valiosa información" en una forma tal que le permitiera hacer algo efectivo contra el enemigo.

La intención de los artículos de la UPI y la AP parece ser la de desacreditar a Debray a los ojos de los guerrilleros, de sus amigos y protectores en todo el mundo fuera de Bolivia y especialmente de los cubanos. Esto es inteligente, pero no es nada más que otra treta en la gran —pero en realidad trágica— comedia, llamada "el proceso Debray".

12 de julio

Operación Cintya: ¿Dónde están los muchachos?

El domingo 9 de julio, tropas de la Cuarta y Octava Divisiones del ejército entraron en un campo de guerrilleros abandonado, situado a unos 100 kilómetros al sur de Santa Cruz, en un sitio llamado El Dorado, cerca del río Grande.

Éste es el clímax final de la así llamada "Operación Cintya", que fue lanzada en la vasta región al sur de la carretera Cochabamba-Santa Cruz, y al norte de Camiri.

"Encontramos el campo —exclamó el coronel Luis Antonio Reque Terán— pero los guerrilleros se habían ido."

Antes de irse, hirieron a una media docena de soldados en una corta batalla, y en la confusión causada por el tiroteo se retiraron selva adentro.

Ahora el gran interrogante para el coronel Luis Antonio Reque Terán es: ¿dónde están los muchachos?

Los guerrilleros con quienes las tropas han tenido choques en la región de los alrededores de Camiri, no son los mismos con los que lucharon el domingo, y éstos, por otra parte, no tienen nada que ver con aquellos que cuatro días atrás ocuparon la capital provincial de Samaipata. Esto significa: los guerrilleros no se están retirando a medida que avanzan las tropas, al contrario, ellos están solamente desplegando sus grupos por toda la región al sur de Santa Cruz y, evidentemente, manteniendo la actividad más fuerte en zonas que la operación del coronel Terán aún no ha alcanzado.

Esto preocupa al Estado Mayor, porque demuestra que el tiempo de la "gran ofensiva" ha terminado, igual que el "gran cerco" del general Ovando se ha roto y es inútil. La ofensiva del ejército —hay que llamarla de alguna manera— marcha a través del territorio, los guerrilleros evaden, unos pocos sacos son encontrados y unos pocos campamentos descubiertos, pero los muchachos se han ido. Entonces el ejército continúa su marcha, y los guerrilleros vuelven a su actividad normal, lo que significa que la costosa ofensiva sólo ha tenido un valor propagandístico, si es que ha tenido alguno.

La operación Cintya finalizará en un par de días. Entonces el ejército buscará un nuevo nombre para una nueva operación, y parece que como una sorpresa especial un regimiento de *rangers*, recientemente formado y entrenado por los norteamericanos, será la punta de lanza de la próxima ofensiva. Con 50 asesores norteamericanos, alrededor de 600 soldados bolivianos especialmente entrenados serán lanzados a la lucha con el objetivo principal de seguir al grupo de Samaipata, que se supone es la unidad guerrillera más importante, y atraerla a la lucha.

Mientras tanto el coronel Joaquín Zenteno Anaya, jefe de la Octava División del Ejército en Santa Cruz, ha emitido una declaración referente a los embarazosos sucesos de Samaipata, donde los guerrilleros compraron públicamente importantes cantidades de alimentos enlatados a precios muy elevados.

"Los rojos —dice el coronel Zenteno— están tratando de sofisticar la población tratándola bien y comprando alimentos a precios elevados. No debemos olvidar, sin embargo, las sangrientas represiones de la Revolución cubana, donde muchos murieron contra el paredón."

La última frase difícilmente podría hacer ninguna impresión a los habitantes de las regiones al sur de la carretera de Cochabamba-Santa Cruz. Para gente como ésa, que están viviendo en el aislamiento, la miseria y el hambre, la referencia a la represión sangrienta de Cuba, es un poco demasiado abstracta.

En La Paz, el general Barrientos informó a la prensa el martes 11 de julio por la tarde, que los gastos extraordinarios como resultado de la guerrilla, han alcanzado ahora la suma de 3 600 000 dólares. "Vamos a comprar más material de guerra —dijo el Presidente— pero no vamos a pedir ayuda a nadie." Eso quiere decir, en otras palabras, que Bolivia misma deberá soportar la carga de un presupuesto militar siempre creciente, de acuerdo con el Presidente.

13 de julio

Panorama político boliviano

Por qué no se dio un golpe al régimen de *René Barrientos. El dinero* va al extranjero. *Las minas:* los muertos están enterrados, nada se ha resuelto. *Chile:* el odio de 1879. *Argentina:* la frontera blindada. *Mr. Henderson:* se puede confiar en él. Washington: *el "Che"* se ha ido. El proceso *Debray:* un abogado contrariado. *Ovando* tiene la solución. Se están formulando nuevos *planes.* Algunas conversaciones sobre los *"derechos humanos". Política* boliviana. *La Falange* y los campesinos. Hay algunos traidores.

El 16 de julio, el día de La Paz se acerca. La ciudad yace oscura y triste bajo el claro cielo azul de invierno, mientras bandas militares desordenadas marchan por las calles con música marcial.

En el Palacio Presidencial en la Plaza Murillo, el general René Barrientos está diciendo a la prensa lo que piensa de la situación de la nación.

Con palabras firmes, el Presidente habla del orden en el país, sobre su influencia entre las masas (las masas del general Barrientos están formadas por la semifascista organización de pequeños campesinos de Cochabamba), y sobre la tranquilidad restaurada después de los críticos días de San Juan.

Detrás de las firmes palabras de Barrientos está sin embargo el caos. La situación económica de Bolivia ha empeorado. No están entrando inversiones extranjeras, y el capital, tanto el extranjero como el boliviano, está huyendo del país. En las minas sólo reina la "tranquilidad", y la guerrilla se está extendiendo y pronto cubrirá un tercio del territorio nacional.

En relación con la crisis de San Juan, es razonable

preguntarse, ¿por qué no se dio un golpe de Estado regular? Su "Frente" político estaba tambaleante, la población lo consideraba un sangriento asesino, la intrigante Falange hizo lo que pudo para derrocarlo, y en el ejército hubo algún descontento. Hubo voces que dijeron que el general se estaba poniendo demasiado blando.

Muchas condiciones importantes estaban presentes y favorecían la caída del Presidente-general de la Fuerza Aérea.

Pero René Barrientos equilibró su camino a través de las semanas críticas, publicó cantidad de declaraciones diciendo que era el amigo de todos, y que no prestaría oídos a las voces que demandaban que se retirara de su puesto.

Hoy parece que la importante reunión que los jefes de la Falange y los oficiales del Estado Mayor tuvieron hace unas semanas, fue decisiva para el destino de Barrientos. De acuerdo con fuentes bien informadas, la Falange, encabezada por Mario Guitiérrez, y el ejército, encabezado por Alfredo Ovando, hicieron una especie de compromiso.

La Falange prometió ser moderada en sus críticas hacia el gobierno de Barrientos, y el ejército aseguró a la Falange que el Partido, en "un futuro cercano", estaría integrado en el gabinete con por lo menos tres ministerios —defensa, trabajo, educación y otros.

En esta forma, todas las partes obtuvieron lo que deseaban, y Barrientos siguió siendo presidente, lo que ante los ojos de la oposición dentro del ejército es positivo, en el sentido de que es necesario en esta época de continuas crisis tener una especie de chivo expiatorio.

Con un ejército satisfecho, con el partido más fuerte de la oposición esperando obtener ministerios, con los estudiantes y los mineros dominados por las armas, el gas lacrimógeno y las intrigas políticas, con los líderes sindicales en prisión, y con un confuso y golpeado MNR, ha sido posible para Barrientos permanecer en el poder. Aun cuando esto parece una victoria para el retórico Presidente boliviano, está muy lejos de serlo. La crisis de San Juan está terminada, pero otras y mucho más complicadas están esperando en el futuro cercano. San Juan fue resuelto con fusiles y balas. Ni la economía zozobrante de Bolivia, ni las futuras huelgas, ni los guerrilleros, pueden ser detenidos con armas.

En la perezosa y un poco distraída La Paz, la grave situación de la economía de Bolivia, puede ser notada en la vida diaria. La gente no tiene dinero. Los choferes de taxi no tienen cambio, los obreros y los empleados de los hoteles cobran sus salarios con mucho atraso, los maestros están hablando de huelga, porque no ven sus salarios, y muchos edificios en construcción se elevan a medio terminar, abandonados por los obreros y los arquitectos.

No hay dinero en la ciudad. ¿Por qué?

La vida comercial de La Paz está en las manos de alemanes en su mayoría, y unos pocos ingleses, y atemorizados por los últimos acontecimientos, estos grupos han intensificado la exportación de capital fuera de Bolivia. Casa Hansa, Casa Bernardo y Hotel Crillón —todos lugares donde se gana el gran dinero— tienen escaso capital para pagar sus gastos diarios. Todo lo que se gana es instantáneamente enviado al exterior. Y lo mismo sucede, en una escala mucho mayor, con las minas bolivianas y de propiedad extranjera. El peso boliviano no es querido por nadie. La gente quiere dólares en cheques, así pueden enviar el dinero fuera del país. No hay estadísticas oficiales en lo que se refiere a los últimos aumentos de la huida de capitales, pero los observadores estiman que Bolivia está perdiendo cada día una impresionante cantidad de dólares. Esto unido al hecho de que los inversores extranjeros están a la expectativa, hace que el "sólido y continuo progreso económico" del que Barrientos ha hablado tanto, esté algo vacilante y muy poco prometedor para el futuro.

La campaña antiguerrillera, que hasta ahora sólo costó dinero, es parte de este panorama. El Ministerio de Defensa ha obtenido alrededor de 4 millones de dólares para cubrir sus necesidades más urgentes (soborno de los oficiales de menor jerarquía, Mercedes Benz, para los generales y coroneles vacilantes), y no hay ninguna indicación de que el ejército vaya a dejar de pedir más dinero para sus "necesidades", lo que en Bolivia golpeada por la pobreza, es una forma absurda de gastar las finanzas de la nación.

En las minas nacionalizadas Siglo XX, Catavi, Huanuni y otras, los mineros siguen pagando las consecuencias por haber dejado entrar al ejército en la noche de San Juan. Las áreas mineras están todavía bajo control militar, las estaciones de radio han sido destruidas y ocupadas, la COMIBOL ha empezado a despedir a un número aún mayor de mineros, y las pulperías —especialmente en Siglo XX y Huanuni— están empezando a cerrar, lo que significa que el hambre se agrega a la miseria de los mineros.

En La Paz las voces se van haciendo más y más ansiosas: la COMIBOL debe ser racionalizada, dicen. Emplean la palabra racionalizar, pero en realidad quieren decir desnacionalizar. Las corporaciones mineras norteamericanas están presionando al régimen de Barrientos para "hacer que las minas nacionalizadas trabajen más eficientemente", lo que significa dejar que los norteamericanos se hagan cargo de ellas.

Barrientos, que ya ha dado al capital privado extranjero y boliviano ricas posibilidades de penetrar en Bolivia, parece ser favorable a esa idea. Es sólo cuestión de un precio y de haber aplastado a la organización de mineros que, bajo la influencia comunista y del POR, está lista para luchar contra cualquier intento de desnacionalizar las minas, con armas y con dinamita.

En la prensa boliviana —y especialmente en el patrocinado por el gobierno *El Diario*— dos países son señalados como enemigos potenciales de la nación boliviana: Francia y Chile. El primero a causa de Régis Debray, el segundo, debido a los muchos artículos publicados sobre el escalamiento militar en Bolivia y la todavía victoriosa guerrilla.

En lo que se refiere a la contradicción con Chile, ésta es mucho más complicada: todo comenzó en 1879, cuando Bolivia perdió su costa del Pacífico. Todas las discusiones entre bolivianos y chilenos comenzaron en ese punto, lo que hace muy difícil que puedan entenderse entre sí. El problema actual puede ser dividido en tres partes: *1*) Durante el último mes la prensa chilena se ha mostrado muy favorable a la guerrilla, y ha puesto abiertamente en ridículo al infortunado ejército boliviano, *2*)

Chile ha atacado a Bolivia, acusándola casi de estar preparando un rearmamento en gran escala, lo que podría constituir un amenaza para sus vecinos, especialmente para Chile. El fundamento para esta acusación son los trenes argentinos que de tanto en tanto cruzan la frontera argentino-boliviana con armas y personal militar. Finalmente, 3) el gobierno chileno ha permitido a la organización de la OLAS operar en Chile y, al mismo tiempo, ha declarado que Fidel Castro no organizó el descontento en Latinoamérica, y que las guerrillas han estado operando antes de que Castro tomara el poder en Cuba, y que continuarían operando después de que él no estuviera. Esto es exactamente lo contrario de lo que el gobierno boliviano está tratando de decir al mundo. Ante los ojos del régimen de Barrientos, la OLAS es el principio de todo mal, y Fidel Castro es directamente responsable de la guerrilla boliviana. En La Paz, por lo tanto, la actitud del partido chileno de gobierno, Partido Demócrata-Cristiano, es directamente un insulto, y las relaciones entre los dos países han empeorado más que nunca.

Argentina, por su parte, está haciendo exactamente lo que piden los bolivianos. No solamente está el régimen de Juan Carlos Onganía ayudando directamente a Bolivia con armas y personal militar, sino que también está concentrando tropas a lo largo de la frontera argentino-boliviana, oficialmente, con el fin de evitar que unidades guerrilleras crucen de un país a otro, y aunque no oficialmente, el ejército argentino se está preparando y esperando el momento en que los guerrilleros bolivianos estén acabando seriamente con el ejército boliviano.

Los periódicos bolivianos saludan esta medida como un "verdadero gesto de amistad que sólo puede ser esperado de una nación hermana".

Entre tanto, una declaración del PDC chileno dice que sostiene como legítimo el derrocar regímenes que no encuentren una solución democrática a los problemas.

Estas palabras desagradan al gobierno boliviano, y la prensa en La Paz está comenzando a comentar que no hace mucho tiempo que el régimen de Frei tuvo que abrir fuego sobre los mineros en el sur de Chile.

Recientemente el señor Henderson dejó Bolivia y viajó

a Estados Unidos en uso de su licencia anual. El señor Henderson es el embajador de Estados Unidos en La Paz, y parece que ha estado muy ocupado durante sus vacaciones en el norte. Entre otras cosas, ha declarado ante el Senado que va a ser difícil para el gobierno boliviano exterminar la guerrilla, y que la misma seguirá siendo un problema en Bolivia por largo tiempo.

Estas palabras del embajador norteamericano han puesto furioso a Barrientos. Es más o menos lo que el general boliviano dice, pero él no tolera que otros digan lo mismo. Ayer, 12 de julio, Barrientos preguntó en una declaración oficial publicada en el vespertino *Última Hora*, ¿dónde piensa el señor Henderson que está? ¿En la luna? Por supuesto, el señor Henderson puede tener sus propias opiniones, pero él (Barrientos) puede asegurar al pueblo boliviano que los guerrilleros no van a tener éxito en Bolivia, porque el ejército boliviano entrará pronto en la batalla contra los rojos, con todo su poder.

La declaración no convence mucho, pero sorprende por su violencia. El general Barrientos se está volviendo muy susceptible. El señor Henderson, sin embago, no está solo en su escéptica evaluación del panorama boliviano.

De acuerdo con *U. S. & World News*, los guerrilleros están causando "una inflación incontrolable y el comienzo de una guerra civil". Y el *New York Times* escribe que uno debe admitir que los guerrilleros bolivianos están ganando desde un punto de vista militar, y que hay razones para dudar de que el régimen de Barrientos esté en condiciones de enfrentar la amenaza con más eficiencia que anteriormente.

Como prueba de esto, la famosa "Operación Cintya" está desapareciendo en la nada. Los periódicos del 12 y 13 de julio hablan sobre éxitos brillantes, pero leyendo algo más que los titulares, uno ve que los "resultados brillantes" son: un guerrillero muerto, tres sacos con camisas y municiones, un campamento vacío, y un cerco con nada dentro de él. En el mismo intervalo las unidades guerrilleras han capturado medio centenar de soldados, incluyendo oficiales de alto rango, matado dos soldados y herido a seis más, y se han apoderado de cantidades de fusiles y algunas ametralladoras, y han hecho una gran propaganda para su causa en la región de Samaipata. Un balance muy desfavorable para el ejército.

Mientras los generales Barrientos, Ovando y otros publican declaraciones de que Ernesto "Che" Guevara está en Bolivia encabezando la rebelión, y mientras el mismo "Che" es visto diariamente por campesinos en la declarada "zona roja", Washington anuncia su propio punto de vista: Guevara ha salido de Bolivia hace tiempo, y la única prueba de que alguna vez estuvo allí son las palabras de Régis Debray, y no se puede confiar en este francés, porque es un comunista convencido, dice Washington.

Barrientos sólo está tratando de dramatizar la situación, continúan los norteamericanos, con la esperanza de obtener más ayuda militar.

Estas palabras, en la situación actual, son como echar gasolina al fuego. Es seguro que el susceptible general boliviano reaccionará violentamente contra las opiniones de Washington. Insistir sobre que él está dramatizando la situación es lo mismo que insinuar que no conoce la situación, lo que es otra vez lo mismo que herir el orgullo nacional boliviano.

El Estado Mayor de las Fuerzas Armadas Bolivianas siente evidentemente la necesidad de ser más popular y tener un mayor apoyo de la población.

El viernes 14 de julio, el general Alfredo Ovando pidió al pueblo boliviano que hiciera pronunciamientos antiguerrilleros, porque esto es necesario para el ejército en su lucha contra los castrocomunistas. El general dijo todavía más, que él había notado que existía una cierta indiferencia en el pueblo en lo que se refería a los sucesos en la parte sur del país. "Los bolivianos repugnan a los comunistas —dijo Ovando—, pero todavía no han demostrado esta repugnancia."

La mejor forma de ayudar al ejército y dañar a las guerrillas, es —en la opinión del general Ovando— rehusarse a ayudar a los rojos y no darles alimentos ni informaciones.

Esto es lo que los campesinos en la parte sur de Bolivia hacen, de acuerdo con lo que dice el general.

De acuerdo con las últimas noticias de las llamadas

zonas rojas, los campesinos no parecen comprometerse mucho en las operaciones del ejército. Tienen todavía dudas, y dejan al ejército y a los guerrilleros luchar, esperando para dar su apoyo al ganador.

El general Ovando dijo además, en su declaración a la nación, que los comunistas estaban causando un enorme daño económico al país, porque costaba alrededor de tres millones de dólares por año la lucha contra las guerrillas.

La cifra es por supuesto absurda. Los tres millones de dólares son sólo gastos extra, que evidentemente Estados Unidos no desea cubrir. El costo total de la campaña antiguerrillera es más del triple.

La guerrilla, de acuerdo con el jefe del ejército, Ovando, está ahora en una nueva fase. La fase de la expansión, donde ellos dan golpes como el de Samaipata, donde "quisieron demostrar su coraje y su temeridad, con ese acto de bandolerismo".

Es comprensible que el general esté amargado pensando en Samaipata, donde los guerrilleros reunieron a la población en la plaza de la ciudad, desvistieron a las autoridades —incluyendo un coronel— e hicieron gritar a los representantes del régimen de Barrientos "Viva la Revolución", mientras los habitantes de Samaipata se rieron como locos.

Ahora, dice el general, debemos destruir sus abastecimientos, y evitar que logren otros nuevos. En esta forma, tendrán que encontrarse con el ejército, donde el ejército quiera, y entonces las unidades guerrilleras serán eliminadas.

"Cuanto más tiempo los guerrilleros puedan permanecer en el país, mayores son sus probabilidades de éxito y, por lo tanto, debemos actuar rápidamente" —manifestó Ovando.

Refiriéndose a las bajas de los guerrilleros, el Jefe de las Fuerzas Armadas dijo que las mismas eran numerosas. Un poco más tarde confesó, sin embargo, que "escrutando su memoria podía recordar que el ejército en cuatro meses ha matado ocho guerrilleros, pero que no podía dar sus nombres".

En la declaración del general no hubo una sola palabra sobre la "Operación Cintya", que ahora ha finalizado como un fracaso total para las dos divisiones del ejército que fueron movilizadas para establecer contacto, con sólo una pequeña unidad de guerrilla en la zona de Ñacahuasu.

Mientras el general del ejército expresaba sus opiniones sobre la situación total de Bolivia, llegaron media docena de aviones nuevos de Estados Unidos. El jefe de la Fuerza Aérea, general Jorge Belmonte Ardiles, recibió, de acuerdo con el Programa de Ayuda Militar, dos cazas F-51 y cuatro aviones de entrenamiento T-28.

El general Belmonte Ardiles se apresuró a decir a la prensa que los aviones fueron pedidos a Estados Unidos hace más de un año, y que no tenían nada que ver con la situación actual. Con respecto a aviones a chorro para la Fuerza Aérea Boliviana, el general dijo que Bolivia no podía permitirse tales aviones, debido a que los mismos necesitaban nuevos hangares, nuevos aeropuertos y una cantidad de nuevo equipo de control. Los únicos aviones a chorro que están entrando en territorio boliviano son los de la "Braniff International", informó el Jefe de la Fuerza Aérea.

La "Braniff International" es una línea aérea texana, que en cierta forma ha modernizado todo el tráfico por aire de o hacia Bolivia, dejando a la línea aérea nacional, LAB, en la miseria absoluta.

El gobierno boliviano está preocupado por la así llamada campaña internacional contra la dignidad de la nación, y en consecuencia intenta solicitar a la Organización Interamericana de Derechos Humanos (un ramal de la OEA) que eche una ojeada a Bolivia.

Resulta bastante característico que el gobierno boliviano no solicite la intervención de la Comisión de Derechos Humanos de las Naciones Unidas, sino sólo la de su organismo paralelo, la OEA, que desde Santo Domingo es bien conocida por su parcialidad.

La razón por la que los bolivianos quieren alguna clase de comisión son los rumores de que alrededor de 200 mineros, mujeres y niños fueron asesinados en los días de San Juan, en las minas nacionalizadas, y no sólo 17 como el gobierno declaró al mundo. Además los rumores dicen que más de 1 000 líderes sindicales están prisioneros en sitios remotos, como por ejemplo, Ulla Ulla, Madidi, Mapiri y Pekín, y que los periodistas bolivianos son perseguidos si escriben artículos contradiciendo los puntos de vista oficiales.

Dos partidos políticos han emitido hoy declaraciones antiguerrilleras. La Falange Socialista Boliviana dice en una declaración firmada por su subjefe, doctor Gonzalo Romero, que los guerrilleros son antinacionalistas, orientados contra las estructuras políticas del país, y dirigidos desde La Habana. La FSB, siendo un partido cristiano y nacionalista, no puede aceptar esto, finaliza la versión que, entre paréntesis, es una reacción contra otra declaración publicada hace unos días por los senadores de la Falange, que estaban en favor de la lucha armada.

Es de esperar que el Jefe de la Falange emita muy pronto una tercera declaración —ni a favor, ni en contra de la guerrilla— que desautorice a Romero.

Por su parte, los demócrata-cristianos (PDC) también han publicado su punto de vista con referencia a las Fuerzas Armadas y a la guerrilla. El PDC acusa al primero de estar conspirando junto con la Falange, y a la segunda de ser castrocomunista y un enemigo de los partidos políticos de Bolivia. El único camino para combatir a los guerrilleros, es siguiendo un programa revolucionario, propone el PDC, que evidentemente no ha olvidado que hace medio año le fue quitado su asiento en el gabinete.

17 de julio

Intrigas políticas y realidad

Bolivia ha celebrado otra vez uno de sus aniversarios de la famosa "Gesta de Julio": el 16 de julio de 1809.

La virgen del Carmen, el cardenal Clemente Maurer y el presidente René Barrientos han sido los objetos más celebrados en este día. El Presidente fue visto adorando a la virgen; el Presidente viajó en su automóvil abierto junto con el cardenal Maurer, que acaba de retornar de Roma con las bendiciones del Padre Santo; el Presidente fue visto en carteles, junto con otro de los "libertadores" de la nación: Simón Bolívar; el Presidente recibió los saludos del pueblo en la Plaza Murillo; el Presidente, el Presidente, el Presidente...

El 16 de julio de este año fue, en otras palabras, el día del general René Barrientos.

Esta campaña de popularidad con el fin de fortalecer al semitambaleante Presidente parece muy necesaria y bien planificada, pero detrás de las muchas sonrisas de Barrientos se escondían algunos problemas.

Un día antes de la celebración de la Fiesta Nacional de Bolivia —y de Barrientos— el llamado Frente de la Revolución Boliviana (FRB) se derrumbó, y la maquinaria política del Presidente, con cuya ayuda ganó las elecciones en julio de 1966, dejó de funcionar.

Los últimos catorce días del Frente fueron confusos y vacilantes. Después de la masacre en las minas, dos de los partidos integrados en el Frente, el PIR y el PRA, sostuvieron violentos debates sobre si debían retirarse de cualquier colaboración futura con Barrientos. Los rebeldes, sin embargo, permanecieron en el Frente junto con los social-demócratas y el MPC de Barrientos —el Movimiento Popular Cristiano.

La unidad en esta especie de organismo creado artificialmente se rompió de todas maneras, y el sábado último el PRA y los social-demócratas decidieron sorpresivamente abandonar el Frente.

El Presidente declaró, aparentemente muy enconado, que los partidos políticos que ahora han abandonado el Frente estaban rompiendo un compromiso que habían hecho con el pueblo que votó en su favor en las últimas elecciones.

En realidad la situación actual de Bolivia es que el país está sin gobierno legal, pero detrás de estas intrigas políticas hay otra realidad:

Fuerzas poderosas dentro del ejército están trabajando en favor de hacer entrar a la Falange Socialista Boliviana en el próximo gabinete. Se ha tratado de hacer una alianza abierta entre Barrientos-Ovando y los falangistas. El resultado fue casi una rebelión en las filas de la Falange. Entonces se ensayó una alianza más sutil. Esto levantó una protesta airada de las organizaciones campesinas. Ahora que el PRA y los social-demócratas se han ido, Barrientos tratará de hacer creer al pueblo que hay una urgente necesidad de formar un nuevo gabinete.

Sus nuevos integrantes serán encontrados —de acuerdo con lo que dijo el Jefe de Estado— entre las personas y los partidos políticos que estén dispuestos a seguir la línea de Busch y Villarroel. Sólo al MNR y al PRIN no les será permitido tomar parte en el diálogo referente a la formación del próximo gabinete. Al MNR porque "fue derrocado por el pueblo" y al PRIN porque "es marxista, lechinista y comunista".

De inmediato un periodista preguntó al Presidente si la Falange estaba incluida en el diálogo.

El Presidente respondió refiriéndose a la abierta resistencia entre los campesinos al ingreso de la Falange en el gabinete que él no creía que los campesinos pusieran objecciones a un diálogo, ya que la política de Bolivia en los últimos años había sido muy dinámica, y ellos deberían comprender que en una política semejante se habían efectuado muchos cambios, a los cuales ellos deberían acostumbrarse.

Hablando sobre el ejército, el Presidente dijo que el mismo nunca había sido instrumento, ni había hecho compromisos con ningún partido político. La revolución nacional, la nacionalización de las minas, la reforma agraria y el sufragio universal —todo esto se debe a las fuerzas armadas bolivianas. Ellas institucionalizaron la nación y sanearon su economía, aun utilizando medidas antipopulares que de todas formas la historia justificará.

Con esta forma algo peculiar de escribir la historia, la nueva alianza —fuerzas armadas, Falange, Barrientos y eventuales tecnócratas— quedó constituida. El 6 de agosto, cuando el nuevo gabinete sea formado, los bolivianos se enterarán de los resultados. Todas estas tretas y maniobras no tienen, de todas formas, mucho interés para el boliviano común. La política en Bolivia no tiene ningún prestigio, y todo el mundo sabe por qué la mayoría de los políticos hacen política: es una forma de hacer mucho dinero en muy poco tiempo.

Por supuesto que no le da a la política boliviana más prestigio cuando —como pasó la otra noche— el ministro de Educación, Edgar Ortiz Lema, rehusó pagar su cuenta en un restaurante, golpeó a uno de los camareros y se fue insultando a todo el mundo. Dos noches más tarde su colega, el Viceministro de Economía comenzó una pelea en el mismo centro de La Paz. Razón: se le prohibió la entrada a un restaurante por estar completamente borracho.

La gente en La Paz está acostumbrada a hechos como éstos, y cuando los políticos con amplias sonrisas marchan por El Prado en un día como el de ayer, 16 de julio, el hombre de la calle los mira pasivamente y piensa: "políticos"... y entonces piensa en los grandes automóviles, los grandes sueldos, las grandes palabras y los largos viajes. Y entonces grita: "Viva el Presidente", porque todo el mundo lo hace, y después se marcha a su casa y a su miseria.

3

Los sueños del general Barrientos

18 de julio

Un lugar llamado Alcoche

El camino que conduce desde La Paz, sobre las montañas y hacia abajo hasta el valle oriental, donde la cordillera se convierte en colinas y las colinas en verdes selvas, es un camino como cualquier otro en Bolivia. Hay sólo una diferencia: en tres horas uno baja de 5 000 metros de altitud a 700 metros sobre el nivel del mar. El aire se hace pesado allí abajo, lleno de oxígeno, cálido, húmedo y oloroso a mandarinas, naranjas y limas.

Dejando la Avenida Colorado en la Plaza Uyuni, la carretera asfaltada termina. No hemos salido de La Paz todavía, pero el polvo, los perros hambrientos y los indios silenciosos, se hacen dueños del panorama. Las atestadas "góndolas" trepan arriba y abajo por la avenida. Están llenas de indios. No es ningún secreto en La Paz que las góndolas no son para lo que es llamada "la gente blanca".

En el puesto de control, a la salida de la ciudad, donde los últimos pinos polvorientos luchan en una pelea desigual con los anuncios de las gomas Firestone y de la Pepsi, paramos y compramos un trozo de papel que nos permitirá seguir algunos cientos de kilómetros en las montañas, antes de llegar a otro control y pagar más para obtener otro pedazo de papel.

Cruzamos el altiplano por el lado oriental de la capital boliviana. El cielo es gris oscuro. Es un paisaje para llamas y para los perros hambrientos en guardia a los costados del camino, esperando por un pedazo de pan o de carne que les sea arrojado desde los camiones o los automóviles que pasan. Arriba, sobre las laderas de las montañas —como una llama diminuta en la vasta masa parda— una mujer india está subiendo hacia alguna choza escondida, en su falda roja. Una pequeña mancha de vida en la naturaleza muerta.

Delante nuestro va un camión con lo menos veinte indios sobre la carga. Nos miran a través de una nube de polvo. Nos parecen como un fresco de Velázquez, o alguna oscura pintura de Goya. A medida que descendemos por las laderas de la montaña comienzan a cambiar. Se quitan algunos de sus ponchos de colores, comen naranjas y arrojan los restos sobre nuestro VW. Se ríen de nosotros y nos hacen señas. Su viaje es hacia abajo, hacia los trópicos. Están abandonando el temible altiplano. Están yendo a sus casas. Y detrás de ellos tienen a unos gringos locos, ahogados en polvo y bombardeados con naranjas a medio consumir.

Nuestro destino se llama Alcoche. A 250 kilómetros de La Paz y 100 kilómetros dentro de la selva boliviana, en la región de Los Yungas. Algunas veces los turistas van a Los Yungas, pero se detienen a la entrada de la selva. Se detienen en Coroico. Allí está el último hotel, y desde allí, sólo senderos muy estrechos continúan hacia los pueblitos que parecen tener 100 años, pero que sólo han sido construidos hace unos ocho, nueve años atrás. En Coroico los turistas pueden mirar hacia abajo en el valle, y ver al camión desaparecer en la nada azul. Alguien dice que este sendero termina donde la South American Mining Corporation está buscando oro y sacando el que encuentra, fuera del país, sin ningún control de las autoridades bolivianas; otros dicen que el sendero termina y se hunde en el río Beni, que fluye hacia el Amazonas. Pero sólo unos pocos han ido tan lejos como eso.

En alguna parte, en medio del verde selvático, yace Alcoche. Un pueblito como otros 100 fuera del Altiplano boliviano. Dos filas de casas sobre el barro y construidas de barro.

La mayor parte de la población ha llegado tan lejos del pueblito como hasta Caranavi, que está a 17 kilómetros de distancia, en la dirección del altiplano, pero sólo unos pocos han llegado tan lejos como hasta Coroico, y apenas dos o tres han estado en La Paz, y de eso hace mucho tiempo.

Alcoche tiene alrededor de 2 000 habitantes, más del 80 % analfabetos, cuatro iglesias, ninguna enfermería u hospital que valga la pena mencionar, ninguna biblioteca, ningún cine, nada. Si usted pregunta qué es lo que la gente de Alcoche puede hacer durante la noche, la respuesta es: jugar al billar o beber, pero estas cosas sólo están permitidas para los hombres que tienen algún dinero.

No hay una autoridad verdadera en Alcoche, pero hay un hombre llamado Jesús Gracia. Él no es boliviano. Es español. Pero en alguna forma es el dueño del pueblo. Cuando Paz Estenssoro era presidente, Jesús Gracia fue a La Paz y dijo al gobierno que él era "presidente de la junta vecinos de Alcoche". Y el gobierno de Paz Estenssoro se sintió muy impresionado por el título y le dio algunos miles de pesos bolivianos para la escuela y el hospital del pueblo.

Jesús Gracia regresó, pero la mayor parte del dinero del gobierno desapareció, y eso sucedió un par de veces. La escuela sigue siendo una ruina polvorienta, y el hospital nunca se levantó del suelo rojizo de Alcoche. Entonces le dieron el golpe a Paz Estenssoro: Jesús Gracia fue otra vez a la capital, y dijo al régimen de Barrientos que él era su hombre en Alcoche, y obtuvo más dinero para construir la misma escuela y el mismo hospital, que para esta época han sido ya pagados varias veces.

Hoy día Jesús Gracia es el hombre más rico del pueblo. Tiene un edificio de apartamentos de dos pisos en la plaza, y su mejor amigo es el nuevo jefe del DIC, Departamento de Investigación Criminal y guardia pretoriana del ministro de Gobierno, Arguedas. La gente del pueblo habla mal de Jesús Gracia, pero se dicen: ¿qué podemos hacer?

Aquellos que trabajan, en Alcoche, cultivan arroz, o frutas, o frijoles, pero en cierta forma el pueblo ha permanecido fuera del circuito económico del país. Abajo, en la ribera del río, sin embargo, un yanqui medio loco comenzó hace mucho tiempo a construir una planta para extraer oro. Toda la maquinaria está allí, comida a medias por la selva. Millones de dólares entre los árboles. El yanqui desapareció un día y nunca regresó. Hay voces en el pueblo que hablan de eso, de que los pobladores mismos podrían empezar a trabajar con la maquinaria, pero Jesús Gracia y el jefe del DIC dicen que no. Que eso estaría contra las leyes de la propiedad privada.

Hace años ya que el yanqui desapareció. El oro está todavía en el río, y la maquinaria está parada allí. Trabajo para la gente, dinero, prosperidad: pero Jesús Gracia dice que no.

Nos sentamos a la sombra de los naranjales en la tarde calurosa. Hablamos sobre el pueblo y sus moradores.

De alguna forma surge la pregunta: ¿Qué pasaría si los guerrilleros bajaran de las montañas mañana? La gente dice que están muy cerca.

La mayoría de los que están sentados alrededor nuestro venderían lo que pudieran a los guerrilleros, y les dirían por dónde ir para evitar a los soldados de Caranavi y Yara.

Y ellos tienen una sola razón para hacer eso. Ellos están contra Jesús Gracia, y Jesús Gracia dice una y otra vez que él está contra los guerrilleros, porque están perturbando la tranquilidad de la nación.

Tranquilidad para los habitantes de Alcoche significa miseria, y en lo que se refiere a lo que se llama nación, no existe. Por alguna razón nunca ha llegado a Alcoche, ni a ninguno de los cientos de pueblitos perdidos en los yungas y la selva.

20 de julio

Cochabamba: una sombra de la guerrilla

Es una cosa bien sabida que Bolivia cuenta con una de las redes de caminos más miserables en el mundo entero. Durante años el país ha estado cobrando impuestos especiales a los ciudadanos y a todos los vehículos que cruzan el país. Pese a esto, pese a los mentados millones para los caminos, pese a los anuncios del gobierno de que "todas las carreteras de la nación están en buenas condiciones", y pese a la continua habladuría sobre "la urgente necesidad de más dinero para los caminos bolivianos", esos mismos caminos desaparecen en la nada. El dinero para su mejoramiento es robado, utilizado para necesidades privadas de los funcionarios del gobierno, o depositado en los bancos suizos por los militares del alto rango. Ésa ha sido la forma en que los "millones para los caminos" desaparecieron en los últimos años del régimen de Estenssoro, y ésa es la forma en que se desvanecen ahora.

El camino más importante en Bolivia corre desde La Paz, cruzando la parte norte del altiplano y cayendo hacia abajo por las montañas, hasta las tierras bajas alrededor de Cochabamba. Este camino es una de las cosas en el mundo que es necesario ver para creer. Lo peor no es el polvo, las piedras o las partes donde el camino se convierte en estrechos senderos. Ni es la falta de señaladores de kilometraje o de inspección de la policía y los funcionarios de aduana. Lo peor sobre estos 500 kilómetros de importante carretera boliviana es que evidentemente se están cayendo a pedazos, abandonados, dejados a merced del frío, la lluvia y la nieve.

Ahora bien, se supone que esto no debe ser un informe sobre las condiciones de los caminos en Bolivia. Pero para los campesinos del altiplano, una cosa tan concreta como el camino La Paz-Cochabamba es igual al régimen en la capital. El camino es la única conexión con La Paz. El gobierno se sienta allí y habla con grandes palabras, que de tanto en tanto pueden ser captadas por alguna radio de transistores en el altiplano. Pero la realidad es el camino, y la gente de los pueblitos, ya sea de Aroma o Quillacollo, todos dicen exactamente lo mismo: los funcionarios del gobierno viajan en los DC-6 del Lloyd Aéreo Boliviano, que cruza el altiplano en 55 minutos, pero ellos han olvidado a los indios y a los derruidos camiones y ómnibus, que tienen que cruzar las montañas y el frío altiplano. De tanto en tanto uno puede leer escrito sobre una pared oscurecida en alguna semiderruida y aislada población del altiplano: "¿Y el camino?" La pintura está gastada por la lluvia y el viento. Es evidentemente de los días de Víctor Paz, pero todavía está al día. Tal vez más que nunca.

Es invierno en el altiplano. Un frío viento salvaje sopla desde el norte. Los picos en el horizonte están cubiertos de nieve, y los pueblitos están muertos. Las calles vacías, y las puertas y ventanas cerradas contra el viento. El frío nunca abandona el suelo. Aun cuando el sol brilla durante el día, uno siempre siente frío a 4 000 metros de altitud. Cuando llega la noche, toda vida abandona el altiplano. Las llamas y las hambrientas ovejas se juntan en pequeñas islas oscuras sobre los campos, y de tanto en tanto cae una ligera nevada, pero sólo por un momento. Después de eso la luna brilla fría y sin misericordia sobre esta desolada tierra olvidada.

Cochabamba yace abajo, en el valle, debajo de nosotros. Bajamos a tumbos por la última ladera de la montaña y a través de pueblitos donde hay banderitas blancas por todas partes. Eso no significa capitulación. Significa que aquí se vende chicha, chicha hecha en casa, el aguardiente favorito de los indios, y se dice que el de la región de Cochabamba es el mejor de todo el país.

En la mañana vamos a estacionar en el centro de Cochabamba y nos sentamos sobre un banco al sol, con el fin de sacarnos del cuerpo el frío de la noche del invierno del altiplano. Hace cuatro horas estábamos amenazados por la nieve. Ahora estamos sentados bajo las palmeras de Cochabamba. La gente camina, en esta silenciosa, amodorrada ciudad, donde siempre es primavera, en mangas de camisa. Aquí no hay cholas con sombreros negros o pardos, como en La Paz o Potosí. Aquí las mujeres indias usan sombreros blancos, cilíndricos, un poco ridículos, pero de un blanco alegre y brillante.

Cualquier turista disfrutaría Cochabamba. Diría que es la ciudad más agradable, más limpia, que ha visitado en toda Bolivia. Almorzaría en el restaurante "Guadalquivir", en las montañas de las afueras de la ciudad, donde se dice que nació el general Barrientos, y donde las cotorras sólo conocen palabras inglesas, porque sólo los norteamericanos pueden permitirse el lujo de comer allí. O podría saborear una terrible *pizza* en un restaurante de la plaza central, donde la colonia alemana se reúne cada mediodía y conversa sobre los viejos tiempos y los *alte Kammeraden*. Y entonces podría tomar un taxi barato hasta el hotel Cochabamba, donde tendría su confortable habitación, su piscina de natación y su campo de tenis, y donde cada hora podría escuchar las hermosas campanadas de la iglesia vecina, llamando con una cierta tristeza a través de las calles tranquilas y solitarias.

La soledad y la quietud no es algo especialmente arreglado para nuestro turista. Cochabamba es tranquila y hay muy poca gente en sus calles, porque es una ciudad que se está muriendo. La gente se va. No se pueden hacer negocios en la ciudad, dicen. Se van hacia la capital o hacia el este, a Santa Cruz de la Sierra, donde se encuentra el oro blanco y el oro negro —el azúcar y el petróleo.

Así, Cochabamba es abandonada. Los comerciantes cierran sus negocios cada mediodía con precisión mecánica. Por las mañanas y por las tardes comercian un poco entre ellos, pero no hay mucho dinero en la ciudad.

Hay un temor en el aire.

La gente se reúne en la plaza y estudia las últimas noticias sobre los guerrilleros. Ellos leen las declaraciones usuales del comandante de la ciudad —el coronel tal— que todo está bajo control, pero las cosas están lejos de ser controladas por el ejército. Las unidades guerrilleras han sido vistas a menudo en los últimos días en la carretera de Cochabamba a Santa Cruz. De vez en cuando, sólo cruzan el camino del sur hacia el norte, pero a veces viajan por el mismo en camiones u ómnibus capturados, durante cierto tiempo. Ayer, día 19, un grupo fue visto tan cerca de Cochabamba, como en el pueblito de El Chapare. Los informantes dicen que vieron al "Chino" entre los rebeldes. Hace algunos días se informó que el "Chino" había sido matado, y su retrato fue publicado en los periódicos locales. Esas historias no ayudan mucho al jefe militar de la ciudad, coronel Roberto Flores Becerra —ni a él ni a su prestigio.

Se dice que los guerrilleros descansaron en El Chapare, conversaron con la población, bebieron algunas cervezas y continuaron su marcha un par de horas después. Cuando llegó el ejército, nadie sabía nada sobre adónde se habían ido los guerrilleros, ni cuántos eran. Ningún rastro. La División del Ejército (la Séptima) del coronel Flores está (como siempre) investigando el caso.

La prensa en Cochabamba es más viva y menos corrompida por el dinero del gobierno que la de La Paz.

Secretos o simplemente informaciones que no pueden ser publicados en la capital lo son en Cochabamba. Aun el moderado *Prensa Libre* es más izquierdista que los periódicos más progresistas de La Paz.

El 18 de julio la sensación en el diario *Extra* de Cochabamba era la noticia de una próxima y masiva invasión de marines norteamericanos y boinas verdes, de las provincias de Cochabamba y Santa Cruz. El periódico, que es considerado como "comunista" por la "gente bien" de la ciudad, cita que la revista mexicana *Sucesos* escribe que alrededor de 4 000 marines norteamericanos han sido situados en las provincias de Santa Cruz y Cochabamba, disfrazados como miembros de los Cuerpos de Paz y mandados por un cierto comandante McBride. Los soldados están —siempre de acuerdo con *Sucesos*— llegando diariamente con aviones, desde Fort Kobbe en la zona del Canal de Panamá, y a fin de año habrá más de 25 000 marines norteamericanos en el país.

La noticia, tanto el original como la versión de *Extra*, parece, sin embargo, *no* corresponder a la realidad. Una visita a la región de Cochabamba no deja ver ningún movimiento importante de tropas —especialmente no norteamericanos— y tanto los opositores locales al régimen, como los empleados del consulado norteamericano, encuentran la información ligeramente fuera de foco. La cantidad de miembros de los Cuerpos de Paz en toda Bolivia es conocido por muy poca gente, y es seguro que en adición a su trabajo tradicional, tienen también otras tareas, pero en su mayoría no son marines disfrazados. Son entre 600 y 1 000 jóvenes, con muy poco o ningún conocimiento de español, que están viviendo aislados de la población nativa y de los cuales se desconfía generalmente por la misma razón.

Sin embargo, hay asesores militares norteamericanos en Bolivia, pero su número está limitado a unos cien —según un estimado alto— pero hay una cosa destacable en la colaboración norteamericano-boliviana: hay una actitud condescendiente y un mal oculto menosprecio por ambas partes, y esto hace que la eficiencia de la colaboración sea muy limitada. Hay un sentimiento general antinorteamericano en Bolivia. Entre los oficiales del ejército y los funcionarios del gobierno, esto se expresa de una manera muy hipócrita. Ellos palmean a los norteamericanos en el hombro, les sacan lo que pueden, y dicen muchas gracias, y hablan del gran vecino y de la civilización occidental y del mundo libre, sabiendo muy bien que lo que los norteamericanos dan a Bolivia no es nada comparado con lo que le sacan, y de todas formas lo dan como préstamos y muy pequeños.

Un capitán del ejército boliviano dijo el otro día que los préstamos de Estados Unidos eran raramente mayores de cinco o diez millones, y debido a que incluyen estudios previos y técnicos costosos, los bolivianos apenas obtienen más de un par de millones con los que maniobrar.

Los oficiales bolivianos también menosprecian a sus colegas norteamericanos, porque saben que éstos hablan mal de ellos, y no piensan que son soldados —lo que en muchos casos también es la verdad y nada más. Los bolivianos son nacionalistas, tal vez más que cualquier otro pueblo de este continente, y este nacionalismo es el mayor obstáculo para una colaboración en gran escala de Bolivia-Estados Unidos, contra los guerrilleros.

La versión de la revista mexicana, por lo tanto, debe ser considerada con cierto escepticismo. Es aparentemente parte de la idea, difundida por los mismos imperialistas, de que Bolivia se convertirá en una especie de "nuevo Santo Domingo". Éste es un falso concepto de la lucha guerrillera y de la resistencia contra el régimen de Barrientos. El desarrollo en Bolivia es muy lento, y una rebelión general contra el régimen no empezará en un futuro próximo, y no empezará como en Santo Domingo, en la capital. El trabajo lento, paciente, de cada día, de las unidades guerrilleras, la producirá. Una invasión norteamericana en gran escala a Bolivia no será tan fácil como en Santo Domingo o Panamá. Ni estratégica, ni geográficamente.

El régimen de Barrientos está llevando a cabo una gran propaganda haciendo aparecer la campaña antiguerrillera como una guerra "contra extranjeros", como, por ejemplo, Guevara, Régis Debray y todos los guerrilleros extranjeros, que de acuerdo con los boletines del ejército están locos por los cigarros habanos, los libros de Mao y Fidel Castro, y grandes banderas rojas con la hoz y el martillo. Se dice que cantidades de este material han sido encontradas en las montañas por unidades del ejército, y éste es utilizado efectivamente en la propaganda. "¡Miren! ¿Ustedes ven? ¡Son extranjeros!" Los bolivianos siempre han sido muy reservados en sus relaciones con los extranjeros, y esto lo está utilizando el gobierno. Pero al mismo tiempo se está cavando su propia fosa en lo que se refiere a la posibilidad de una ayuda en gran escala de Estados Unidos en material y tropas, porque para cualquier boliviano los gringos son antes que nada norteamericanos, y si el régimen de Barrientos dice cada día al pueblo que no tolerará la intervención extranjera en los asuntos de Bolivia, el mismo pueblo recordará estas palabras el día que el mismo gobierno solicite tropas norteamericanas, y se rebelará contra él.

Con el fin de comprender la "firmeza" de las relaciones boliviano-norteamericanas, basta con hablar con cualquier diplomático o funcionario norteamericano en este país. Los bolivianos son para ellos ladrones, vagos, indolentes, en los que no se puede confiar, y nacionalistas incurables. Barrientos es un tonto; Ovando y el ministro de Defensa, Guzmán, están abusando de la buena voluntad de los norteamericanos e intrigando contra todo el mundo —incluso contra Estados Unidos— los hombres de negocios están pidiendo grandes préstamos a través del BID o de la Alianza para el Progreso, y escapándose después con el dinero, como sucedió últimamente con el más importante ingenio azucarero cerca de Santa Cruz, donde el dueño boliviano obtuvo un préstamo de cinco millones de dólares de Washington. Inmediatamente compró maquinaria por 900 000 dólares y desapareció con los otros cuatro millones. La maquinaria ha estado en la estación ferroviaria de Santa Cruz por un año, y se dice que el hombre está viviendo una vida alegre en Río.

Sentados en la plaza de Cochabamba y escuchando lo que los amigos de la parte sur del país nos están diciendo, tenemos una impresión completamente distinta de la guerrilla de la que trajimos con nosotros desde La Paz, y empezamos a comprender la desesperación del régimen, cuando hace un llamado a la "movilización general contra los rojos extranjeros", quienes, de acuerdo con el vicepresidente Siles Salinas, van a cambiar las libertades por el terror, las cortes de justicia por el paredón, y la cruz por la hoz y el martillo.

Se nos dice que algunos mineros se están moviendo hacia el este, en dirección a la provincia de Santa Cruz. Cuando las patrullas del ejército les preguntan a dónde van, les responden que están buscando trabajo en la próxima zafra, pero la verdad es que no se les vuelve a ver en el camino a Santa Cruz; desaparecen en la selva o las montañas y posiblemente van a reforzar las unidades guerrilleras. Esto es exactamente lo que el gobierno teme: que los mineros, amargamente despertados por la matanza de San Juan, estén ahora movilizándose en favor de la guerrilla. Contra esta movilización, la llamada "movilización nacional" de Siles Salinas, no es nada sino otro esfuerzo para ganar a la indolente clase media para la campaña antiguerrillera —¡y todo es en vano!

Entre tanto, los jefes de división de todo el ejército son llamados a la capital para escuchar las explicaciones del coronel Reque Terán sobre por qué la "Operación Cintya" no funcionó, y se dice que el ejército, de ahora en adelante —siempre es de ahora en adelante—, elaborará una nueva estrategia. En conexión con esto ha habido severas críticas contra la clase de entrenamiento que los *rangers* bolivianos reciben en la Zona del Canal de Panamá. No puede utilizarse en Bolivia, en la selva boliviana, donde todo es distinto de las áreas de entrenamiento en Panamá, dicen los oficiales del Estado Mayor. Los guerrilleros están usando métodos científicos, distintos de aquellos utilizados por los asesores norteamericanos, y en las "emboscadas" ni los oficiales, ni los soldados del ejército saben cómo actuar. Los guerrilleros disparan y matan a los oficiales y los guías, y entonces los soldados se encuentran indefensos y se rinden voluntariamente.

Estas críticas irritan a los norteamericanos, que responden con una crítica moderada a la difunta "Operación Cintya", que en la opinión de los corresponsales norteamericanos —los únicos extranjeros a quienes se les permitió seguirla— fue un caos total "en lo que respecta a organización, transporte y uso efectivo de las tropas".

Políticamente La Paz anda muy mal. Nadie sabe qué

clase de gobierno está gobernando el país. Los ministros renuncian, los partidos abandonan la coalición gubernamental, un nuevo partido títere es formado (el Partido Agrario Laborista de Izquierda Cristiana, PALIC, que ha elegido como su cabecilla a Barrientos, quien en este momento ya ha sido presidente de tres partidos políticos en dos años), el Presidente pide comprensión y tiempo suficiente para llevar a cabo su "gran programa", y, finalmente, hay planes de formar un "gobierno puramente técnico", compuesto por técnicos políticos, por supuesto.

En medio de todo esto está Siles Salinas advirtiendo a los bolivianos que no conviertan el país en un barril de pólvora. Ese barril —de acuerdo con el Vicepresidente— podría muy bien explotar e incendiar todo el continente.

21 de julio

La carretera de la rebelión

> *Durante el día es nuestra...*
> *en la noche no sabemos...*
>
> CORONEL ZENTENO ANAYA
> *Octava División del Ejército*

Esa línea de asfalto y polvo que es llamada carretera Cochabamba-Santa Cruz constituye sin ninguna duda un problema continuo para el Estado Mayor de La Paz.

Se ha dicho que esta carretera era la línea que *debía* ser retenida contra la guerrilla, y que si las unidades rebeldes cruzaban hacia el otro lado, el septentrional, todo el problema de eliminar la guerrilla se haría demasiado grande para el gobierno de René Barrientos.

También se ha dicho que esa carretera controlada a medias por la guerrilla significaría que todo el Departamento de Santa Cruz, que es la región petrolífera más rica de Bolivia, estaría en peligro.

Hace más de un mes, el coronel Zenteno Anaya, sin embargo, declaró firmemente que la carretera estaba en manos del ejército y permanecería en las mismas para siempre.

En la prensa boliviana, la situación de la carretera ha sido descrita con bastante dramatismo. Los sucesos de Samaipata han influido grandemente a los periodistas en su forma de presentar la carretera como siendo fácilmente dominada por los rebeldes. El ejército —y el gobierno— por su parte ha efectuado una contraofensiva de relaciones públicas, emitiendo boletines oficiales diciendo que todo estaba bajo control, y que la guerrilla había jugado su última carta en Samaipata.

Las dos versiones se encuentran igualmente alejadas de la verdad.

La guerrilla no parece considerar la carretera como un importante objetivo militar, y en consecuencia no ha malgastado sus fuerzas combatiendo al ejército allí. Por otra parte, la Octava División del Ejército no controla de ninguna manera la conexión por tierra entre Cochabamba y Santa Cruz. Un control militar efectivo se ha estimado que abarcaría más de un tercio de los 30 000 hombres que integran el ejército de Bolivia, y por lo tanto el control está en realidad limitado a algunos puestos de control de carácter simbólico, y los boletines han sufrido recientemente un ligero cambio, la esencia del cual es la cita antes mencionada del coronel Zenteno.

Un viaje a lo largo de la carretera de 500 kilómetros de largo muestra bastantes cosas. Antes que nada, que el ejército no controla la carretera ni aun durante el día. En segundo lugar, que el terreno es de tal carácter, que aun un control efectivo no podría impedir que las unidades guerrilleras cruzaran donde y cuando quisieran; la selva llega justo hasta el mismo borde del asfalto, los pueblitos son pocos, y la circulación no es de ninguna manera intensa.

En Cochabamba se decía que a todo el personal diplomático —especialmente del consulado de Estados Unidos en la ciudad— se le había prohibido estrictamente viajar por tierra a Santa Cruz; además, que habría gran cantidad de puestos de control, y que las patrullas del ejército estaban muy rápidas con el gatillo y habían comenzado a disparar contra los prisioneros y las personas sospechosas de encontrarse en actividades extrañas y que no pudieran explicar su presencia en el área.

Comparada con este cuadro de guerra intensiva, la carretera parecía una fiesta campestre de 500 kilómetros de largo.

El único puesto de control militar estaba en Montepuncu, un pequeño pueblito en el departamento de Cochabamba, a no más de 100 kilómetros de la ciudad de Cochabamba. Los soldados eran descuidados, sucios, mal vestidos y provistos con armas desesperadamente antiguas. La gente que tenía documentos de identificación pasaba, la gente que no tenía, pasaba también. No había registro ni del transporte ni del equipaje.

Pese a la actitud descuidada de los soldados, había una especie de atmósfera de rebelión en el ómnibus, y los comentarios no eran favorables ni al ejército ni al gobierno.

En más de 200 kilómetros, desde Montepuncu hasta Samaipata, no había —aparte de tres oficinas de aduana— ningún puesto de control, pese a que exactamente aquí, a unos 50 kilómetros de Samaipata, se ha informado que había una intensa actividad guerrillera. Aquí están la formación montañosa El Palo y el pueblito de Mataral, donde el ejército, recientemente, ha tenido choques con los rebeldes.

En Samaipata había unos veinte soldados —todos entre 15 y 17 años— y algunos de ellos provistos con fusiles FAL.

Los habitantes recordaban con evidente placer la "invasión guerrillera". Nadie tenía miedo de expresar sus opiniones públicamente, y un viejo se lamentó de haber estado durmiendo ese famoso viernes por la noche. "Yo dormía cuando la bienvenida" —dijo con cierto autorreproche.

La farmacia donde los guerrilleros compraron sus me dicinas se ha convertido en la atracción local. Todo el que lo desee es llevado hasta la pequeña casa para ver "el lugar" y tener una conversación con el propietario. Hoy nadie está seguro de si en realidad vio a Ernesto "Che" Guevara esa noche. Parece más bien haber sido una invención de los periodistas que vinieron después. "Inti" Peredo, sin embargo, fue visto, juran varios habitantes de Samaipata.

El control en la ciudad consiste en una cadena que

bloquea la carretera, pero todo el tráfico rodea este obstáculo y continúa viaje hacia Santa Cruz, mientras los soldados juegan con los niños de Samaipata, ya que son casi de la misma edad.

Entrando en Santa Cruz hay un puesto de control de Aduana, el único guardián de la "totalmente controlada" ciudad del coronel Zenteno.

Uno por lo tanto se hace la siguiente pregunta: ¿Cuál es la atmósfera de este bastión de la Falange Socialista Boliviana?

En la universidad "Gabriel René Moreno", preguntamos quién representa a la mayoría. "Yo" dice el presidente de la Federación Universitaria Local (FUL), Mario Serrate Ruiz, quien es un falangista, como también lo son los líderes estudiantiles que lo rodean.

Debido a esta orientación falangista, la Federación Universitaria de Santa Cruz no reconoce a la Confederación Universitaria Boliviana (CUB). No hay elecciones serias, dicen los jóvenes líderes estudiantiles falangistas en "Gabriel René Moreno". Las universidades del altiplano —ante todo las de La Paz y Oruro— quieren dominar a la pequeña Universidad de Santa Cruz, insiste Mario Serrate, disfrazando así las contradicciones políticas como parte de la ya vieja contradicción entre el altiplano y las tierras bajas.

La actitud de todo el pueblo, asegura Mario Serrate, está contra la guerrilla, pero también contra los muchos soldados norteamericanos que hay en la región. "Nosotros los falangistas somos de izquierda, pero nacionalistas" —dice el "máximo" de los estudiantes de Santa Cruz. Él admite, sin embargo, que la población rural es algo apática en lo que concierne a la resistencia contra la guerrilla. Los 200 000 votos campesinos en este país irán a quienquiera que gane en una lucha militar en Bolivia, dice. La gente en general no está apoyando a Barrientos y ve que la actividad guerrillera está combatiendo activamente a un gobierno seudocivil, un hecho que los hace vacilar en tomar una posición contra los rebeldes.

La demostración antiguerrillera, de la cual René Barrientos se mostró tan orgulloso, fue un fracaso total en Santa Cruz, dice Mario Serrate. La gente aquí en la ciudad —como en cualquier otra parte en la república— está cansada de los generales disfrazados de demócratas, y de la democracia maniobrada.

Hablando con los jóvenes estudiantes falangistas de Santa Cruz, uno recibe la impresión de que el Departamento quiere una especie de arreglo como Estado Federado con el resto de la República.

Estamos siendo estrangulados por Barrientos, dicen los estudiantes. Él favorece altamente al departamento de Cochabamba, y nosotros tenemos que pagar por ello. La producción de arroz aquí está casi arruinada, y también lo está la cría de ganado. Mientras tanto, el gobierno actual está tratando de vigorizar las zonas arroceras y las ganaderas en el departamento vecino de Cochabamba. Nosotros necesitamos sólo dos millones de pesos para reparar la carretera entre Santa Cruz y Cochabamba. No los tenemos, pero al mismo tiempo el gobierno está construyendo una carretera paralela, que sólo servirá a los productores de arroz de Cochabamba y a nadie más, a un costo de más de 56 millones de pesos.

El presidente Barrientos está pidiendo a todo el pueblo, y especialmente a los mineros, dice Mario Serrate, que devuelvan sus armas, pero al mismo tiempo está proveyendo a los campesinos leales de Cochabamba de armamento semipesado, con el fin de crear su ejército privado. "Pero pronto tendrá una rebelión inesperada en Santa Cruz" —finaliza el joven líder estudiantil.

22 de julio

Cruzada contra la guerrilla

Como consecuencia de las frecuentes exhortaciones del régimen de Barrientos a organizar un frente cívico contra los guerrilleros, varias iniciativas se han tomado en La Paz en los últimos días.

Todo comenzó hace catorce días, cuando el general Ovando casi suplicó a los bolivianos que se preocuparan más por el destino de la nación y se interesaran en su gran ofensiva militar contra los "castrocomunistas". Luego, el Presidente repitió las mismas palabras; después el cardenal Clemente Maurer llegó desde Roma con las bendiciones del Vaticano y les dijo a los bolivianos que Dios estaba decididamente en contra de las guerrillas; luego el vicepresidente Siles Salinas (que como una excepción ocurrió que estaba en Bolivia en esos días) les recomendó a sus compatriotas que pelearan con la cruz y contra la hoz y el martillo.

Ahora las respuestas a estos ardientes discursos están comenzando a llegar. La burguesía boliviana se está movilizando en su propia y peculiar manera.

Como punta de lanza de la campaña cívica, el gobierno ha escogido al cardenal Clemente Maurer, de Sucre, quien en estos días está en jira por el país, bendiciendo las diferentes ciudades y pronunciando el mismo discurso en cada población. El *Leitmotiv* es algo así como que el país está en una situación muy peligrosa. Se puede salvar únicamente por la fe en Dios y la Iglesia, el Ejército y el Presidente. Bolivia debe actuar como un solo hombre en la lucha contra los bandoleros que sólo están trayendo la destrucción y el caos al país. Ellos no son la salida para el problema. Solamente el orden y la fe son las vías para Bolivia.

Este discurso le trae al Cardenal una gran popularidad en los círculos oficiales. Se ve al Presidente besando el anillo de Clemente Maurer, una y otra vez. Globos de papel de muchos colores cuelgan sobre la cabeza triunfante del Cardenal, cuandoquiera que él entra en una población, y masas de indios son movilizadas precipitadamente y reciben un día de salario para gritar algo como "Viva Maurer, Viva Dios".

El viernes 21 fue la culminación del espectáculo de un solo hombre, de Maurer en Bolivia. El diario *Presencia* de La Paz publicó como diez fotos del casi divino padre, en diferentes situaciones y actitudes, y Maurer recibió del Ejército la orden de la "Gran Cruz de los Guerrilleros de Lanza", como pago por sus firmes palabras conectando a Dios con los esfuerzos de Barrientos y Ovando.

El Cardenal dio las gracias y dijo, entre otras cosas, que era necesario hacer una distinción entre los heroicos "guerrilleros de Lanza" que pelearon durante la guerra de liberación contra España, "y aquellos que en estas horas amargas para Bolivia y el Continente están ahogando al país en sangre, portando banderas extranjeras y haciendo mal uso de la palabra 'guerrillero', que para nosotros significa honor, patriotismo y dignidad humana".

La Orden le fue impuesta al Cardenal por el ministro de Defensa, general Hugo Suárez Guzmán, con las emotivas palabras: Dios y Patria.

El Cardenal no es, sin embargo, el único que trata de crear el espíritu cívico combativo contra los guerrilleros.

Un comité de las llamadas "Damas Paceñas" ha declarado a la prensa que ellas tienen la intención de exhortar a la población de la capital a formar un vasto movimiento antiguerrillero, recolectando dinero y otros bienes materiales para los soldados de la Patria. Éstas damas de la alta sociedad de La Paz han sido muy cuidadosas con su declaración inicial, porque han hecho una advertencia diciendo que la población tiene que ser cuidadosa: muchas personas de mentalidad baja están en estos días recolectando fondos para la campaña antiguerrillera, abusando de la buena voluntad de la población de La Paz, y haciendo desaparecer las sumas recogidas en la misma forma en que tantos millones han desaparecido en la historia de este país.

Además, parece estar aproximándose una demostración muy impresionante. Las "Damas Cristianas" de La Paz, la "Unión de Estudiantes Cristianos Bolivianos", el "Comité de Vecinos de El Alto", y otras "organizaciones populares de masas", han decidido celebrar el aniversario cubano del 26 de Julio, organizando una demostración a través de La Paz, en protesta contra lo que se llama "la interferencia cubana en los asuntos de Bolivia".

Las Fuerzas Armadas de la Nación, por su parte, también han estado muy activas —no en los combates contra los guerrilleros que están haciendo lo que quieren en la carretera de Cochabamba a Santa Cruz, sino alrededor de los escritorios del Estado Mayor del general Juan José Torres.

Los oficiales de alta graduación de todo el país se han reunido, y después de tres días de debate secreto han emitido una declaración diciendo al pueblo que el ejército boliviano —como siempre— es imparcial en lo que se refiere a la política, que las Fuerzas Armadas bolivianas lamentan lo que ocurrió en las minas hace algunas semanas, que las Fuerzas Armadas están convencidas de que las guerrillas están organizadas y pagadas por La Habana, y que los "castristas" son los culpables de todas las perturbaciones de la tranquilidad de la nación en estos meses. Las Fuerzas Armadas, por otra parte, deben mantener la unidad, y los bolivianos deben darse cuenta de que el ejército de Ovando estará siempre de parte de los obreros, los pobres y el pueblo.

23 de julio

Stroessner tiene la solución

El invierno está culminando en La Paz. Por las mañanas, las montañas que rodean el valle están cubiertas con una ligera capa de nieve, y los vientos del altiplano dan a la capital boliviana un toque siberiano, cuando soplan en las calles por la noche, y amenazan a los numerosos indios que siguen ofreciendo su chocolate y sus bizcochos en la oscuridad.

Sobre las paredes de la ciudad los carteles políticos y las consignas del gobierno son una especie de calendario. Nosotros contamos los días y las semanas con su ayuda. El cartel del "derecho-al-mar" de abril ha sido malamente cubierto por el cartel de mayo, de "felicitaciones-señor-Presidente-en-su-cumpleaños". El cartel "queremos-la cabeza-de-Régis-Debray" es ahora muy raro. Se ha convertido casi en una atracción turística. Luego está el cartel de los campesinos de Cochabamba, también auspiciado por el gobierno, que desde todas las paredes de la capital le dice a los ciudadanos de La Paz que ellos quieren armas para combatir a los bandoleros de Castro, y que ellos junto con el Presidente marchan hacia la gloria final. Esta conmovedora pieza de propaganda rústica ha sido recientemente arrancada y remplazada por un cartel aburrido que conmemora la violenta muerte del presidente Villarroel.

Bajo un retrato del grueso comandante, que terminó su vida en un poste de alumbrado, hay un texto que dice: "Sacrificado por la 'rosca', la incomprensión y la aventura". Pero el pobre Villarroel es pronto olvidado y cubierto con un sonriente cardenal Maurer, que saluda con un ademán a los paceños desde su cartel.

Ahora estamos esperando el próximo cartel, y nadie se sorprendería de que el mismo apareciera alrededor del 6 de agosto —otra de las muchas fiestas nacionales de este país—y mostrara a los dos héroes de Bolivia en uniforme y a todo color: Bolívar y Barrientos.

Barrientos, el 21, hizo uno de sus firmes discursos frente al Palacio Presidencial en la Plaza Murillo, conmemorando el aniversario de la muerte de su ídolo, el comandante Villaroel. Barrientos aprovechó la oportunidad para atacar una vez más a la "rosca" y culpar a su organización supercapitalista por el asesinato de Villaroel. Fue la "rosca" la que colgó al progresista comandante, dijo Barrientos, así como es la "rosca" la que ahora trata de derrocar al gobierno actual. Ésta es la treta favorita de Barrientos: tratar de hacer creer al pueblo que hay importantes contradicciones entre su régimen semifascista y los grandes capitalistas y oligarcas del país, pero mientras Barrientos estaba atacando violentamente a la "rosca", su canciller Crespo estaba de pie sonriente a su lado, y Crespo es uno de los más influyentes "rosquistas" de Bolivia, y se sonreía porque, como todo el mundo, sabe que los ataques indignados de Barrientos no son nada más que palabras, palabras, palabras.

Lejos de La Paz y lejos de todos los problemas del gobierno boliviano —que por el momento no existe— un estadista latinoamericano ha encontrado la solución final a la crisis boliviana.

Durante sus conversaciones con su colega Onganía, el presidente paraguayo Alfredo Stroessner tuvo la idea de intervenir en Bolivia, si los guerrilleros se pusieran muy fuertes y amenazaran directamente al gobierno de Barrientos. El Jefe de Estado dijo a la prensa argentina que consideraba posible que Paraguay interviniera, con el objeto de no sentirse amenazado él mismo, y pidió a la prensa que recordara que los soldados paraguayos que fueron enviados a Santo Domingo durante la crisis de 1965 fueron decisivos para "la derrota del castrocomunismo en la isla del Caribe".

Una vez más, dijo Stroessner, los soldados paraguayos podrían desempeñar este papel, pero esta vez en la vecina Bolivia.

Las declaraciones de Alfredo Stroessner "en defensa de las fronteras paraguayas contra la subversión guerrillera" no han sido recibidas con evidente entusiasmo en La Paz. La guerra del Chaco todavía duele en los corazones bolivianos, y las palabras del presidente paraguayo han creado algún encono. Las malas lenguas hasta están hablando de que Stroessner trata de intervenir en los asuntos bolivianos.

Onganía y Stroessner están, sin embargo, firmes en su decisión de que algo debe hacerse, y de acuerdo con el periódico vespertino de Bolivia *Última Hora*, la Fuerza Aérea Argentina ha intensificado su control sobre la frontera argentino-boliviana, después de los informes sobre recientes infiltraciones guerrilleras. Stroessner, por su parte, ha tenido una desagradable sorpresa últimamente. El miércoles pasado una unidad de su ejército ha tenido un choque con un grupo de guerrilleros, cerca de la frontera boliviana. De acuerdo con la radio "Güemes" de la provincia argentina de Salta, la lucha tuvo lugar en las riberas del río Paraguay, y un oficial y dos soldados paraguayos fueron muertos en el tiroteo.

"Ahora estamos preparados —dijo después Alfredo Stroessner— para combatir activamente contra cualquier clase de subversión en cualquier país que solicite nuestra ayuda."

Mientras Stroessner está preparando su cruzada privada contra la guerrilla en la frontera meridional de Bolivia, el ex presidente Manuel Odría de Perú está revelando que hay grupos de guerrilleros operando en la zona sur del Perú, pero que el gobierno está tratando de ocultar ese hecho. El general Odría cree que los grupos están comandados por Ernesto "Che" Guevara (¡aquí está de nuevo!), y que el gobierno sigue la política del avestruz, porque teme que el publicar muchos datos sobre la guerrilla peruana podría perjudicar las inversiones extranjeras en el país. El gobierno y las fuerzas armadas de Perú rechazan violentamente la idea del general Odría y lo acusan de "inventar grupos guerrilleros con el fin de dañar el prestigio del presidente Belaúnde Terry".

Entre tanto el Presidente de Bolivia ha pronunciado un nuevo discurso, esta vez en Cochabamba, donde pide a Fidel Castro que deje de interferir en el desarrollo social y económico del país.

"La ideología de Fidel Castro —dijo el Presidente— es la ideología de un loco, que usa millones de dólares por día, o por mes, con el fin de pagar agentes, quienes finalmente no hacen nada más que satisfacer el hambre de China comunista."

El Presidente está reviviendo en esta forma la teoría del "peligro amarillo", que, teniendo en cuenta la posición geográfica de Bolivia, ¡parece un poco fuera de lugar!

25 de julio

¿Qué se escondía bajo una falda de mujer?

No hace mucho tiempo el jefe de la Séptima División del Ejército, coronel Roberto Flores Becerra, dijo a los bolivianos —como se recordará— que la carretera Cochabamba-Santa Cruz estaba bajo absoluto control de su regimiento.

En la pequeña fortaleza de Hierba Buena, un pueblito menor situado entre Samaipata y Mataral, los guardias deben haber estado, por lo tanto, tranquilos y confiados, y creyendo en el "absoluto control", cuando observaron a un grupo de mujeres indias acercándose a la entrada principal, el 23 de julio cerca de mediodía.

Hierba Buena es uno de los numerosos pueblitos menores a lo largo de la carretera: algunas chozas de barro, una pequeña iglesia, y por lo menos diez sitios donde uno puede comprar cigarrillos y pepsi, y la fortificación bajo el mando del coronel Cristóbal Vásquez.

Ese mediodía en Hierba Buena debió haber sido como cualquier otro mediodía, en cualquier otro pueblito a lo largo de la carretera. Un sol ardiente, casi tropical, todas las chozas cerradas, y de vez en cuando nubes de polvo parduzco levantado por los camiones o góndolas que pasan precipitadamente en camino hacia el valle de Cochabamba o a las tierras bajas cercanas al "Klondike" de Bolivia: Santa Cruz de la Sierra.

A unos veinte metros de la entrada, las mujeres indias perdieron repentinamente su gracia femenina. Subametralladoras aparecieron por debajo de sus faldas, y uniformes verde olivo fueron vistos debajo de los ponchos de colores oscuros.

Los soldados del coronel Vásquez reaccionaron, a pesar de su somnolencia, rápidamente, se tiraron al suelo y abrieron fuego. En este momento, todo el grupo femenino se había convertido en barbudos guerrilleros que habían tomado posición en toda el área frente a la fortificación, y respondían al fuego de los guardias.

Y mientras las puertas del pueblo de Hierba Buena permanecían cerradas, tuvo lugar otro episodio de la guerrilla boliviana, bajo el sol del mediodía de la provincia de Santa Cruz.

La intención de la unidad guerrillera de 15 hombres era, evidentemente, capturar la fortificación o, por lo menos, facilitar el que otra y más importante unidad pudiera cruzar a salvo la carretera, mientras proseguía el tiroteo en Hierba Buena.

La primera parte del plan no tuvo éxito. Durante una lucha de dos horas con un fuerte tiroteo, los soldados retuvieron la fortaleza, mientras los guerrilleros le daban vueltas como hambrientos Cherokees. Un boletín oficial del ejército informaba después que no se habían producido bajas del lado del ejército, mientras los guerrilleros tenían aparentemente un herido. Las fuentes locales dicen, sin embargo, que varios soldados y dos oficiales fueron transportados el domingo por la noche, ya tarde, en un camión cerrado, en dirección a Santa Cruz, y la opinión general es que la fortificación de Vásquez tuvo por lo menos diez heridos y muertos. Últimamente, los boletines del ejército han aprendido mucho de la forma en que los norteamericanos cuentan sus muertos y heridos en Vietnam. El mito del ejército invulnerable y siempre victorioso está siendo reinstaurado.

Después de dos horas de pelea, llegaron refuerzos de la cercana Mataral, y el coronel Vásquez pasó a la ofensiva. Con más de 300 soldados tuvo éxito en rechazar a los guerrilleros fuera del pueblo, pero cuando las unidades del ejército avanzaron hacia las montañas vecinas, no había rastro de los guerrilleros atacantes. Ya se habían desaparecido en la llamada "quebrada de Juan Cámara". Se supone que todavía están por allí.

El dulce sabor de la victoria desapareció, sin embargo, rápidamente de los labios del coronel Vásquez. Unas pocas horas después de la lucha, recibió la noticia de que los guerrilleros habían estado por toda la carretera, mientras él había estado luchando con sus hombres contra 15 "barbudos". Las unidades guerrilleras habían cruzado con equipo pesado, municiones transportadas sobre mulas o en jeeps y montones de alimentos.

Esto es exactamente lo que el Estado Mayor de la Séptima División en Santa Cruz quería evitar, y en esta forma la "victoria" de Hierba Buena se transformó en otra derrota.

La Inteligencia del Ejército piensa —pero no sabe con seguridad— que los 15 guerrilleros que asaltaron la fortificación de Hierba Buena pertenecen a un grupo mayor que tomó Samaipata hace un par de semanas. Además, la Inteligencia es de la opinión de que el episodio de Hierba Buena sólo fue una cubierta para una operación mucho más importante que culminó con el cruce masivo de la carretera Cochabamba-Santa Cruz.

La Séptima y Octava Divisiones del Ejército están ahora preparándose para perseguir a los guerrilleros dentro de la parte norte de la provincia de Santa Cruz, y aun dentro de la salvaje y muy poco conocida provincia de Beni.

El Presidente de la nación ha comenzado, después de una operación de sinusitis, otra vez a dar sus peculiares conferencias de prensa.

Ayer dijo a los periodistas que estaba muy orgulloso del episodio de Hierba Buena, pero su mente estaba ocupada con otros problemas: las huelgas de los estudiantes son un mal que no puede ser reparado, dijo el Presidente. Los estudiantes de casi todas las escuelas secundarias del país están en huelga, debido a las condiciones miserables bajo las cuales se ven obligados a estudiar; también están protestando porque este año escolar ha sido muy irregular. El gobierno quiere prolongar las vacaciones con el fin de evitar demostraciones y disturbios, pero los estudiantes insisten en su derecho al programa completo y a la educación durante todo el año.

Los maestros de Bolivia también están amenazando con huelgas en escala nacional, si sus salarios no son mejorados. El Presidente dijo ayer que los maestros deben ser pacientes. Que no podría haber ninguna mejora de sus salarios, pero que él —Barrientos— no era el culpable. El gobierno de Estenssoro, los mineros rebeldes, la guerrilla y Fidel Castro eran los culpables, y en tanto las perturbaciones no cesaran, los salarios bajos en toda la nación tendrían que mantenerse.

En lo concerniente a los guerrilleros, el Presidente pensaba que ellos eran culpables de serios crímenes y que la pena de muerte debía ser introducida nuevamente en Bolivia. Los guerrilleros, dijo Barrientos, han interrumpido el ritmo del desarrollo, y por lo tanto merecen la muerte.

Sobre una eventual amnistía general el próximo 6 de agosto, el Presidente dijo que esto era una posibilidad, y que, además, era su esperanza que ahora todos los bolivianos pudieran concentrarse en el trabajo diario. Muchas de las fuerzas opositoras podrían encontrar importantes posiciones en el gobierno, si querían colaborar. Pero, dijo Barrientos, no debemos dar espacio a los criminales y oportunistas, y sólo podemos aceptar el marxismo que está dentro del marco de la democracia (¡PIR!). El marxismo que se ha aliado con el crimen, nosotros debemos eliminarlo.

26 de julio

26 de Julio a la boliviana

Alguien tuvo una idea brillante:

Las tristes chozas que trepan las empinadas laderas alrededor del valle de La Paz tienen que estar iluminadas.

Es la noche del 25 de julio. La noche anterior a la "gran manifestación gran" contra las guerrillas, contra el comunismo, contra Fidel, contra todos los malos espíritus de esta tierra.

Debido a esta rara ocasión, los cholos de las laderas de los cerros deben ser honrados con una iluminación especial. Durante todo el año no hay luces que brillen allí arriba, pero ahora, de repente, los cerros de los cholos están brillando intensamente.

El "Comité de las Damas Cristianas" y el "Frente Anticomunista de Bolivia" y Dios sabe cuántas otras organizaciones "decentes" y en buena posición, han pagado algunos cientos de dólares para hacer creer al mundo que los indios están interesados en la demostración contra la guerrilla.

Los "comités" han dado antorchas a los habitantes de las grises chozas, y abajo, desde el valle, desde la rica y limpia avenida 16 de Julio, uno puede apreciar que estas antorchas están formando las palabras:

"¡Muera Fidel Castro!"

Por supuesto, sólo los turistas recién llegados y más ignorantes creen que esto pueda ser una invención de los indios.

Pero parece como si lo fuera.

Las "Damas Cristianas" sólo olvidaron un pequeño detalle: esos cholos son muy empecinados.

A ellos les han pagado y ellos han colocado las antorchas, es cierto, pero después de media hora un cambio menor en las posiciones de las flameantes antorchas de las laderas de las colinas puede ser notado desde allá abajo en la ciudad.

La palabra "muera" ha desaparecido.

Las antorchas se están moviendo allí arriba, donde la "gente blanca" va muy rara vez, y mientras la mitad de la ciudad está mirando fijamente con sorpresa hacia las montañas, una nueva palabra es formada:

"Viva", dice.

"Viva Fidel Castro."

Ahora bien, todo el mundo de la alta sociedad de La Paz está de acuerdo en que esto fue una sucia jugarreta. La "gran manifestación gran" no podía haber tenido un peor comienzo.

Pero las "Damas Cristianas" y el "Frente Anticomunista" no se dieron por vencidos. Por la mañana siguiente temprano, el 26 de julio, ellos están otra vez a la ofensiva. Invaden la parte central de La Paz. Marchan arriba y abajo por la calle Camacho y la Avenida 16 de Julio y venden banderitas bolivianas, y dicen a los eventuales compradores que el dinero va a parar a la campaña apolítica boliviana contra el comunismo.

A aquellos que todavía no están en posesión de una pequeña, apolítica, anticomunista banderita boliviana de papel, se les pregunta por qué no, y se los fuerza suavemente a comprar una.

Sólo los extranjeros escapan a este destino.

Las "Damas Cristianas" gritaron que no venderían banderitas a periodistas franceses.

La temprana mañana de julio también ofrece otras sorpresas: numerosos panfletos, diciendo:

"Madres, esposas, hijas y mujeres en general: nosotras condenamos y despreciamos a los adoctrinados, bandoleros castrocomunistas que están..."

O esto: "¡Debray mató, Debray debe morir!"

O: "Con las fuerzas armadas contra los bandoleros rojos".

O simplemente: "Compre los mejores artículos de cuero de Freudenthal".

Y los lustrabotas, y los mendigos, y los vendedores de todo, se mezclan con las "Damas Cristianas" y tratan de sacar el mejor resultado posible a la situación. Las iglesias están celebrando servicios especiales, las escuelas católicas son enviadas a la calle con banderas, tambores y trompetas, y los periódicos matutinos están llenos de exaltaciones como: "Viva Barrientos", "El pueblo con Ovando", "Todos contra el comunismo".

¡Realmente es un 26 de Julio!

Alrededor de las tres de la tarde los ministerios cierran, y todos los empleados son forzados a unirse a la demostración, que es espontánea oficialmente, pero aquellos que no lo hacen tienen un descuento de cinco días de salario. Las mujeres indias de los mercados son llevadas juntas como ganado, y embarcadas hacia la Plaza Pérez Velasco, donde la "gran manifestación gran" va a comenzar.

Hay mucha gente, es cierto. Cantidades de buenos ciudadanos burgueses con consignas como: Bolivia es católica, Comunistas ASESINOS, Mueran los castrocomunistas.

Todo el mundo está allí. Aun la gente del mercado negro, la Acción Católica y los falangistas.

Todos gritan: Viva el ejército, y como una larga cola siguen los indios, sin una palabra —una colorida y triste masa de seres humanos reclutados a la fuerza.

Me senté en un restaurante cercano y conté unas cuarenta mil personas mientras bebía un par de Pilsener. También conté unas doscientas consignas muy oficiales, cincuenta orquestas, y observé que los veteranos de la guerra del Chaco se tomaron finalmente venganza, quemando una así llamada "bandera comunista" en su camino hacia la Plaza Murillo.

También noté otras cosas: Detrás del estandarte de la Universidad sólo había unas cien personas, muchas de ellas de más de 60 años. Detrás del estandarte de la organización de maestros, que en este momento se está preparando para una huelga general, unos veinte niños de no más de 14 años de edad. Y entre los llamados campesinos, estaban mezclados un montón de militares en traje civil. Uno podía notarlo por la forma en que marchaban.

Entonces fui hasta la Plaza Murillo, donde los altoparlantes estaban bramando cosas feas contra Cuba.

Al son de la *Marcha del Río Kwai* las columnas se movieron a través de la Plaza y desaparecieron en las calles. Miles de hombres y mujeres pasaron marchando frente al Presidente, en su balcón, allá arriba. Las orquestas rugieron, pero la multitud pasó sin una palabra, y la Plaza se quedó más que medio vacía.

Cuando el desfile terminó, el frío de la noche atacó a los que pacientemente se quedaron en la Plaza Murillo, y ahora la audiencia sólo podía llenar el espacio inmediato frente al balcón. Digamos unos cinco mil.

Las bandas de música finalizaron su concierto con la "Marcha hacia el Mar" y el himno nacional.

Entonces los oradores, desde el balcón presidencial, comenzaron a decir a la gente reunida, la verdad.

Primero habló Alfredo Ovando. Fue interrumpido por gritos. Cuando él respondió: "¡Silencio, canallas!", alguien entre la gente replicó: "¡Abajo Barrientos!"

Entonces hubo algunas palizas y una rápida maniobra de la policía. El orden fue restablecido. Entonces habló el vicepresidente Siles Salinas. Silencio. Sólo algunos fieles —y pagados— seguidores aplaudieron.

Entonces algunos cientos gritaron: ¡BA - RRIEN - TOS, BA - RRIEN - TOS! Y Barrientos habló unos quince minutos.

Dijo a la audiencia, que por ahora había disminuido a alrededor de dos mil personas, que Bolivia podría ser un jardín floreciente si no fuera por los castrocomunistas y las guerrillas que querían mantener a Bolivia en la miseria.

Entonces alguien gritó que quería la cabeza de Régis Debray, y el Presidente se confundió y se olvidó en qué parte de su discurso estaba.

Cuando finalmente encontró la inspiración otra vez, dijo a la audiencia que lo mejor de esta demostración era el ser espontánea, y que cada uno había venido por su propia voluntad.

Ahora un gran grupo empezó a chiflar en la parte de atrás, y el general gritó desde su balcón que él podía asegurar que las fuerzas armadas derrotarían a la guerrilla, y que él quería que todo el mundo lo ayudara a gritar: ¡Viva Bolivia!

¡Viva Bolivia!, gritaron los que quedaban.

Y entonces se terminó ese 26 de Julio.

La gente caminó hacia sus casas por las calles, y en su camino compraron el periódico de la tarde, donde pudieron leer:

Dos nuevos choques con las guerrillas. El ejército no

tuvo pérdidas. Los bandoleros desaparecieron sin dejar rastros. Las fuerzas armadas controlan la situación completamente.

27 de julio

Panorama político boliviano

Por qué Debray no es juzgado. Doble juego con la guerrilla. La Falange y el ejército. El próximo coronel.

La mayor y evidente confusión alrededor del proceso de Debray puede tener las siguientes explicaciones:

1) El Consejo Militar de Guerra, que tiene que estudiar el caso, no ha terminado todavía su trabajo, que consiste principalmente en hacer aceptables las acusaciones, sobornando testigos, y tratando de hacer encajar las últimas "confesiones" de Ciro Bustos, dentro del cuadro general. Se dice que el argentino ha dicho a las autoridades militares que ha visto a Régis Debray y al "Che" Guevara en "conversaciones muy serias"; una observación que el ejército quiere utilizar ahora contra Debray, probando que este último es un hombre importante en la guerrilla boliviana.

2) El Presidente está planeando —o se dice que está planeando— una amnistía general para el 6 de agosto, y existe una débil posibilidad de que Debray fuera de alguna forma incluido en la misma. Barrientos y su régimen tambaleante necesitan popularidad, y como Fulgencio Batista hace unos 12 años, podría utilizar a los numerosos prisioneros políticos, como una parte de su gran comedia.

3) El hecho de que Régis Debray haya rehusado usar los servicios de un abogado mientras sea la intención del gobierno el juzgarlo ante un Consejo Militar de Guerra podría también demorar el proceso en su conjunto. Ha sido originalmente idea del padre de Régis Debray, George Debray, el rechazar la autoridad del Consejo Militar, y ahora el gobierno y el ejército boliviano vacilan en juzgar a

Debray, porque de acuerdo con el Código Penal de Bolivia una corte civil ordinaria debería ser utilizada en el caso de Debray.

Los dos partidos políticos más importantes de Bolivia, MNR y FSB, están jugando en estos días una especie de doble juego, con respecto a las fuerzas guerrilleras que operan en el sureste del país.

Extraoficialmente estos partidos se sienten satisfechos con los problemas que la guerrilla ha creado al gobierno, pero en la demostración del 26 los dos partidos estuvieron presentes, con algunos de sus líderes más importantes y con duras consignas, tales como:

Nosotros condenamos las guerrillas y las detestamos, porque ellas están disolviendo nuestra nación (Víctor Andrade, MNR).

La Falange Socialista Boliviana está y siempre ha estado contra el comunismo, al que combatiremos en todas sus formas y dondequiera que lo encontremos en la nación. (Alberto García Ponce, FSB.)

La Falange Socialista Boliviana está en grandes dificultades en estos días. Un nuevo gabinete será formado dentro de una semana, y la Falange tiene perspectivas bastante buenas para entrar y obtener por lo menos algunos ministerios. Pero la incógnita es: qué va a pasar con este nuevo gabinete de Barrientos. Si cae o se adentra en serios problemas, la Falange será también culpada y no podrá hacer más su juego de "rebeldía nacional", como el heroico opositor al gobierno. Si no entra, perderá su primera oportunidad verdadera en veinte años de obtener algún poder.

Lo que aparentemente hace dudar a la Falange son los rumores de que un importante grupo de oficiales del ejército, encabezados por el jefe del Estado Mayor del Ejército, coronel Marcos Vásquez Sempérteguie ("El Diestro"), está tratando de engañar a la Falange y llevándola al gabinete, para después dar un "golpe" radical, y en esta forma hundirla junto con el cada vez más impopular régimen de Barrientos.

Mientras la muy violenta y radical personalidad del coronel Marco Vásquez Sempérteguie está creciendo en poder e importancia dentro del ejército boliviano, el jefe de las Fuerzas Armadas, general Ovando Candia, parece convertirse cada vez más en una figura de segundo plano.

No hace un mes, Ovando era todavía mencionado como la posible cabeza de un golpe contra Barrientos, pero últimamente casi ha desaparecido de la vida pública, y sus declaraciones son más escasas.

Fuentes de La Paz llegan a informar que Barrientos y Ovando, frente al surgimiento del coronel Sempérteguie, están empezando a reunirse después de más de un año de intrigas y abierta rivalidad. Más aún, se dice que el Jefe del Estado Mayor del Ejército ha tenido su golpe preparado desde hace mucho tiempo, apoyado por los oficiales jóvenes de las guarniciones cercanas a la capital, y que podría hacerlo efectivo en cualquier momento ***después de que la Falange hubiera entrado en el gobierno.***

29 de julio

Barrientos: Nosotros debemos invadir Cuba

De pie a la entrada del Palacio Presidencial, uno tiene una vista excelente de la Plaza Murillo, que en este sábado por la mañana está todavía vacía y guardando la frialdad de la noche. Los guardias frente al farol de alumbrado del ex presidente Villarroel están tiritando, y sus colegas dentro del Palacio están estudiando las invitaciones para una de las conferencias de prensa especiales que se realizan cada segundo sábado y empiezan a las 8 en punto.

Un guardia en uniforme rojo del siglo pasado, pero con un casco norteamericano de esta década y un máuser alemán de la segunda guerra mundial, trata de deletrear para sí las invitaciones, pero se da por vencido, y nos dice que no hay tal conferencia de prensa. Otro guardia es de la opinión de que sí la hay. Un oficial nos da permiso para pasar por delante de los máuseres. Un secretario del Palacio nos ubica en una habitación oscura. Otro nos lleva a través de largos y fríos corredores, y finalmente nos vemos sentados alrededor de una mesa en la sala de reuniones del Gabinete.

A las 8 y 4 minutos entra el Presidente. No es muy alto y tiene la apariencia de un hombre muy joven, casi un muchacho. Su cara está enrojecida por el frío de la mañana, y se dirige hasta su silla escarlata y se para en atención, mientras se oyen las notas del himno nacional.

Las conferencias de prensa de Barrientos, son generalmente muy formales. Ésta no es una excepción. Todas las preguntas deben ser entregadas por escrito dos días antes, y no se permite ninguna pregunta extra. Para subrayar este formalismo, el general-Presidente comienza con una solemne declaración: "que la llamada movilización antiguerrillera de esta semana en La Paz fue un suceso muy importante, debido a que constituyó una poderosa demostración del nacionalismo boliviano, porque fue un apoyo impresionante del nacionalismo boliviano, porque fue un apoyo impresionante a las Fuerzas Armadas, a pesar de lo que se dice contra esta institución, y finalmente porque, señores periodistas extranjeros, demostró que en Bolivia hay una revolución, que es mucho más antigua que la aventura de Castro, una revolución con democracia y libertad, una revolución que ha transformado al país y al hombre boliviano".

Después de esta lección, y sabiendo ahora cómo es la revolución boliviana, los periodistas empiezan a formular sus preguntas aprobadas.

Primero alguien quiere saber por qué Bolivia está todavía importando lubricantes, estando ahora en condiciones de producir los mismos, en la recientemente terminada fábrica de YPFB.

El Presidente, que naturalmente no puede decirnos que la YPFB es casi lo mismo que la Gulf Oil, y que la Gulf Oil hace lo que le da la gana, no importa lo que digan los bolivianos, nos da una larga conferencia sobre que Bolivia es independiente, y que YPFB es un organismo del Estado, y que Bolivia y su gobierno no tolerarán ninguna competencia del extranjero.

Un periodista saca a relucir la abrumadora corrupción en la administración boliviana, pero Barrientos responde elocuentemente que antes del 4 de noviembre de 1964, sí había corrupción, pero que su gobierno es conocido exactamente por lo opuesto, por ser limpio y justo.

Todos pensamos en el caos corrompido que es llamado Corte de Justicia, o en el Director General del Banco Minero Boliviano que hizo desaparecer millones de pesos, que fue descubierto, y que finalmente fue nombrado embajador en Roma. O pensamos en lo que está pasando en la COMIBOL, donde no hay dinero para aumentar los salarios de los mineros, pero donde miles de dólares se desvanecen mensualmente, semanalmente, diariamente.

Luego le presentan el caso del escritor Eduardo Olmedo López, que ha estado preso durante varios meses, y ha escrito al presidente Barrientos para saber por qué ha sido encarcelado.

"No he visto esa carta —dice el Presidente— no puedo leer toda la correspondencia que se apila sobre mi escritorio, pero espero lo mejor para el señor Olmedo y le deseo buena suerte."

Luego se pregunta sobre el rumor desagradable de que no sólo muchos ministros serán cambiados el 6 de agosto, sino también —como es usual— la mayor parte de estos ministros serán echados. Cuando un ministro es cambiado, sus viceministros se van, sus secretarios salen, los empleados comunes salen, también el hombre que sirve café sale, y los que no hacen nada más que estar dando vueltas también salen. Así ocurrió durante el régimen del MNR. Así ocurrió el año pasado con Barrientos como presidente, y así teme la gente que va a suceder ahora.

Barrientos habla largo rato sobre la significación del 4 de Noviembre, y de que él como presidente se está ocupando de los intereses de cada empleado oficial, y que nunca ha aceptado las "masacres blancas".

El corresponsal del *Times* de Londres murmura algo como: ¡Mírenlo, él cree realmente en lo que está diciendo!

Y esto es exactamente de lo que se trata: Barrientos ha alcanzado una etapa en la que es capaz de producir torrentes de palabras, en las cuales él mismo cree, pero que a menudo no tienen nada que ver con la realidad.

"Nosotros los bolivianos tenemos un grave defecto

—continúa Barrientos desde su sillón escarlata— prometemos tanto, decimos tantas palabras, pero cumplimos tan poco. Mi gobierno sin embargo...”

Luego viene la pregunta sobre el costo de la vida. En las últimas semanas muchos productos han subido de precio, y no hay ninguna esperanza de que el sueldo medio —que es de unos 30 dólares por mes— siga a los precios.

¿Qué intenta hacer el gobierno?

Barrientos parece confundido por un momento. Entonces habla sobre que éste es un período difícil pero transitorio, y no hay por lo tanto razón para llenarse de pánico. Los precios han subido porque hay muchos más consumidores que antes, mucha más gente en la producción. Ésa es la respuesta. Parece satisfecho ahora, pues no puede comprender que su explicación es mera tontería. La consecuencia lógica de un aumento de consumidores es aumentar la producción y, en consecuencia, reducir los precios, o, en un país en desarrollo: racionamiento, pero estabilidad de precios. El aumento del costo de la vida en Bolivia no es nada más que una artificial y antipopular medida.

Pero Barrientos es general, no economista, así que él está satisfecho con su explicación.

La siguiente pregunta es, por supuesto, sobre los maestros. Los periódicos matutinos han revelado que Barrientos, en recientes conversaciones con la organización de maestros, se ha negado a aumentar sus salarios de unos 900 pesos mensuales (80 dólares).

¿Por qué?

Barrientos mira severamente al periodista que pregunta y le dice que por culpa de los castrocomunistas el desarrollo de Bolivia se ha detenido, y que todo lo que es necesario debe ser dado al presupuesto de la defensa, con el fin de combatir a las guerrillas.

Algunos consideran que el partido recientemente formado, PALIC (Partido Agrario Laboral de Izquierda Cristiana), es una especie de organismo artificial. ¿Cuál es la opinión del señor Presidente?

La opinión de Barrientos es, naturalmente, que PALIC es el mejor de todos los partidos. Es —de acuerdo con Barrientos— el paralelo político al desarrollo cultural y económico de los campesinos bolivianos, y PALIC es, además, el resultado de la caída del Frente Revolucionario Boliviano. Los campesinos se sentían frustrados, miente el Presidente, y querían por lo tanto formar un nuevo partido que combinara los intereses de los obreros, los campesinos y la clase media. Ese partido es el PALIC.

Lo que Barrientos no nos dice es que él hizo el PALIC a la medida, porque su "Frente" se desplomó, y porque de repente él tuvo miedo de quedarse sin ninguna maquinaria política.

Ahora hemos llegado a los marines norteamericanos. Los rumores dicen que hay más de 2 600 en la región de Santa Cruz, y que habrá más de 25 000 antes de fin de año.

Barrientos no lo cree así, pues considera que es una exageración comunista, y parte de una conspiración internacional contra Bolivia. Bolivia no quiere ayuda de nadie (y qué hay de las nuevas armas, los aviones, los asesores militares, el Cuerpo de Paz, la Alianza), y el gobierno boliviano no es como el de Castro, que recibe un millón de dólares por día del imperialismo rojo.

Últimamente Barrientos se ha mostrado muy aficionado a este millón de dólares que se supone Fidel Castro recibe diariamente. En cada discurso, en cada conferencia, en todas sus declaraciones —y hay muchas por cierto— Barrientos menciona estos dólares, y pronuncia la palabra dólar como si estuviera hablando del diablo.

Ahora el Presidente se está acercando bastante al clímax. Él no está interesado en ser presidente. Sólo está interesado en el pueblo. No es como Fidel Castro que es un intervencionista sediento de sangre. Y su gobierno no es como el de los castrocomunistas que tienen miedo del desarrollo y sólo quieren destruir el progreso del pueblo boliviano con un millón de dólares por día. (El corresponsal de *Times:* "¡Aquí los tenemos otra vez!") El gobierno boliviano estaba construyendo un camino en Ñacahuasu, cuando los bandoleros pagados por Castro empezaron a matar soldados inocentes, y el pueblo recordará esto. Pero hay democracia en Bolivia. El gobierno ha sido demasiado débil. Pronto tomará medidas que tal vez chocarán a unos pocos. Y el pueblo de Bolivia tomará la justicia en sus propias manos y terminará de una vez por todas con los agentes de Castro, locales e internacionales.

Entonces, por supuesto, alguien quiere saber qué pasa con Régis Debray. ¿Por qué el prometido proceso se aplaza una y otra vez?

Barrientos habla durante un rato sobre que la gente quiere la cabeza del periodista francés, y que el gobierno de Bolivia debe, por lo tanto, actuar con cuidado. Es cierto: la otra noche en la Plaza Murillo un hombre —y se supone que era pagado— gritó que él quería la cabeza de Debreeee; pero tal vez la verdadera razón es que Barrientos quiere que empiece primero el nuevo período parlamentario para obtener la aprobación de la pena de muerte. Por supuesto, él no quiere aplicarla, pero con esa posibilidad, el Presidente siempre puede dar un pequeño espectáculo y decir al mundo: ¡Miren! ¡Yo tengo la posibilidad de poner a este francés asesino y terrorista frente al pelotón de fusilamiento, pero yo soy civilizado, no lo haré, lo condenaré a 30 años en cambio!

Sobre el próximo gabinete, Barrientos dice que está sosteniendo conversaciones tanto con el PIR como con la Falange, y que es posible que ambos partidos entren en el gabinete próximo. Él —Barrientos— no tiene miedo del marxismo que está dentro del marco de la democracia. Él sólo está contra el terrorismo y, por lo tanto, está dispuesto a colaborar con el PIR.

Un periodista argentino quiere saber cuánto abarca en la actualidad la llamada "zona roja", y cuántos guerrilleros hay en total.

La zona roja se extiende, confiesa el Presidente, y tiene ahora más de 200 kilómetros de largo, y hay en ella unos 400 guerrilleros —llamados guerrilleros, agrega, porque en realidad no son nada más que bandoleros, una cabeza de puente internacional cuyo único objetivo es la agresión. Y nosotros —los bolivianos— debemos radicalizar nuestros medios. Debemos encontrar nuevos caminos para eliminar totalmente a esos criminales. Medidas violentas. Medidas muy violentas.

¿Qué es lo que él quiere, murmura otra vez el hombre de *Times*, la bomba H?

El corresponsal local de la AP quiere saber, ¿qué está haciendo Barrientos para enfrentar los constantes rumores de un próximo golpe?

Yo anuncio por este medio, dice Barrientos solemnemente, que yo y el gobierno sabemos que algunos sectores están preparando un golpe. Si estos sectores insisten empecinadamente, el pueblo de Bolivia les dará la respuesta. Eso es todo.

Se pregunta entonces a Barrientos si su gobierno enviará a su Ministro de Relaciones Exteriores a la próxima reunión de ministros de la OEA, convocada por Venezuela con el objeto de estudiar las quejas sobre la intervención cubana.

Si podemos alcanzar algún resultado concreto, participaremos, responde el Presidente.

¿Qué resultado concreto?

Si Cuba está invadiendo el continente y especialmente Bolivia, nosotros debemos invadir Cuba. Esto es lógico, Cuba debe ser aplastada y Castro debe ser tomado prisionero en su propio país. Castro está interviniendo en América Latina. ¿Puede él sorprenderse si nosotros intervenimos en Cuba?

¿Va Bolivia a proponer esto?

Sí, sí vamos a hacerlo, responde Barrientos.

Finalmente se pregunta al Presidente si está militarmente satisfecho con los resultados obtenidos en la reciente "Operación Cintya". Justamente antes de la conferencia los periódicos matutinos informaron que había tenido lugar un nuevo choque entre una unidad del ejército y algunos guerrilleros, y que dos oficiales, dos soldados y un guía habían sido muertos.

Barrientos expresó su satisfacción *con la moral* de las tropas, pero subrayó que el resultado militar había sido pobre, y que ahora no hay esperanzas de cercar a los guerrilleros, pero que él tiene algunas sorpresas para ellos, algunas sorpresas muy efectivas...

Y sonríe triunfalmente, como si hubiera inventado el mejor de todos los medios contra la guerrilla.

4

Allá abajo en Camiri

31 de julio

Los combates de fin de semana

El jefe de División, coronel Joaquín Zenteno Anaya, ha inventado recientemente una nueva terminología en el lenguaje militar boliviano: Combate de fin de semana.

Él tiene sus razones.

Hace dos semanas —el 17 de julio— una de sus guarniciones, la de Samaipata, fue tomada por los guerrilleros en una audaz maniobra.

Eso fue una noche después de un domingo.

Ayer avanzada la noche, domingo 30 de julio, las tropas del coronel Zenteno chocaron nuevamente con los guerrilleros en un serio combate, cerca de la ribera del río Moroco, a unos 60 kilómetros al norte de Abapó, y a menos de 30 kilómetros de la estratégicamente importante región de El Filo.

Este choque —que parece haber sido una emboscada— tuvo como consecuencias que tres oficiales fueran muertos y seis soldados heridos, de acuerdo con las fuentes oficiales, lo que significa que las pérdidas del ejército deben haber sido mucho más elevadas.

Este acontecimiento hizo inventar al coronel Zenteno la frase "combate de fin de semana", y cuando este oficial de alta graduación, que es uno de los hombres fuertes de las Fuerzas Armadas Bolivianas, habló más tarde a la prensa, dijo que los guerrilleros habían tenido éxito en su plan de alcanzar la extremadamente difícil zona de El Filo, que es muy poco accesible, y situada a unos 70 kilómetros del pueblito de Vallegrande, donde los guerrilleros también habían estado recientemente.

A la pregunta de si a la División del Ejército de Zenteno le era posible entrar en El Filo, el coronel respondió evasivamente, y agregó que con la ayuda y el apoyo de la fuerza aérea él haría lo que fuera posible.

El combate a orillas del río Moroco, dijo el coronel, ha sido el más violento en la historia de la campaña contra los guerrilleros, y nunca el ejército había perdido tantos hombres.

Concerniente a las pérdidas de los guerrilleros, el coronel no tenía informaciones, pero suponía que ellos habían tenido muchos muertos y heridos "debido al carácter de la lucha".

El último "combate de fin de semana" demostró, además, que el sistema de comunicaciones entre las diferentes regiones del país está en pésimas condiciones. El Estado Mayor encabezado por el general Juan José Torres no sabía nada sobre el hecho, más de seis horas después de que el combate había tenido lugar.

Esta mañana, la unidad de la Fuerza Aérea de Santa Cruz, bajo el mando del coronel José Carrasco, atacó la zona de combate, pero sin poder bombardear, debido a las muchas y diseminadas unidades del ejército que se hallan en la selva.

Desde la parte meridional de la zona de Ñacahuasu llegaron noticias de que el ejército estaba arrestando a numerosos pequeños granjeros y campesinos, acusándolos de haber colaborado con la guerrilla cuando ésta comenzó a operar en abril. De acuerdo con *El Diario* de hoy, la Inteligencia del ejército ha arrestado por lo menos a diez personas.

Esta información está ligeramente en contradicción con la opinión del Presidente de que los guerrilleros no están obteniendo ningún apoyo de la población rural.

Mientras tanto la policía chilena, en la estación fronteriza al norte de Arica, también ha arrestado a simpatizantes de los guerrilleros.

En el vagón de ferrocarril los chilenos encontraron cinco cotorras en su camino hacia La Paz, pero sin certificado exigido para probar que los animales están saludables y en buenas condiciones.

Cuando en consecuencia la policía confiscó los pájaros, fue saludada con las palabras: "¡Somos guerrilleros! ¡Vivan Lechín y Fidel! ¡Abajo Barrientos!

La Guardia Nacional de Bolivia —limpia y presentable después del golpe del 4 de Noviembre, e integrada ahora en su mayoría por jóvenes campesinos, que por lo menos declaran que son leales a Barrientos— será ahora equipada con armas de fuego, en lugar de los largos y sólidos bastones, que durante un par de años han sido su arma estratégica contra las demostraciones estudiantiles y obreras.

El nuevo equipo de la Guardia es parte de un escalamiento contra la guerrilla y, de acuerdo con *El Diario*, es el comienzo de la construcción de una "milicia", que se supone sea más efectiva en la lucha contra la guerrilla que las fuerzas regulares, que hasta ahora sólo han tenido éxito en ponerse en completo ridículo.

El Diario del domingo 30 de julio también informa que las fuerzas armadas están contratando elementos civiles que van a trabajar como informantes y espías, en la cada vez más extensa "zona roja".

"Los civiles contratados —escribe *El Diario*— serán usados como guías o, en el futuro, para resolver distintos problemas."

Las palabras "distintos problemas" pueden cubrir la formación de grupos civiles antiguerrilleros, que van a tratar de aplicar las mismas tácticas que los guerrilleros.

El 29 de julio las fuerzas armadas tuvieron un choque con una unidad guerrillera cerca de Florida en la parte norte de la zona de Ñacahuasu. Dos oficiales, dos soldados y un guía fueron muertos.

Hoy *El Diario* revela que un nuevo choque ha tenido lugar, esta vez a orillas del río Rosita, donde un cabo y un soldado fueron heridos.

El hecho fue revelado a *El Diario* por el Jefe de la Fuerza Aérea Boliviana, general Jorge Belmonte Ardiles.

Este general dijo además que la zona alrededor de Florida había sido ametrallada desde aviones AT-6, y *que la Fuerza Aérea había comenzado a usar napalm*, "con el fin de obtener los mismos excelentes resultados que la Fuerza Aérea de Estados Unidos en Vietnam".

El problema, dijo el general a la prensa, era, sin embargo, que la zona de Ñacahuasu estaba poblada por campesinos, y que la visibilidad en la zona era mala, debida a los muchos valles y a la densa vegetación.

Nuestras incursiones aéreas, dijo el general Belmonte Ardiles, dan, por lo tanto, pocos resultados. Nosotros bombardeamos y ametrallamos donde nos imaginamos y sospechamos que está el enemigo, pero los resultados no pueden ser garantizados.

Después de la última incursión sobre la zona de Florida las tropas de la Octava División entraron y buscaron. ¡No encontraron nada!

El ministro de Finanzas, José Romero Loza, informó ayer a la prensa que la lucha contra los castrocomunistas había costado hasta ahora a Bolivia la suma de 30 millones de pesos (equivalente a 2 ½ millones de dólares). Al mismo tiempo negó que Bolivia estuviera entrando en un violento proceso inflacionario.

"Sólo si la nación acepta que los salarios sean mejorados, nos encontraremos en una situación crítica", dijo el Ministro, utilizando la campaña antiguerrillera como una excusa para el mantenimiento de los bajísimos salarios en el país.

También dijo que los 30 millones habían sido utilizados para comprar armamento moderno en Bélgica, y para mantener un número elevado de tropas bajo armas.

Los rumores sobre la inflación son parte de la campaña castrocomunista contra nuestro país, insistió. "Pero nuestra situación financiera es sólida y estable. Hay dificultades, pero ninguna de ellas representa un peligro."

Sin embargo, fuentes bien informadas insisten en que los 30 millones de pesos han sido usados para mantener la "moral" de la oficialidad del ejército.

1 de agosto

Los últimos diez minutos

Hay idas y venidas en los largos y oscuros corredores. Hay

indios por todas partes. Hay abogados arguyendo frenéticamente con sus clientes. Hay oficinas donde gran cantidad de papeles son firmados y donde muchos más papeles simplemente se pierden. Y luego hay la buena luz que baja desde los ventanales muy por encima de nosotros.

Las voces, el sonido de muchos pies, las bocinas de la calle.

El Palacio de Justicia de La Paz.

"Diez minutos", dijo el Jefe de la Policía Civil y cerró la puerta tras de sí.

Estos diez minutos no son seguramente los últimos diez minutos de la vida de René Chacón, "dirigente de mineros" de Siglo XX, pero son sus últimos diez minutos en libertad por tal vez un largo, largo tiempo.

Chacón fue capturado en Oruro hace casi un mes. Primero pasó algún tiempo con el DIC local, la policía criminal que también actúa como política. Luego fue enviado a la capital y lo encontramos el 31 de julio en el Palacio de Justicia.

No es fácil explicar cómo logramos hablar con él. Él está custodiado por oficiales de la policía en el Palacio, pero de alguna manera nosotros tenemos un amigo que es de izquierda, pero también es amigo del Jefe de la Policía Civil, y esta amistad, que parece atravesar todas las fronteras políticas, nos permite tener una conversación de diez minutos con René Chacón.

"Pero apúrese —le dice el joven oficial de policía a Chacón— sabe que lo están esperando."

Él es un hombre joven, Chacón. Es un indio de ojos suaves y mirada fácil, un hombre pequeño con un cuerpo fuerte. Confiado en sí mismo, pero ligeramente desconfiado con respecto a los extranjeros.

Los periódicos escriben esta mañana que el líder sindical comunista de Siglo XX ha cometido robos, ha estado creando agitación e insatisfacción entre los mineros, y ha estado tratando de organizar amotinamientos.

Un abogado de La Paz insiste en que René Chacón ha tratado de matar a su hermano, que es Director del Servicio Social en la planta vecina de Catavi.

René sonríe tristemente:

Yo no sé por qué estoy aquí. Yo nunca he tenido tiempo para ser un ladrón, y no soy yo quien hace que los mineros estén insatisfechos. En lo que se refiere a amotinamientos, bueno, entonces sólo puedo decir que el 23 cuando el ejército ocupó las minas, no hubo tiempo para amotinarse. Todos nosotros estábamos celebrando San Juan, cuando empezaron a bajarnos a tiros.

—*Pero el gobierno dice que puede probar*...

—¡Oh! ellos pueden probar cualquier cosa que quieran, porque la justicia no existe para ellos. Ellos no tendrán dificultad en comprar algunos testigos, y después de todo, agitación y amotinamiento contra este gobierno no es lo peor de lo que lo pueden acusar a uno en estos días.

—*¿Cuáles son sus perspectivas?*

—¿Mis qué? Oh, ¿usted quiere decir cómo me van a tratar ellos? Bueno, yo he sido detenido hace ahora cuatro semanas, sin haber tenido una oportunidad para defenderme, así, ¿qué es lo que piensa usted? Cuando ellos me saquen de aquí, me llevarán al Panóptico —la prisión— y allí puedo pasar años, o meses, o sólo días. Lo primero es más probable que lo último.

—*¿Usted no va a ser deportado?*

—Yo no sé, yo no sé. Es posible. Muchos de los nuestros han sido confinados en Puerto Rico.

—*¿Cuántos para ser exactos?*

—De Siglo XX, creo que 43. De otras minas, no lo sé. Son muchos.

—*¿Y perseguidos?*

—Todos los líderes están ahora perseguidos y clandestinos. Y no sólo del Partido Comunista. De todos los partidos, inclusive algunos demócrata-cristianos del ala izquierda.

—*¿Por qué no estaban ustedes preparados para los sucesos de la noche de San Juan el mes pasado?*

—Ése fue nuestro amargo error. Siempre hemos creído demasiado en nosotros mismos, nosotros los mineros.

—*¿Cómo ve usted ahora la situación en Siglo XX y en todas las otras minas nacionalizadas ocupadas por los militares?*

—Todos los dirigentes han desaparecido. Presos, perseguidos, clandestinos. Los mineros —las masas— se han quedado acéfalas, y ahora la propaganda del gobierno y de la COMIBOL está trabajando intensamente.

—*¿Para convencer a los mineros de qué?*

—Para convencerlos de que nosotros somos criminales, y de que ellos van a recibir un trato justo del régimen de Barrientos.

—*¿Y ellos van a creer en eso?*

—No, la realidad siempre ha sido el único maestro de los mineros. Y mire ahora, el gobierno, me dicen, se ha negado a pagar mejores salarios, ha despedido a muchos cientos de camaradas, se ha negado a devolvernos las estaciones de radio, y a retirar las tropas. Ninguna propaganda es capaz de endulzar esto.

—*Dígame René, ¿entre los mineros y las guerrillas...?*

—Nosotros somos solidarios, y yo creo que aun algunos de nosotros podríamos ir allá arriba. Un minero despedido es un minero enconado —y pudiera ser un buen guerrillero...

Entonces vinieron a llevarse a Chacón.

—*¿Hay algo que quiera decir a sus compañeros?*

Él sonríe otra vez melancólicamente:

—Dígales que lo tomaré con calma.

Camina hacia la puerta y se vuelve otra vez:

—Y si tiene tiempo, entonces venga a verme. Nada más pregunte por René Chacón en el Panóptico. Estaré allí por algún tiempo.

Entonces se va.

Un pequeño cuerpo pesado entre dos agentes del DIC.

1 de agosto

El creciente macartismo

Sergio Almaraz Paz es un ex miembro del Partido Comunista boliviano. Él ha estado en la lucha desde los últimos años de la década del 40. Durante la Revolución nacional, dejó el partido y dedicó su tiempo a escribir ensayos y un libro —*El poder y la caída*— que es considerado como el mejor libro sobre el reinado de Simón Patiño y las minas bolivianas. Ahora es director de la muy antigubernamental publicación mensual *Clarín*, que simpatiza abiertamente con el ala izquierda del MNR.

Nosotros estamos perseguidos, sí, dice Sergio Almaraz Paz, pero esto no debe entenderse como una persecución abierta y totalmente organizada. El régimen actual ha demostrado en varias ocasiones su actitud hostil hacia nosotros, y para demostrar esto son suficientes unos pocos ejemplos. Estoy seguro de que usted ha escuchado hablar de nuestro famoso pintor Alandia Pantoja, que ha hecho los conocidos murales del Palacio Presidencial, el Parlamento y otros lugares. Ahora este hombre ha sido ferozmente perseguido por los militares, especialmente después de las matanzas de mayo de 1965 en las minas. Los murales de Pantoja fueron destruidos, poco después de esa fecha, por orden de los generales Barrientos y Ovando. Si usted me pregunta el porqué, sólo puedo responderle que los militares no eran capaces de evaluar el valor artístico de los murales. Ellos simplemente no podían soportarlos después de la matanza porque mostraban brutales generales caminando sobre las cabezas de mineros asesinados —una triste realidad en nuestro país. Desde entonces Pantoja ha sido la víctima de muchas medidas arbitrarias. Por ejemplo, hace pocas semanas, cuando quiso sacar algunos de sus cuadros fuera del país, para hacer una exposición en Lima, Perú, toda clase de dificultades fueron creadas por las autoridades, porque —como se dijo— las pinturas de Pantoja "no representaban la realidad boliviana". Sólo a último momento los generales permitieron la salida de las pinturas, y yo creo que fue en parte debido a la presión peruana.

Otro ejemplo es el asunto alrededor del film *Ukamau* que ha mostrado claramente la actitud antiintelectual del régimen de Barrientos. *Ukamau* es, entre paréntesis, una palabra aymará que significa "así es", no es de ninguna manera un film político. Ha sido hecho por el Instituto de Cinematografía Boliviano, y no trata más que sobre Bolivia. La idea global del film y el equipo que trabajó en él no agradaron a los generales, y aun cuando el film había sido terminado con recursos pobres —unos 30 000 pesos bolivianos—, obtuvo premios en Edimburgo, Karlovyvary, y también en Cannes; el año pasado, el gobierno decidió tomar contramedidas: todo el equipo de *Ukamau* fue despedido del ICB, y se hizo un contrato con la North American Hamilton Corporation, a la que se pagó 250 000 pesos bolivianos para producir una película mediocre llamada *Bolivia insólita*, que para los generales representa nuestra realidad. Es posible que nosotros seamos "insólitos", pero, de todas formas, no como piensan los norteamericanos, y su versión y concepción nunca pueden reflejar lo que nosotros pensamos de nuestra propia realidad. Ahora —después de este episodio— todo el equipo de *Ukamau* ha salido del país o dejado de trabajar en el cine, lo que significa que los generales han estrangulado el primer intento serio de hacer una industria fílmica en Bolivia.

Hablando de películas, también vale la pena mencionar que el general Barrientos, personalmente, ha prohibido el hermoso film sobre la guerra española *Morir en Madrid*. Hace un par de semanas este film fue anunciado en uno de los cines de La Paz, pero de pronto desapareció, y cuando comenzamos a averiguar el porqué, descubrimos que *Morir en Madrid* era "propaganda comunista" y, en consecuencia, no valía la pena exhibirla en Bolivia.

Este último ejemplo nos demuestra que una especie de macartismo está creciendo entre nosotros y fortaleciéndose día a día. Estamos viviendo en el tiempo del pequeño temor. En Cochabamba, por ejemplo, elementos de derecha están amenazando abiertamente a algunos de nuestros más destacados intelectuales, como Jesús Lara y Arturo Urquidi. Se ha anunciado públicamente que tanto estos hombres como sus hijos deben ser eliminados. Las autoridades no se mueven, mientras que tan pronto como nuestros intelectuales hablan abiertamente sobre el gobierno y lo critican, se trata de una "agresión comunista".

Con referencia a mi propio periódico *Clarín*, estoy muy preocupado con respecto al futuro cercano. Somos, naturalmente, boicoteados y no obtenemos ningún anuncio publicitario, y si hiciéramos nuestras críticas sólo un poco más agudas, la imprenta que hace *Clarín* recibiría la orden de dejar de trabajar para nosotros, y nos veríamos en la calle.

La conclusión de todo esto no es difícil de extraer: el gobierno teme a los intelectuales y no quiere cooperar con ellos, o bien trabaja activamente contra ellos. Nosotros vimos eso con mucha claridad durante la Conferencia de Escritores Bolivianos que se realizó en junio, en Sucre, donde más de 30 poetas y escritores protestaron contra las masacres de San Juan, leyendo poesías de alto contenido antimilitar. La Conferencia fue catalogada de inmediato como "dominada por unos pocos comunistas" e "inspirada por Fidel Castro". El prestigio que el gobierno había esperado ganar en Sucre estaba completamente perdido, y puedo asegurarle que será difícil celebrar la próxima Conferencia de Escritores. El gobierno teme a la palabra escrita, y a menudo me pregunto a mí mismo: ¿qué va a pasar en un país cuya maquinaria económica sólo puede funcionar con la ayuda de los tiros y los cañones?

2 de agosto

Panorama político boliviano

Barrientos: *nosotros cerraremos las escuelas. Los arrestos* continúan. Ninguna mejora en los *salarios.* Los peligrosos "*combatientes espirituales*". *Dinero falso.* La guerrilla: la lucha *se traslada hacia el norte.* Unas quince toneladas de *armamentos.* DIC: la *oposición* encarcelada.

La Organización Boliviana de Maestros ha decidido ir a una huelga de carácter nacional, como protesta contra la actitud negativa del gobierno con respecto a mejorar los salarios.

Hace tres días la Organización de Maestros sostuvo largas conversaciones con el presidente René Barrientos, quien se negó a mejorar los salarios —el promedio es de unos 60 dólares por mes— y explicó que hasta tanto se prolongara la situación crítica creada por los terroristas castrocomunistas, esta situación no cambiaría.

Hay rumores de que los maestros, después de esta huelga en escala nacional, organizarán huelgas locales durante el año, con el fin de enfatizar sus demandas.

Esta ola de protestas constituye el segundo desastre en este año escolar boliviano. Hace dos semanas, el gobierno cerró todas las escuelas por algunos días, temiendo disturbios, especialmente si las escuelas secundarias seguían trabajando durante los peores días de la crisis en Bolivia.

El gobierno de Barrientos todavía amenaza con cerrar todas las escuelas, y las huelgas de maestros pueden convertir esta amenaza en una realidad.

Los arrestos llevados a cabo por la policía política de Bolivia, DIC, todavía continúan en las minas. Se estima que no menos de 200 mineros y líderes sindicales han sido deportados a los campos de confinamiento de Puerto Rico y Pekín, en las regiones septentrional y oriental del país. Un número mucho mayor es perseguido y ha tenido que pasar a la clandestinidad.

En una asamblea general, el 29 de julio, los mineros de la mina San José exigieron al gobierno y a la COMIBOL la libertad de sus compañeros prisioneros en los campos de confinamiento. Al mismo tiempo, exigieron que la COMIBOL cesara de despedir obreros, no sólo en la mina San José, sino también en las de Siglo XX y Huanuni. Aun cuando no se sabe nada concreto sobre el número de mineros sin trabajo hasta ahora, se supone que son más de 500, y que un número igual ha sido deportado o perseguido.

A pesar de que el ministro de Finanzas, José Romero Loza, dijo a los bolivianos que no habría ninguna mejora en los salarios, los empleados de comercio acaban de demandar un aumento. El sueldo promedio de estos empleados es de alrededor de 400 pesos por mes, igual a 34 dólares.

La demanda es por un aumento de por lo menos un 80 % de este salario.

El vespertino boliviano *Última Hora* publica en su edición del 31 de julio la noticia del próximo Congreso Cultural de La Habana.

De acuerdo con *Última Hora* la próxima conferencia servirá para "movilizar a los intelectuales, especialmente a los de América Latina, en favor de la subversión comunista, y organizarlos en una altamente peligrosa Organización Tricontinental de luchadores espirituales".

Esta idea, dice el periódico boliviano, será seguramente un éxito para la subversión castrocomunista en el continente, porque es fácil penetrar los círculos artísticos y culturales hablando sobre libertad de prensa, protección a las universidades, las artes, la literatura y la ciencia.

Los estados democráticos latinoamericanos tendrán que estar en guardia con respecto a este próximo evento, finaliza *Última Hora.*

Con el objeto de tratar de parar el comercio entre los guerrilleros y los campesinos en el sureste de Bolivia, el gobierno ha emitido hoy una declaración diciendo que la mayor parte del dinero de los guerrilleros es falso, y que es mejor, por lo tanto, que los campesinos dejen de comerciar con los rebeldes.

Sin embargo, fuentes de La Paz señalan que ésta es una nueva maniobra con el fin de crear contradicciones entre la población rural y la guerrilla. La declaración sobre el dinero falso, que ha sido hecha por el jefe de la Cuarta División, coronel Reque Terán, no ha sido acompañada de pruebas tales como fotografías de los billetes falsos, o declaraciones por parte de los campesinos.

Se informa que la lucha entre las tropas regulares y las fuerzas guerrilleras, que comenzara hace dos días, todavía es muy intensa en una región cercana a Samaipata. De acuerdo con un boletín del ejército, no se pueden dar detalles, porque "la lucha se está desarrollando tan rápidamente" que no se puede formar un cuadro total de la situación basado en las informaciones de los jefes de las compañías.

La intensidad del combate hace creer al Cuartel General de la Cuarta División que ha chocado con la fuerza principal de los rebeldes.

El centro de la lucha se desarrolla alrededor de Quebrada Oscura-Cerro Durán.

Sobre las pérdidas, hay rumores en La Paz de que unidades del ejército han caído en varias emboscadas, y que tienen más de diez muertos y veinticinco heridos. La cifra más destacable es, sin embargo, el número de "desaparecidos". Se dice que más de 35 soldados han huido hacia las montañas durante el primer día de combate.

Ayer, un avión militar de transporte de Estados Unidos con 15 toneladas de armamentos llegó al aeropuerto El Alto de La Paz. El avión, un "Star C-141", trajo el material de acuerdo con el Programa de Ayuda Militar (MAP). Sin embargo, el Presidente de la República declaró la semana pasada que Bolivia no necesitaba ningún apoyo material, ni armamento, de ningún país extranjero. Todo lo que ella necesitara lo compraría con su propio dinero.

El Diario comenta la llegada del gigantesco avión como "una excelente prueba de la colaboración entre Estados Unidos y Bolivia".

Ayer, uno de los principales dirigentes del POR, el minero Isaac Camacho, fue arrestado por la policía política, DIC. El arresto tuvo lugar en el pueblito de Llallagua, cerca de Oruro, y varios otros militantes fueron detenidos al mismo tiempo. ·Entre ellos, Raúl Fuentes y N. Quiroga.

Esta nueva acción del DIC parece demostrar que los arrestos de los dirigentes del distrito minero se están haciendo más frecuentes, y que la intención de la policía política de Barrientos es eliminar toda resistencia en las minas nacionalizadas, que se supone tiene su origen entre los dirigentes mineros de izquierda.

3 de agosto

Allá abajo en Camiri

Camiri ya no es más lo que solía ser. Una vez fue un pueblito soñoliento, a mitad de camino entre la selva y el campo. Entonces el petróleo fue descubierto, y la "civilización" llegó a Camiri. Entonces la guerrilla fue descubierta, y la guerra llegó a Camiri.

Pero eso fue hace meses, ahora la campaña antiguerrillera se ha desplazado hacia el norte, y de acuerdo con los boletines del ejército hay sólo "unos pocos bandoleros" de los que ocuparse en las cercanías. Pese a ello, el pequeño pueblo sigue lleno de problemas para el jefe de la Cuarta División del Ejército, coronel Reque Terán. Camiri, que fue una vez la cuna de la guerrilla, parece haberse convertido ahora en la tumba de toda la disciplina militar boliviana.

En cierta forma, es la vieja historia, la vieja contradicción entre oficiales y soldados en un ejército tradicional. Los primeros no quieren ir a las montañas, los segundos tienen que hacerlo. Al principio, hace un par de meses, los oficiales también entraban en las regiones salvajes, pero entonces las emboscadas, la lluvia, los mosquitos, las marchas sin resultados, empiezan a tragarse su heroísmo.

Ahora son los soldados y algunos sargentos y unos pocos tenientes los que tienen que hacer el trabajo, el muy poco agradable trabajo fuera de Camiri, y el pueblo mismo se ha convertido en un super Estado Mayor, con numerosos coroneles, bares y prostíbulos.

Hay peleas cada noche, hay escándalos, y hay hasta una atmósfera de amotinamiento.

Pero antes que nada está, por supuesto, Régis Debray, y, por el momento, también su padre, George Debray.

El joven Debray está convirtiéndose poco a poco en un mito en Camiri, un prisionero estoico, un héroe lejano. La propaganda del gobierno está tratando de hacer creer a los periodistas que la población de Camiri está muy agitada y hostil contra Régis Debray.

"Tenemos que protegerlo de la turba —dice el coronel Terán, y agrega—: Y esto es comprensible, la gente sabe que él ha matado a varios bolivianos."

En Camiri, sin embargo, no parece que la gente sepa que Régis Debray es un asesino. Aparte de unos pocos soldados y "lumpen" que son directamente pagados para "exigir la cabeza de Debray", toda la población está siguiendo la vida en la prisión del joven francés con simpatía.

Cuando George Debray va a visitar a su hijo, y sale del miserable hotel "Londres" donde vive, las muchachas le preguntan cómo está Régis hoy, y le ofrecen dulces para llevar al prisionero. También recibe pollos, cartas, revistas y camisas para su hijo. Y las muchachas preguntan de qué color son los ojos de Régis, cómo habla él, si es alto, si le gusta Bolivia, y lo llaman "mi francesito". Y el maduro caballero francés debe pasar horas hablando con grupos de gente en su muy bondadoso pero imposible español. Sin embargo, él no ha perdido su estilo, ni aun aquí, en la aislada, estancada Camiri, y las almas literarias insisten en que George Debray parece un Diderot caminando por los bulevares de París.

Ellos han tenido unas pocas conversaciones, padre e hijo, y todo ha sido silenciado, porque el DIC y la policía militar están todavía esperando obtener algún material que pueda ser usado contra Régis Debray en el proceso, que es diferido una y otra vez.

Régis está muy bien, dice su padre. Muy bien. Lee mucho, ha terminado un libro, y ahora está escribiendo ensayos. Él está convencido de que le darán 30 años, pero está esperando con ansiedad el proceso, porque "papá, yo quiero hablar". Está preparando cuidadosamente su defensa, y su única preocupación es el pensamiento de que el gobierno nunca abrirá el juicio.

El temor del régimen de Barrientos es comprensible: ha sido cogido en su propia trampa:

Si el régimen no procesa a Régis Debray, todo el mundo protestará, y el prestigio internacional del gobierno de Barrientos se verá mucho más afectado de lo que ya lo está.

Si Régis Debray es procesado —aun ante un Consejo Militar y con muchos falsos y comprados testigos— él hablará, y podrá muy bien colocar al gobierno en una luz muy poco halagüeña. Hay tortura para hablar de ella, arbitrariedades de varias clases, presiones, amenazas y toda una galería de violaciones de las normas jurídicas. Y todo esto será conocido precisamente porque el gobierno de Barrientos se ha jactado y ha alardeado diciendo que quiere hacer un juicio público justo y completamente abierto.

Hay por supuesto una tercera salida del dilema: Régis puede ser todavía asesinado. Suicidio, aplicación de la "ley fuga". No faltarán explicaciones. Pero el mundo las conoce, y el gobierno boliviano, aparentemente, no se atreve a utilizar esta vía de escape.

Aun cuando nada es seguro, se espera que el proceso será abierto a fines de este mes, pero tanto los padres de Régis Debray como los diplomáticos franceses de La Paz son escépticos y tienen por factible la posibilidad de que el juicio de Régis Debray siga siendo pospuesto.

El ELN, que distribuye un panfleto aquí en Camiri, constituye una molestia especial para el Estado Mayor de la Cuarta División en estos días:

No sólo hay pequeños grupos del Ejército de Liberación Nacional operando cerca del pueblo a pesar de la rugiente "Operación Cintya", sino que también están diciendo a los ciudadanos de Camiri toda la verdad sobre la misteriosa muerte de un importante capitán del ejército, Padilla, quien hace dos semanas fue encontrado en un hotel del pueblo muerto a balazos.

El señor Padilla, quien era Jefe de la Segunda Sección del Estado Mayor de la Cuarta División, la Sección de Inteligencia, estaba, como muchos otros oficiales en Camiri, sentenciado a muerte por el ELN, y el ejército no vaciló, en consecuencia, en gritar que los "bandoleros" habían ejecutado al hijo de la Patria mientras estaba en cumplimiento de su deber.

"¿Qué deber?", pregunta el ELN en su más reciente boletín local.

La versión del ejército dice que el capitán fue al hotel "El Chapaco" con el fin de "interrogar" a una mujer que podía estar en condiciones de dar importantes informaciones sobre la guerrilla. Una vez dentro de la habitación, fue baleado y muerto por una bala de su propio Colt 38. Fin de la versión del ejército.

El ELN, por su parte, cuenta la siguiente historia, como un ejemplo de cómo se vive la vida en Camiri en estos días:

El capitán de Inteligencia estaba —como la mayoría de sus colegas— yendo de un prostíbulo a otro, y en su camino hacia el pueblo encontró a la dama, quien propuso el hotel "El Chapaco". La dama estaba ligeramente ebria, y después del tiroteo no estaba en condiciones de dar ninguna información, pero todo el pueblo sabe que Padilla fue baleado por su marido, y no había señales de que el capitán hubiera estado "interrogando" a su acompañante, a menos —dice el ELN— que el hecho de haberse quitado sus botas y su cinturón sea una prueba de que hubo interrogatorio, de acuerdo con los nuevos métodos enseñados a los oficiales bolivianos que se especializan en Fort Knobbe, en la Zona del Canal de Panamá.

El capitán Padilla, finaliza el ELN, murió por unas faldas, y lamentamos no haber sido nosotros quienes ejecutáramos a este asesino, que debería haber sido muerto a causa de los crímenes que ha cometido contra nuestro pueblo.

Régis Debray y sus dos coprisioneros, Bustos y Roth —este último está ahora en La Paz, disfrutando de libertad provisional—, no son los únicos que han gozado de la "hospitalidad" de las Fuerzas Armadas y el DIC. Todos los extranjeros que visitan Camiri se hacen automáticamente sospechosos de ser: *1*) guerrilleros, *2*) simpatizantes de la guerrilla, o *3*) franceses conspirando contra el gobierno boliviano.

Últimamente, el barbudo y casi calvo holandés John Buywisveld fue detenido por el DIC y encarcelado por semanas, simplemente porque "parece" un guerrillero. Buywisveld, que es un antropólogo de 23 años, ha estado viajando por Paraguay, Uruguay y Argentina. Terminó en una prisión de Camiri como otro de los "triunfos" de la policía política y la Inteligencia del ejército, las cuales —no siendo capaces de apresar a ningún guerrillero— se han especializado en encarcelar a inocentes extranjeros que se toman la libertad "de tener el aspecto de un guerrillero".

Por primera vez hemos notado aquí que los periódicos de La Paz están comenzando a hablar de inflación como de una posibilidad real. Si el Estado no nivela sus entradas con los gastos, la inflación nos amenaza, escribe *Última Hora.*

Y los oficiales del coronel Reque Terán también estudian los periódicos. Lo que los excita son las fotografías del gigantesco avión militar norteamericano que hace dos días trajo a Bolivia 15 toneladas de armamentos, desde alguna parte de Carolina del Sur.

"También había soldados a bordo de ese avión", dicen los oficiales. Ellos no saben, pero tienen esperanzas de que vengan montones de soldados norteamericanos, que podrían ayudarlos a salir de la desagradable situación en lo profundo de la selva y lejos, muy lejos de El Prado en La Paz y de los domingos agradables con los uniformes de gala y las bandas militares.

4 de agosto

Las versiones sobre el caso Vásquez Viaña

El único guerrillero del que las Fuerzas Armadas de Bolivia se han apoderado vivo, Jorge Vásquez Viaña, está dando algunos problemas —o mejor dicho, su ausencia es molesta para el gobierno.

Jorge Vásquez Viaña ha desaparecido. Eso no es secreto ni es noticia. Pero cómo y dónde es la gran incógnita. El geólogo de 28 años y miembro del PCB fue capturado a fines de abril, pero, ¿estaba herido? ¿Murió de sus heridas? Fue llevado a Camiri, a la enfermería. ¿Pero luego? ¿Fue interrogado y después asesinado de acuerdo con la famosa y frecuentemente usada en Bolivia "ley fuga"?

¿Fue liberado por sus propios camaradas, o fue sacado de la enfermería por la Inteligencia del ejército y aislado en una prisión especial, donde se halla encarcelado hasta este mismo día?

Con respecto a la captura hay por lo menos dos versiones:

1) Algunos senadores social-demócratas han dicho a la familia que Jorge perdió contacto con su grupo durante un intercambio de fuego entre tropas regulares y su unidad guerrillera. Un poco más tarde, evidentemente en una retirada apresurada, también perdió su arma —un fusil FAL. Cuando comenzó a buscar esta arma, fue rodeado y capturado por unos veinte soldados.

2) La otra versión proviene de los campesinos locales, y es, por lo tanto, más confiable. Ésta dice que Jorge entró en el pueblito de Muyupampa vestido de civil. Estaba afeitado y llevaba una mochila, en la cual más tarde fue encontrada una subametralladora. Los habitantes de

Muyupampa no lo reconocieron como un extraño o un guerrillero debido a su cara o debido a su ropa o a su manera de comportarse. Ellos descubrieron que era un guerrillero debido a sus botas. Nadie en Muyupampa usa botas, sólo los soldados, y ellos muy rara vez se visten de civil. En corto tiempo estaba circulando en el pueblo el rumor de que un guerrillero de las cercanas montañas estaba pasando por el pueblo. Un grupo de la gente del pueblo bajo el mando de los militares comenzó a perseguirlo en las afueras, pero Jorge no abrió fuego porque sus perseguidores eran civiles (un hecho que más tarde fue mencionado con admiración en Muyupampa). Finalmente, cuando Jorge estaba a punto de desaparecer en las montañas, fue baleado desde arriba y herido en el vientre, y tomado prisionero. La gente del lugar piensa que el hecho de que Jorge estuviera vestido de civil prueba que había sido enviado en una misión no combativa, tal vez para establecer contactos en ciudades como Tarija o Sucre.

Todas las fuentes coinciden en que Jorge Vásquez no estaba herido de muerte, sino que fue llevado vivo a la enfermería de Camiri, en los primeros días de mayo.

Lo que realmente sucedió en Camiri nadie —aparte de Jorge, si está vivo— quiere o puede decirlo. Las versiones son muchas, y reproducidas aparecen como sigue:

a) Jorge Vásquez estaba tan malherido que murió poco después de su llegada a Camiri.

b) Jorge Vásquez se escapó por sus propios medios después de unos pocos días.

c) Jorge Vásquez fue asesinado por algunos oficiales como una especie de venganza, después de pasar un par de semanas en la enfermería de Camiri.

d) Jorge Vásquez fue sacado a la fuerza de la enfermería por dos hombres vestidos de oficiales, que o eran guerrilleros disfrazados (1) u oficiales verdaderos de la Inteligencia del ejército (2). Si (1) fue el caso, Jorge fue llevado a las montañas o sacado a salvo fuera de Bolivia. Si (2) fue el caso, fue muerto a tiros fuera de Camiri y enterrado secretamente.

e) Jorge Vásquez fue llevado a La Paz e interrogado por Ovando y después asesinado en la capital.

La versión *a*) puede ser excluida. Si Jorge hubiera

muerto de sus heridas, su familia hubiera sido notificada, hubiera habido fotos en los periódicos, y la historia se hubiera terminado.

La *b)* no es tampoco probable. Jorge había perdido muchísima sangre y no estaba en condiciones de movilizarse lejos de Camiri —la selva y la naturaleza hostil tomadas en cuenta.

La *c)* uno puede eliminarla por la siguiente razón: el coronel Samuel Alcoreza, de la Cuarta División del Ejército, dijo con mucha lógica a la madre de Jorge que "nosotros no estamos interesados en matar al único guerrillero que hemos capturado vivo".

Entonces viene la versión *d)*: que Jorge fue sacado de la enfermería por personas desconocidas. Hay varios hechos que confirman esta versión. Alrededor del 15 de mayo —de acuerdo con las monjas que cuidaban a Jorge— un cura visitó el hospital y trató de llevarse a Jorge con él. Jorge se negó, sin embargo, temiendo que se tratara de una trampa. Más tarde, un ciudadano uruguayo visitó a Jorge, supuestamente con el mismo propósito. Jorge bromeando dijo a las monjas que él todavía no tenía deseos de abandonar la agradable enfermería. El coronel Reque Terán, jefe de Camiri, dijo después al periodista francobrasileño, René Meyer, que había notado que su precioso prisionero estaba planeando escaparse y que, por lo tanto, había hecho que los guardias pusieran cadenas en sus piernas. Mientras el coronel Terán estaba en un corto viaje a La Paz, Jorge Vásquez se escapó, sin embargo, o más bien fue sacado por la fuerza de la enfermería por dos oficiales, que pretendieron que tenían órdenes de llevarlo a La Paz. El guerrillero nunca llegó a la capital, y oficialmente nadie en el Estado Mayor dio órdenes de sacar a Jorge Vásquez de Camiri. A los dos "oficiales" nadie los conoce. Nunca han sido vistos en Camiri, ni antes del golpe ni después. El 12 de junio Radio "El Mundo", trasmitiendo desde la ciudad de Resistencia, en el Chaco, en el norte de Argentina, repitió que el ya para entonces famoso guerrillero estaba en la ciudad, y que la policía argentina lo estaba buscando y sería capturado en un plazo de tres horas.

Desde aquí no podemos seguir más la eventual huida de Jorge Vásquez. Sólo queda un comentario del coronel

Reque Terán, quien dijo a un tío de Jorge que debía tomarlo con calma, que Jorge estaba bien.

A favor de que el guerrillero fue eliminado por dos oficiales especialmente designados, tenemos lo siguiente:

Una versión dice que Jorge Vásquez fue interrogado a mediados de junio por un grupo de oficiales de alta graduación, incluyendo a Ovando. Cuando Jorge se negó a hablar, se dice que Ovando lo amenazó con la tortura. A esta atención Jorge contestó escupiendo al "máximo" en la cara. Después de este hecho aparecieron los dos oficiales y se llevaron al prisionero. El entrenador de los perros de policía en Camiri jura que oyó una voz que le pareció la de Vásquez gritando: ¡Quieren matarme, ellos quieren matarme! Esto fue alrededor de mediados de junio, pero el hombre también dice que vio a Jorge varias veces en la enfermería, lo que parecería indicar que por lo menos ha habido un intento de matar al prisionero en su cama. Y si ha habido un atentado, puede haber habido varios, y uno de éstos muy bien pudo haber sido exitoso.

El coronel Reque Terán también ha dicho una pocas palabras que confirmarían que Jorge ha sido cruelmente asesinado:

A los familiares de Jorge les ha dicho, cuando el cuerpo del joven guerrillero fue reclamado, que el cuerpo de Jorge nunca podría ser encontrado. Sólo podría dar a la familia reminiscencias de un cuerpo incompleto.

Pese a esta generosa promesa, la familia no ha sabido absolutamente nada sobre Jorge desde mediados de junio, y todos los rastros terminan allí.

5 de agosto

Panorama político boliviano

Noticias desde *el frente*. La *fiebre de la* OLAS en La Paz. "*Crisis*" en el gabinete boliviano. El *Consejo Militar*: estamos listos.

Después de una semana de intensos combates entre las

Fuerzas Aramadas de Bolivia y el grueso de las fuerzas del ELN, el fuego cesó ayer en la parte norte de la zona de Ñacahuasu, cercana a la carretera Cochabamba-Santa Cruz. Aunque los periódicos informan que ha habido alrededor de diez bajas en las filas del ejército, y más o menos las mismas en las de las unidades rebeldes, se están difundiendo los rumores de que el ejército ha tenido gran número de muertos y más de medio centenar de heridos, debido a una exitosa emboscada tendida por los guerrilleros el viernes pasado cerca del río Moroco.

Las fuerzas armadas se han apoderado hasta ahora del cadáver de un guerrillero, pero los expertos no han podido identificarlo. Se trata del cadáver de un hombre de unos 30 años, de cabellos claros y con una barba poco poblada, de 1.75 m de altura. Ha recibido balazos que le atravesaron los pulmones.

En el cadáver los soldados encontraron algunos documentos, fotos, un mapa del poblado de Lagunillas con algunos contactos anotados, y una tarjeta diciendo: "Ramón está realizando bien el trabajo convenido". La tarjeta está firmada por Tino.

Los moradores del poblado cercano de Moromoro han informado a las autoridades locales que el líder campesino del MNR, Lorenzo Ramírez, ha estado suministrando a la guerrilla alimentos y armas, y que ha reclutado a varios campesinos jóvenes para unirse a las filas de los rebeldes. Lorenzo Ramírez ha desaparecido ahora, y se supone que él también se ha unido a la guerrilla.

En el pueblo de Vallegrande ha sido declarado el estado de emergencia, debido a la existencia de grandes unidades guerrilleras en la vecindad. Militantes del Movimiento Popular Cristiano y empleados públicos están patrullando las calles, provistos de armas. Estos dos grupos de ciudadanos de Vallegrande son, sin embargo, los únicos que han recibido armas, un hecho que demuestra que las autoridades no tienen confianza en las personas que no son miembros de la organización campesina semifascista de Barrientos, o no están pagadas por el gobierno.

La fiebre de la OLAS ha atacado a la prensa de La Paz.

El jueves 3 de agosto el vespertino *Última Hora* publicó nada menos que cuatro artículos en primera plana sobre la Conferencia en La Habana. El artículo principal decía en su encabezamiento: "La OLAS decide hoy el camino hacia la insurrección en América Latina".

Otro de estos artículos, con grandes titulares, decía: "Roberto Peredo comanda las guerrillas en Ñacahuasu". El contenido de este artículo es una reproducción resumida de lo que el delegado boliviano, Aldo Flores, dijo en la Conferencia de La Habana.

El viernes 4, *El Diario* publica dos artículos en primera plana y un editorial referentes a la Conferencia de la OLAS, todos poniendo de relieve el "extremo peligro" de lo que se está desarrollando en Cuba, y respaldando una alianza armada de todas las dictaduras y semidictaduras de América Latina con el objeto de invadir Cuba, "donde se organiza el bandolerismo que amenaza al continente entero".

Presencia, que siempre es más moderado en sus ataques a la izquierda boliviana, publica un artículo en primera página y un editorial comentando la Conferencia. El editorial es casi desesperado en su elección de frases y palabras, y está casi haciendo un llamado a la tercera guerra mundial con el fin de detener "la subversión".

La llamada "crisis de gabinete" es ahora aguda en La Paz. Hoy todos los ministros han renunciado, y el Presidente aceptó este hecho. En un país donde las Fuerzas Armadas son el verdadero gobierno, esta "crisis", de todas formas, no tiene un significado real, y es seguida, en consecuencia, con muy poco interés. Se espera que el Presidente habrá formado en un par de días su nuevo gabinete, después de haber consultado con su propia organización semifascista, PALIC, y con las Fuerzas Armadas.

Se supone que esta contradicción será resuelta en tal forma que un así llamado "gabinete técnico" será formado, integrado por varios pero menos conocidos falangistas.

Por lo menos la mitad de los ministros permanecerán en sus puestos, pero los más importantes serán cambiados, entre otros el Ministro de Defensa y el de Relaciones Exteriores.

Hoy *Presencia* anuncia que el Consejo de Guerra ha terminado su trabajo en lo que respecta a las diez personas acusadas de haber tenido contactos o colaborado con la guerrilla en la zona de Ñacahuasu, en el mes de abril. Entre los diez acusados se encuentra Régis Debray.

Tres de los diez hombres, el inglés George Andrew Roth, y los bolivianos Carlos Alberto Aydar y Ventura Pomar Fernández, han sido declarados no culpables por el presidente del llamado "Tribunal Supremo de Justicia Militar", general Aniceto Ríos.

Los siete restantes, todos lo cuales serán sentenciados por el Tribunal, son: Régis Debray, Vincente Rocabado, Pastor Barrera Quintana, Salustio Choque Choque, Ciro Algañaraz, Ciro Bustos y Jorge Vásquez Viaña. De éstos, por lo menos tres son falsos guerrilleros que han sido puestos en el juicio para testificar contra Régis Debray.

Se dice que Jorge Vásquez Viaña será sentenciado "en ausencia", aunque hay serios temores de que haya sido ultimado por el ejército.

5

Algunos piensan que están en el camino justo

Las siguientes conversaciones con los líderes bolivianos de izquierda, y con Víctor Paz Estenssoro, todas las cuales tuvieron lugar en el mes de agosto, no son en la mayoría de los casos una reproducción palabra por palabra de lo que fue dicho, pero *en su contenido* son fieles a las concepciones de los líderes respectivos.

Tal vez debería mencionarse que la "evaluación de la situación boliviana" del Dr. Mario Miranda Pacheco es más un trabajo periodístico que una declaración basada en principios partidaristas.

Es de todos modos la opinión del autor que las palabras de Mario Miranda Pacheco cubren en gran parte la línea del FLIN, y su estimación de la situación.

Mario Miranda Pacheco, secretario ejecutivo del Frente de Liberación Nacional (FLIN): *La lucha tendrá formas imprevistas*

I

La actual situación boliviana es el resultado de un prolongado proceso de descomposición del régimen del Movimiento Nacionalista Revolucionario (MNR), partido que gobernó el país por más de doce años, de 1952 a 1964.

Inicialmente, la revolución del 9 de abril de 1952 había marcado el rumbo de profundas realizaciones democráticas y populares que se tradujeron en la nacionalización de la gran minería cuyo principal producto es el estaño exportable a las metrópolis de Inglaterra y Estados Unidos, luego la reforma agraria que permitió afectar seriamente la propiedad latifundista y realizar una nueva distribución de la propiedad agrícola en pequeñas parcelas de tipo individual y, por último, el voto universal que ensanchó las bases del sufragio para constituir los poderes públicos.

Como medidas de complementación para un proceso democrático y revolucionario, el régimen del MNR, bajo el impulso de las masas organizadas, estableció un nuevo sistema de seguridad social y una reforma educativa. Ambos aspectos fueron prácticamente decretados a través de sendos documentos legales pero aplicados a medias, por la pobreza económica del Estado.

Como contrapartida a lo positivo de la revolución de 1952, con que se desplazó el poder de la oligarquía antigua, el régimen del MNR traicionó esa revolución suscribiendo el acuerdo de Asistencia Técnica con Estados Unidos en 1953. Sus consecuencias fueron desastrosas porque toda la fisonomía antiimperialista fue borrada por los hechos. Desde ese momento, el gobierno se despojó de sus poderes soberanos y admitió, en los hechos, un cogobierno con los organismos norteamericanos.

Internamente el partido del MNR llegó a corromperse hasta tal extremo que no funcionaba como un partido unido sino como un conjunto de sectores, cada uno de ellos encabezado por un personaje fuerte que desempeñaba el papel de caudillo. El gobierno de partido degeneró hasta convertirse en gobierno de grupo, con una camarilla fuerte, dando lugar a un estilo de gobierno despótico, cruel y represivo con el consiguiente enriquecimiento ilícito, el robo y el tráfico de los recursos del Estado.

El grupo sectario y despótico se corrompió hasta descansar su confianza en los aparatos represivos y el surgimiento del ejército que, en la realidad, desempeñaba su papel de otro sector político más, con acceso creciente a los organismos de dirección del Estado y del MNR.

La descomposición se agudizó en 1960 hasta dar lugar a un desprendimiento del sector que fundó el Partido Revolucionario Auténtico, dirigido por Walter Guevara Arce, ex canciller de Paz Estenssoro y, en 1964, mes de marzo, la división fue total con la creación del Partido Revolucionario de la Izquierda Nacionalista (PRIN), dirigido por

Juan Lechín Oquendo, dirigente obrero que tuvo en sus manos todo el movimiento sindical de Bolivia. El PRIN fue fundado sobre el llamado "sector de izquierda" del MNR.

Buscando apoyo para su reelección, Paz Estenssoro, en 1964, formó el gobierno con René Barrientos Ortuño, general de aviación y jefe de célula de las Fuerzas Armadas del MNR, que, como está dicho, desempeñaba su papel de sector político.

Hecha la reelección de Paz Estenssoro el 31 de mayo de 1964, con total abstención de las otras fuerzas políticas del país, a los pocos meses, el 4 de noviembre de 1964, los militares dirigidos por Barrientos y Ovando cambiaron el proceso insurreccional abierto, de carácter popular y unitario, para hacer brotar un típico levantamiento militar que se convirtió en un golpe de Estado. Desde ese día gobernó el país una junta militar.

II

Tomado inicialmente el poder, la Junta se constituyó bajo la presidencia de René Barrientos Ortuño; luego, cuando la crisis económica y social se hizo más aguda, hubo gestiones de unidad de los diferentes organismos sindicales, aspecto que fue aprovechado como un pretexto para que el gobierno de Barrientos apresara y confinara a Juan Lechín Oquendo. La respuesta de la Central Obrera Boliviana, por la precipitación de los núcleos trotzkistas incrustados en la dirección, determinaron una huelga general no preparada que culminó con la defección de grandes organizaciones sindicales, como la de los maestros y de los ferroviarios, dejando aislados a los trabajadores mineros. Esto fue en el mes de mayo de 1965. Los mineros solos no pudieron hacer frente a la ofensiva reaccionaria y se desató la más bárbara de las masacres que registra la historia de este país. Sólo en la matanza de San Juan el 24 de junio de 1967 tenemos un paralelo.

La crisis de mayo dio lugar a una ampliación de la junta militar, incorporando en la jerarquía de copresidente al general Alfredo Ovando Candia.

III

Para preparar las elecciones del 3 de julio de 1966, fue promulgado un nuevo estatuto electoral y se llegó a una componenda antipopular y dictatorial con la Falange Socialista Boliviana (FSB), fuerza de ultraderecha, para que ésta compartiera el poder tomando la minoría en el parlamento. Este análisis es concreto en el balance electoral del FLIN que formará parte de los apuntes que están contenidos aquí.

Se forma el gobierno constitucional de Barrientos el 6 de agosto de 1966, después de que Ovando, haciéndose cargo de la presidencia de la junta militar, de mayo a agosto de 1966, entregó la mina "Matilde", el más rico yacimiento de zinc y cadmio, al monopolio yanqui "Philips Corp.", y estableció negociaciones básicas para las fundiciones de estaño con el consorcio germano-occidental "Klochner".

Barrientos creó una cobertura política civil a base de un llamado "Frente de la Revolución Boliviana" (FRB) —recién disuelto— integrado por el PRA, partido de Guevara; el Partido Social Demócrata (PSD), vieja organización caracterizada porque todos sus miembros son prominentes gerentes y administradores del capital yanqui en Bolivia; el Partido de la Izquierda Revolucionaria (PIR), antiguo partido definido como marxista-leninista, pero que abjuró de sus principios para incluirse en el Frente de gobierno y, por último, el Movimiento Popular Cristiano (MPC), todos ellos fingiendo una posición de "centro izquierda" se han colocado al servicio incondicional del poder norteamericano.

La verdadera fuerza de sustentación de este gobierno está en el ejército.

IV

Puede decirse, sin ninguna exageración, que el mando militar a cargo de Alfredo Ovando Candia es el que define toda la suerte política del país. Esto no quiere decir que haya unidad en estas fuerzas; por el contrario, de día a día se hacen más presentes las contradicciones internas y las pugnas personales, hablándose de tiempo en tiempo de presuntos preparativos golpistas que tienden a socavar la "estabilidad institucional".

Los dirigentes principales del ejército, aparte de Barrientos y Ovando, son Marcos Vásquez Sempérteguie, coronel del Estado Mayor, coronel Zenteno Anaya, jefe de la región militar de Santa Cruz de la Sierra, y Juan Lechín Suárez (medio hermano del dirigente sindical), coronel del ejército y actual presidente de la COMIBOL.

Una versión muy generalizada y que tiene gran fondo de verdad es que el propio ejército no sólo niega posibilidades de continuidad a Barrientos, sino que está preparando un golpe militar para establecer un triunvirato integrado por Vásquez Sempérteguie, Zenteno Anaya y Lechín Suárez para que, en un plazo breve, llame a elecciones en las que el candidato oficial sea el general Ovando Candia, sobre la plataforma política de la construcción de hornos de fundición para el estaño.

Ovando Candia se ha convertido en la esperanza de todos los círculos reaccionarios y proimperialistas, porque goza de un enorme prestigio y de la fama, bien lograda con su silencio astuto, de ser el hombre cauto frente al carácter impulsivo de Barrientos, el hombre sabio frente a la ignorancia de Barrientos, y el hombre fuerte capaz de dar unidad a todos los sectores en discordia de las FF.AA. bolivianas.

V

En el país altiplánico, a más de cuatro mil metros de altura, con una riqueza potencial sin precedentes en esta parte del mundo y una colonización creciente de Estados Unidos, con inversiones de capital burocrático antes que inversiones del capitalismo privado (Bolivia debe alrededor de 500 millones de dólares emergentes de la "ayuda" yanqui), el diagrama político de los partidos es muy complejo. Intentemos una descripción:

En la derecha están los partidos tradicionales como el Partido de la Unión Republicana Socialista (PURS) y el Partido Liberal (PL), ambos sin ninguna vigencia ni influencia real en la vida del país.

Luego está el FSB, partido de raíces fascistas que trabaja en estrecho contacto con fuerzas del ejército y que, en los hechos, a través del parlamento, comparte responsabilidades del poder fingiendo una "oposición". Este partido enfrenta una crisis de división: un sector dirigido por Gonzalo Romero quiere integrar el gobierno participando del gabinete; el otro —dirigido por Mario Gutiérrez, jefe nacional de FSB— participa de la llamada "línea dura de oposición". Resumen: este partido está totalmente comprometido con el régimen actual.

El frente oficial de gobierno está constituido por los partidos ya indicados, con una posición llamada de "centro izquierda". Merece espacio comentar el MPC, partido mayoritario del frente oficial y que, en los hechos, ha sido constituido sobre la base de los cuadros más desprestigiados del oportunismo presente en el MNR y los dirigentes con menos calidad moral de aquel partido. Por esto se dice que se habrá cambiado de gobierno, pero no de partido.

Recientemente los peores y más oportunistas sectores del MPC han formado el PALIC (Partido Agrario Laboral de Izquierda Cristiana) y han elegido a René Barrientos como presidente. Esta división entre los sectores campesinos pro-Barrientos se debe a los planes de gobierno de hacer ingresar a la Falange en el próximo gabinete. Entre el FSB y los sectores campesinos más honestos y con más principios hay profundas contradicciones.

La izquierda: Si nos imaginamos el avance de un rayo luminoso que barre un área de derecha a izquierda, podríamos encontrar la siguiente ubicación: en la derecha de la izquierda al MNR, con sus sectores, sus grupos, sus clanes y sus individualistas. La burguesía insensible y satisfecha se ha localizado en el MNR. Todos ellos añoran el poder y trabajan para retornar a él. Está dividido en los siguientes sectores: MNR (jefaturizado por Víctor Andrade —el ex embajador vitalicio de MNR en Washington—) es el sector más derechista; el MNR unificado (MNRU) dirigido por Paz Estenssoro y Siles Suazo, sin ninguna aptitud para la lucha por sus compromisos con el oficialismo a cambio del silencio por sus trapecerías en el poder; el MNR sin nombre ni caudillo a la vista, dirigido por núcleos jóvenes, en los cuales se destaca Jorge Alderete; y, por último, el Movimiento Revolucionario Paz Estenssoro (MRP), que ha logrado incrustar un diputado y un senador. Su labor se funda en la expectativa de una nueva unidad donde, piensan sus dirigentes, ellos tendrían un papel hegemónico.

El PRIN, partido de Juan Lechín, fundado en marzo de 1964 sobre la base social de los dirigentes sindicales del país y exponentes de la clase media radicalizada, este partido, en las primeras luchas frente al poder militar, entró en un proceso de crisis, gracias al cual pudo deshacerse de una dirección oportunista de derecha y colocar en su lugar hombres de nueva visión. Hoy día se interesa por forjar un vasto frente de unidad. La clave de este cambio está en la actitud de su jefe personal quien, después del viaje que hizo al exterior (hoy día reside temporariamente en Chile), mostró signos de evolución para entenderse con las fuerzas revolucionarias. Su actitud ante las guerrillas es de aplauso y admiración, pero sin ningún hecho de solidaridad.

El Partido Comunista de Bolivia desde 1964 se encuentra dividido en un sector llamado "prochino" y otro "prosoviético". El líder del PC "prochino" es Óscar Zamora, el líder del PC "prosoviético" es Jorge Kolle Cueto. Los partidos de izquierda no comunistas han aplicado la conducta del chantaje político al querer forzar los hechos mostrando a los "prochinos" como una fuerza real. Lo cierto es que este grupo ya ha pasado su momento y su influencia ha mermado considerablemente.

El partido comunista "prosoviético" (así lo llamaremos para distinguirlo) ha ganado mucho al declarar su solidaridad con el movimiento guerrillero, aunque no se refleja este éxito en una mayor militancia o crecimiento. Su influencia es estacionaria en ciertos sectores sindicales y en algunas universidades. Lo que le falta a este partido es una dirección más resuelta y mejor experimentada. Cuenta con aparatos pequeños pero ágiles.

Con los esfuerzos de este partido se ha constituido el Frente de Liberación Nacional, que desde hace tres años no puede cumplir sus objetivos de convertirse en la fuerza aglutinante de todas las fuerzas populares; sigue siendo un grupo pequeño que no crece ni se desarrolla.

En medio de toda la izquierda están dos grupos trotzkistas que han formado el Partido Obrero Revolucionario (POR); su labor anticomunista y de ofuscación los ha convertido en el mejor aliado de las fuerzas reaccionarias, porque sus brotes son caracterizadamente provocadores y aventureros.

Tanto los trotzkistas como los prochinos clamaron a los cuatro vientos por la lucha armada; pero, producida la guerrilla, ninguno de ellos ha hecho nada para ayudar y darle impulso a esta forma de lucha. Son verdaderos tigres de papel.

El 23 de marzo de 1967 un grupo no determinado de combatientes se lanzó a la lucha guerrillera como una respuesta ante la casualidad y el azar. Sus planes, según indican informes firmes y claros, eran para más adelante, posiblemente para los meses de noviembre o diciembre de este año.

La zona guerrillera está en el sureste del país; lugar boscoso, con recursos naturales de subsistencia, pero también con grandes riesgos para ser aislados por las fuerzas del régimen imperante.

Hasta ahora las acciones se definen como exitosas. Se afirma que sólo hay cuatro bajas guerrilleras, y más de treinta y cinco bajas del ejército. Nada cierto se sabe sobre situaciones concretas en torno a la alimentación, el parque, posibilidades de maniobra, etc., aunque los hechos demuestran que pueden sostenerse por bastante tiempo.

El impacto político en el país no ha sido tan grande como se esperaba.

En las ciudades, además del apoyo moral que dan los militantes del partido comunista prosoviético (rayado mural, difusión de consignas, propaganda) no se observa nada concreto como organización.

Peritos imparciales opinan que la apertura de un segundo frente guerrillero sería vital para fortalecer esta lucha.

La guerrilla boliviana está integrada principalmente por militantes comunistas, con pocos elementos prochinos y de otros partidos como el PRIN y el MNR, aunque estos partidos oficialmente nada han dicho sobre este fenómeno. Hay simpatía en sus bases y recelo en sus direcciones. Ello es natural porque un hecho de esta magnitud, se quiera o no, determina una polarización en una fase de tanta descomposición política del poder gobernante.

Hay el criterio en Bolivia de que la lucha guerrillera es un error. Se dice que hay factores muy contrarios: el clima, el terreno, la situación geográfica, la imposibilidad de vanguardizar a los campesinos, porque ya tienen su tierra; la diversidad de lenguas nativas, el analfabetismo, etc. Todos éstos son factores concretos que impiden la creación de factores subjetivos, pese a la conciencia de la crisis y las contradicciones.

La observación de mayor fondo es aquella que sostiene que el pueblo boliviano está cansado de tanto dolor, llanto y muerte, y que por eso la lucha guerrillera es excesiva para soportarla. Lo mejor, dicen, es la insurrección, experiencia ganada por el pueblo en década de lucha donde las fuerzas populares han derrotado varias veces a sus enemigos, pero que, infelizmente, este país hasta ahora no cuenta con una vanguardia organizada que convierta aquellas victorias en fuentes del poder revolucionario.

Mientras tanto, los bolivianos se esfuerzan por llevar las cosas por la doble vía: el fenómeno guerrillero ya presente y la unidad de masas para desatar la insurrección.

Entre tanto, la lucha tendrá formas imprevistas.

Óscar Zamora, secretario general del Partido Comunista boliviano ("prochino").

Queremos nuestra propia guerrilla

No hace mucho tiempo que Óscar Zamora, el secretario general del Partido Comunista boliviano ("prochino"), fue liberado del campo de confinamiento cercano a Pekín donde se encontraba "sentenciado" a varios años de aislamiento por sus actividades políticas. Fue puesto en libertad y enviado a La Paz después de que se descubrió que estaba seriamente enfermo, y que su vida se hallaba en peligro en Pekín.

Ahora es nuevamente perseguido por el DIC, porque no se ha mantenido fuera de la política, y está como antes, clandestino.

Encontramos a Zamora en un pequeño apartamento en la capital, y como era de esperar, la conversación empieza con la ruptura de los que Zamora llama los revolucionarios y los revisionistas dentro del original Partido Comunista boliviano.

"La división, que ocurrió hace unos tres años, sucedió en distinta forma que en muchos otros partidos latinoamericanos, donde las contradicciones fueron el resultado de la lucha ideológica internacional entre los soviéticos y los chinos. En Bolivia el partido se dividió debido antes que nada a contradicciones internas. Mucho antes de que la división fuera evidente en Latinoamérica, había una abierta línea revisionista y una abierta línea revolucionaria dentro del Comité Central del Partido. La primera estaba representada por Jorge Kolle Cueto y otros, y la última yo tuve el honor de dirigirla. Hoy día la diferencia entre las divisiones en Bolivia y en cualquier otra parte del contimente es muy clara. Tanto en Chile como en Argentina y Perú, las llamadas 'facciones de Pekín' de los partidos comunistas son pequeñas y sin mucha importancia, debido a que fueron artificialmente introducidas desde fuera. En el caso de Bolivia, sin embargo, es nuestro partido el más importante, el que reúne a los camaradas más consecuentes y el que está aumentando su membresía, tanto en las universidades como en las minas."

—*¿Cómo estima la influencia y la estrategia política del Partido Comunista de Kolle, primero que nada en lo que se refiere a la lucha armada, y después en lo concerniente al movimiento de izquierda como tal y, finalmente, con respecto a Cuba?*

—Cuando usted me pregunta sobre estas cosas, debe darse cuenta, por supuesto, de que le daré una evaluación basada en la línea marxista-leninista de nuestro Partido, que nosotros consideramos como la única forma correcta de analizar la actual situación de Bolivia, pero que naturalmente pudiera ser muy diferente a como usted la ve. Con respecto al grupo revisionista alrededor de Kolle Cueto, nosotros estimamos que su influencia está disminuyendo evidentemente, debido a su muy formal resistencia al régimen actual. El Partido ha perdido la mayor parte de su influencia en las universidades, ha tenido algunas dificultades en las minas, y sólo en Beni conserva su fuerza. En esta forma, su influencia sobre el movimiento de izquierda es muy débil, y en cuanto a su estrategia política, bien nos parece a nosotros que su apoyo a la lucha armada es muy formal. El Partido ha declarado desde el primer momento su solidaridad con la guerrilla, pero nosotros sabemos que hay fuerzas dentro del mismo que desean que esa misma guerrilla acabe en un fracaso completo. Es evidente que la lucha continúa desarrollándose dentro del Partido, y que Kolle y su grupo, que están maniobrando la maquinaria política, se han declarado en favor de la lucha armada solamente porque de otra forma serían destronados por los camaradas jóvenes que simpatizan con la guerrilla y sus líderes, "Inti" y "Coco" Peredo.

—*¿Quiere usted decirnos que hay una posibilidad de que el grupo que simpatiza con la guerrilla esté poco a poco tomando el poder en el Partido Comunista "prosoviético"?*

—Cuando la lucha armada comienza, sólo es natural que lo militar domine a la político, pero pasemos ahora a su otra pregunta: la influencia del partido de Kolle con respecto al movimiento de izquierda, que ya casi he contestado. Ni el Partido, ni su frente electoral, FLIN, tienen influencia o importancia. El FLIN es un pequeño grupo formado alrededor del bien conocido abogado Mario Miranda Pacheco. Tal vez diez, tal vez veinte gentes de la Universidad. No más. Usted debe recordar siempre que el Partido Comunista ha sido muy débil aquí en Bolivia, debido a una serie de factores, como por ejemplo la carencia de un proletariado —el único está en las minas, donde los trotzkistas del POR han ejercido una cierta influencia que no ha favorecido a los comunistas—, el dominio del MNR y, finalmente, debido a cierto oportunismo de sus líderes. Así, la conquista del poder en este país estará siempre basada en las masas del MNR con los izquierdistas y los comunistas *consecuentes* como la vanguardia. Ahora bien, en lo que concierne a su tercera pregunta: las simpatías hacia Cuba del Partido "prosoviético". Es verdad —todo el mundo puede verlo— que el partido de Kolle hace un trabajo de intensiva propaganda por Cuba y recibe como premio la aceptación del Partido Comunista de Cuba, mientras que nosotros en nuestro Partido tenemos muy poca conexión con los cubanos, lo que lamentamos. Nosotros hemos estudiado, sin embargo, el desarrollo de la situación en Venezuela y Colombia, donde los partidos revisionistas están en abierta contradicción con la línea cubana; y nos imaginamos que tarde o temprano sucederá lo mismo aquí. Debido al desarrollo de los acontecimientos, Kolle y su grupo se verán forzados a adoptar las mismas posiciones que sus camaradas venezolanos, si son consecuentes, o perderán toda influencia en su partido, y la guerrilla tomará el poder en el Partido.

—Hemos estado hablando mucho sobre el otro partido comunista. Ahora permítame preguntarle sobre su partido, sus relaciones con Cuba, su análisis de la línea de la lucha armada, de la división en América Latina y de las posibilidades de la guerrilla boliviana.

—Como le dije antes, nuestras relaciones con Cuba son infortunadamente muy limitadas. Durante la Conferencia Tricontinental el año pasado sólo tuvimos una conversación de 10 minutos con el capitán Osmany Cienfuegos en el vestíbulo del Habana Libre, pese a que nosotros habíamos estructurado la delegación más representativa de Bolivia. Además, aunque toda la línea de la Conferencia coincidía con la línea de nuestro partido, Fidel Castro —por algunas razones que comprendemos bien— decidió apoyarse en la otra, la línea revisionista, incluyendo al partido de Kolle. Más tarde hemos visto que esta alianza ha dado malos resultados, que ha sido rota en el caso de Venezuela y que los partidos de Argentina, Colombia y Chile están siguiendo a los revisionistas de Venezuela. Por el momento —sin querer monopolizar nada— nosotros pensamos que Fidel y Cuba están más cerca de nuestro partido, o digamos de un marxismo-leninismo consecuente. Esto nos da esperanzas de que más tarde o más temprano llegaremos a un entendimiento —un entendimiento basado en una acción común en la lucha armada. Ahora, en lo que concierne a esta lucha, nosotros no creemos que sea el único camino de liberar a Bolivia o al continente, pero es la consecuencia lógica de muchos años de diferentes formas de trabajo político y de propaganda contra los tiranos. Por el momento no hay otro camino, pero no pensamos que esta lucha armada sólo deba tener lugar en las montañas. Es posible que los líderes en las montañas sean los dirigentes futuros de Bolivia y que su lucha sea el centro de la resistencia contra el régimen de Barrientos, pero no debe ser la única. Nosotros queremos lo que se llama una "guerra total", la guerra de todo el pueblo. En las ciudades, en los campos, en las universidades y en todos los lugares de trabajo. Aislar la lucha armada en las montañas puede significar dejarla sola, abandonarla, dejarla morir.

En lo que se refiere a la división en América Latina, sólo quiero decir que no es una división entre camaradas "prochinos" y "prosoviéticos". Es una división entre revisionistas y marxistas-leninistas consecuentes. Entre oportunistas y revolucionarios. Y la historia demostrará quién es quién. La división puede haber dañado todo el movimiento revolucionario por algún tiempo, pero era necesario; y ahora —por ejemplo en el caso de Bolivia— los comunistas son más fuertes que nunca.

En cuanto a las posibilidades de la guerrilla boliviana, es en cierta forma una pregunta compleja, porque implica que analicemos un poco a sus líderes y su desarrollo, sin olvidar su composición. La guerrilla inició sus actividades, como usted recordará, a fines de marzo. Tiene ya medio año de edad, y, en nuestra opinión, ha sobrevivido lo que el "Che" llama los primeros seis meses críticos. En forma global podemos decir que los camaradas de la lucha armada en las montañas han tenido éxito. Han tenido éxito en dañar el prestigio del ejército regular, derrotándolo una y otra vez. Sin embargo, por el momento las guerrillas no tienen una base. Es todavía una especie de "guerrilla nómada". Evidentemente esto ha ayudado y ha sido un factor importante en los últimos combates con las fuerzas regulares, que han perdido cada vez y han tenido numerosas bajas. Pero tarde o temprano la guerrilla debe establecerse y empezar el importante trabajo político y social en las áreas montañosas. Nosotros estimamos que esto sucederá dentro de los próximos seis meses, y este trabajo será intensificado por el apoyo creciente de las ciudades y las minas. Por el momento —nosotros creemos— no hay más de 100-130 guerrilleros, y no todos ellos son miembros de los partidos comunistas o comunistas sin partido. Los cuadros dirigentes están construidos por miembros del partido de Kolle —ante todo "Inti" y "Coco" Peredo. "Inti" —el mayor de los hermanos, que tiene alrededor de 29 años de edad— es miembro del Comité Central, y creo que ambos han estado trabajando en el Partido por muchos años. Con ellos está un grupo de no más de veinte integrantes del partido de Kolle. Cinco de nuestros camaradas se han unido a la guerrilla y el resto de los combatientes proviene de la base del MNR, unos pocos del POR, algunos falangistas y además un grupo grande de estudiantes universitarios. Las posibilidades de este grupo heterogéneo dependen del apoyo que encuentren entre la población rural, y después en el trabajo que todos los partidos progresistas puedan realizar.

—*Permítame hacerle esta última pregunta: ¿qué está haciendo actualmente su partido con el fin de apoyar a la guerrilla, aparte de declaraciones y otros actos de solidaridad por escrito?*

—En la actual etapa de desarrollo todavía estamos en el trabajo de propaganda, pero, como le he dicho, los camaradas que quieren unirse a la guerrilla no tienen dificultades con nosotros. Nuestra intención es, sin embargo, abrir nuestro propio frente dentro de los próximos meses. Esto no es para competir con el ELN, sino más bien con el fin de apoyarlo y colaborar con él.

Jorge Kolle Cueto, secretario del Partido Comunista boliviano ("prosoviético").

Nuestro partido no inició la guerrilla...

Todo comenzó con una marcha nocturna en que los guías cambiaban continuamente; nos condujeron a barrios poco conocidos de la ciudad hasta llegar a una fría y solitaria casa, donde encontramos a Jorge Kolle Cueto, el más conocido de los tres secretarios del Partido Comunista boliviano.

Empezamos con el tiempo, que en estos días es frío y desagradable en La Paz. Continuamos con las perspectivas de Régis Debray allá abajo, en Camiri, y con la última derrota de las Fuerzas Armadas. Finalmente nos concentramos en la división dentro de las filas de los comunistas.

La división —dice Kolle— no tuvo al principio un carácter ideológico. Al menos no aparentemente. El grupo de Zamora estaba política y orgánicamente insatisfecho con el trabajo del Partido. Al principio el llamado "grupo de Pekín" no era "prochino". Insistía en que era independiente. Ni Moscú ni Pekín, más bien La Habana. Esto fue en los últimos meses de 1963. Ellos trataron de probar que el Partido estaba siguiendo una línea derechista hacia el MNR y que estaba tratando de neutralizar a las masas. Las quejas orgánicas eran que no se seguía el centralismo democrático, y que no había Comité Central, sino "una camarilla oportunista de derecha" que violaba las normas democráticas del Partido. En 1964 —casi un año después— era evidente que ya se habían unido a la "línea de Pekín". ¡Así internacionalizaron sus quejas! Nos acusaron no sólo de practicar la coexistencia pacífica, sino también la coexistencia política e ideológica, y de dejar atrás las posibilidades de la lucha armada. Su delegación a la Tricontinental no fue aceptada —ellos la formaron junto con Guillermo Lora—, y desde La Habana fueron a Pekín a buscar apoyo. Zamora había trabajado ya largo tiempo para los chinos en la Unión Internacional de Estudiantes y, aunque no tenía ninguna posición importante en el Partido, fue secretario regional de la juventud en Tarija. Después de su viaje, oficializaron su relación con China, y después de eso comenzaron a hacer trabajo fraccional dentro del Partido. Ellos decían que había agentes del gobierno en nuestro Comité Central y me culparon a mí, porque yo era hermano de un oficial de alta graduación en el ejército. Además, decían que nos habíamos vendido por unos cuantos escaños en el Parlamento. El 2 de agosto de 1964, cuatro de 45 miembros del Comité Central habían sido ya expulsados (Claure, Arratia, Ruiz y Carrasco), pero ellos empezaron a trabajar realmente como un nuevo partido, a fines de 1965 y comienzos de 1966. En lo que se refiere a su fuerza actual, ¡no soy la persona indicada para evaluar eso! Sin embargo, es evidente que su fortaleza está en la Universidad, no sólo aquí en La Paz, sino en la Confederación Nacional, CUB. Esta influencia, creo yo, se debe al inteligente trabajo de Óscar Zamora, que tiene mucha experiencia en el trabajo entre los estudiantes. Sin embargo, su fuerza no está aumentando, no se está desarrollando, y hoy en día no tienen lo que tenían hace dos años. Un ejemplo: en el CUB tenían dos representantes hace dos años, ahora no tienen ninguno, mientras que nosotros contamos con dos que son militantes del Partido y uno del FLIN. Sólo en la Federación Universitaria Local (FUL) de La Paz tienen un representante junto con otros partidos, como la Falange.

En lo que concierne a la situación política, es importante comenzar el análisis comprendiendo que no importa lo que el gobierno diga o haga, él representa la más firme contrarrevolución. Ésta comenzó en los últimos años del MNR, y ha sido sistematizada ahora por el ejército, que se ha convertido en un partido político. La estabilidad del gobierno depende de la estabilidad del ejército, y como una cubierta civil los generales están usando algunos pequeños partidos sin base social —los social-demócratas, el PIR, el MPC y el PRA, de los cuales el último es el más serio y representa a un grupo radical de derecha dentro del MNR. En política exterior, la línea del actual gobierno es la línea del Pentágono. El golpe fue preparado y manejado por un cierto coronel Fox, "agregado de la Fuerza Aérea" en la embajada norteamericana. En realidad, es el jefe de la CIA en este país. Económicamente, la línea es dejar a Estados Unidos, y a cualquier capital extranjero, penetrar otra vez en el país. Todo lo que ha sido nacionalizado, bien o mal, está siendo desnacionalizado lentamente. Las minas Matilde están otra vez en manos de Hochschild, y el comercio de los minerales bolivianos está en las de William Harvey, que pertenece al grupo Patiño. El oro de Bolivia está en manos de la South

American Mining, y todo este desenvolvimiento está progresando muy rápidamente. La política interna del régimen es la represión —cualquier cosa que esto quiera decir—; los sindicatos carecen de significación y están medio disueltos. Los líderes son perseguidos o encarcelados y acusados de cosas y crímenes que nunca han cometido. Simón Reyes, por ejemplo, está acusado de haber robado muchos millones al Estado. ¿Por qué? Porque ha organizado huelgas en las minas que han costado no sé cuántos millones por día. Ha sido sentenciado a pagar por esto y, no pudiendo hacerlo, le pueden dar más de 120 años en prisión... Donde la represión no es posible con maniobras políticas el ejército es movilizado, como lo ha sido tres veces durante el presente gobierno. Consecuentemente, el régimen no tiene perspectivas de ninguna clase. La confrontación con el pueblo tendrá que producirse —también por razones económicas: los salarios están congelados, pero el costo de la vida está subiendo abruptamente—; cuándo y cómo, depende de las masas. Por algún tiempo todavía el régimen estará en condiciones de hacer su juego con los tres partidos legales de la oposición: MNR, PRIN y FSB. Los cuadros dirigentes del MNR son todavía muy oportunistas, el PRIN puede no ser siempre consecuente, y la FSB representa la más oscura reacción en connivencia con la Iglesia y el ejército.

Usted me ha preguntado si hay oportunidades inmediatas para un golpe de Estado, llevado a cabo por algunos elementos dentro de las Fuerzas Armadas. Aquí debemos concentrarnos un poco sobre la figura del coronel Marcos Vásquez Sempérteguie, que ha hecho su carrera política y militar en Tolata, cerca de Cochabamba, donde Paz Estenssoro hace años trató de controlar y combatir la rebelión campesina que él mismo había iniciado (campesinos del PRA contra campesinos del MNR). El comandante de los cuarteles en esa zona era Marcos, y se hizo famoso por su "valor", que no era nada más que brutalidad y matanza de indefensos campesinos. Eso fue entre los años 60-64. Él surgió a la superficie política de la nación durante el golpe de noviembre de 1964. Se dice que es falangista, pero es difícil saberlo, porque los militares están organizados en logias secretas. Es más bien insignificante como persona, pero apto como militar, y debido a su posición como jefe del Estado Mayor del Ejército es mùy utilizado en las frecuentes conspiraciones, y no hay ninguna duda de que él, Lechín Suárez y Anaya, de la Octava División del Ejército, tienen la esperanza de dar un día un típico golpe militar; pero ése —y cualquier otro golpe militar— será, por supuesto, sólo para salvar la vida del régimen contrarrevolucionario. Enfrentadas a esto, las masas deben radicalizarse, y es una característica especial aquí en Bolivia que un proceso semejante se desarrolle muy rápido, y la gente se lanza a las calles sin tomar en consideración la fuerza y el poder destructivo del enemigo. Es posible que un 21 de junio o un 9 de abril no se repitan tal como sucedieron, pero el proceso histórico del país nos hace prever una insurrección popular —abierta, amplia y violenta— tal vez dentro de dos o tres años.

Naturalmente usted ha esperado durante bastante tiempo para hablar sobre la guerrilla. Bien, comencemos entonces. Sobre la guerrilla boliviana hay muchas generalizaciones y conjeturas. La guerrilla no es una consecuencia de la línea de nuestro partido, ni está auspiciada por nosotros. Lo que podemos deducir es lo siguiente: La guerrilla está formada por militantes de distintos partidos y por gente sin partido. Hay comunistas, gente del PRIN, del MNR y algunos militantes que rompieron con Zamora (los mineros del grupo de Guevara, de los cuales uno ya ha caído, Velasco). Todos ellos tienen una cosa en común: todos consideran la lucha armada como el medio más directo de derrocar al gobierno y barrer al imperialismo fuera de Bolivia. Sus líderes son los hermanos Peredo, de los cuales "Inti" es miembro de nuestro Comité Central. Y preste atención a esto: ¡él no fue expulsado cuando formó la guerrilla, y no lo será! Nosotros no somos venezolanos. Nuestra actitud hacia la guerrilla es de solidaridad y apoyo en todo lo que el Partido pueda apoyarlos y ayudarlos. Pero quiero subrayar que el Partido como tal no está en la guerrilla. Si nosotros decidimos subir a la montaña lo haremos todos juntos, y no dejaremos Comité Central y secretariado aquí en la ciudad. Con respecto a la situación venezolana, pues bien, permítame decirle que es muy diferente. Nosotros no creamos la guerrilla. La guerrilla no es nuestro trabajo y nosotros no la auspiciamos, como hicieron una vez los camaradas venezolanos. Nosotros tenemos una concepción de la Revolución boliviana, no podemos alquilarnos a otra línea política y nadie puede imponérnosla, ni Moscú, ni Pekín, ni La Habana, ni los venezolanos, ni nadie.

Se nos acusa de que no somos sinceros en nuestro apoyo a la guerrilla, y hay gente que piensa que sólo somos oportunistas. ¿Cómo podemos probar lo contrario? Sólo señalando hacia las guerrillas y diciendo: ¡Pregúnteles a ellos! Nosotros consideramos que nuestra ayuda y solidaridad es honesta. Sabemos bien que ellos son antiimperialistas revolucionarios, y que por lo tanto merecen no sólo nuestra ayuda sino también nuestro respeto. Los compañeros de las montañas actúan de acuerdo con sus palabras, y eso debe impresionarnos a todos nosotros. Existen, sin embargo, muchas formas de lucha. Nos estamos preparando, todo el Partido, para la guerrilla y la insurrección, pero no debemos olvidar la lucha de masas. Nosotros creemos firmemente que la fuerza unificadora en Bolivia es el Partido, y estamos trabajando para formar un amplio frente popular antiimperialista basado en la lucha de masas. Ninguna forma de lucha puede ser llevada a cabo sin estos tres elementos: el frente, a la acción de las masas, y el Partido. Usted me pregunta si creo que la guerrilla puede convertirse en un factor fundamental en la lucha contra el régimen. Sí, es posible, como también es posible que la insurrección sea el elemento más importante. Una cosa es segura: el camino democrático se está haciendo cada vez menos probable.

Antes de irnos, iniciamos una discusión con respecto al libro de Régis Debray. Jorge Kolle elige sus palabras muy cuidadosamente. Entonces habla:

—Yo no creo que el libro de Régis sea el marxismo-leninismo de nuestro tiempo para América Latina.

Permítame decir unas palabras sobre esto:

1. el análisis de las experiencias bolivianas no es correcto;

2. las generalizaciones referentes al papel del Partido son anticomunistas. v

3. la reproducción del ejemplo cubano es antidialéctica.

Deseamos que Régis salga pronto de la prisión para así poder discutir esto con él.

Ya en la puerta, preguntamos sobre las perspectivas de la guerrilla. Jorge Kolle es mucho más optimista que, por ejemplo, Óscar Zamora.

—La guerrilla derrotará al ejército ahora y en los meses venideros. El ejército boliviano no tiene experiencia, está comandado por no más de 100 especialistas norteamericanos y hace propaganda nacionalista, pese a que todo el mundo sabe que es la negación del nacionalismo. La guerrilla, en cambio, demuestra espíritu de lucha y moral, y tiene una excelente actitud con respecto a la población. Está ganando las simpatías de las masas rurales, y ellas —y otros— constituirán el fundamento futuro de la guerrilla. La guerrilla tiene —como se dice en Bolivia— "mucho campo", pero la guerrilla *sola* no garantiza la revolución.

—Óscar Zamora —decimos finalmente— nos ha manifestado que su partido intenta formar su propio frente.

Jorge Kolle sacude la cabeza:

—Cada nuevo frente tendrá que ser, en el estado actual del desarrollo, absorbido por el ELN.

René Zavaleta Mercado, ex ministro de Minas del gobierno del MNR.

Debemos organizar la resistencia armada

Con René Zavaleta es natural empezar con la situación actual del MNR, y el dinámico ministro de Minas en el período de Víctor Paz presenta las corrientes principales del un tanto desorganizado partido bajo una nueva luz:

"Usted debe recordar —dice, mientras conversamos una noche en un café de La Paz— que aunque nuestro partido siempre tiene 50 000 hombres, nunca tiene diez. Esto significa en otras palabras que el MNR ahora, como siempre, no está en condiciones de funcionar como un partido, porque carece de cuadros, y cuando usted pregunta por qué no hemos organizado la resistencia contra el régimen de Barrientos, ésta es exactamente la respuesta. Nosotros —el Partido— sufrimos de una carencia completa de cuadros dignos de confianza, con el fin de organizar la resistencia en una forma seria."

—*¿A qué clase de resistencia se está refiriendo usted?*

—En primer lugar me estoy refiriendo a una clase de resistencia cívica, antes que nada, propaganda. No estamos en condiciones ni siquiera de pensar en la resistencia armada en las ciudades en el futuro próximo, pero, por supuesto, ése es nuestro objetivo final, porque sin el apoyo de las ciudades la guerrilla en las montañas está expuesta al aislamiento.

—*¿Qué ha significado la aparición de la guerrilla para el* MNR *como tal?*

—Hay ahora más tendencias que nunca a unificar el Partido, pero deseo subrayar que nosotros, en la izquierda del MNR, estamos fuertemente en contra de estos esfuerzos, porque los mismos están dirigidos a traer de nuevo al poder a los revisionistas tradicionales y al grupo de políticos del ala derecha.

—*¿Y si eso sucediera?*

—Bueno, pienso que este grupo se convertiría en una especie de gobierno de Betancourt o Méndez Montenegro, empezando con un llamado "diálogo" con la guerrilla, para finalizar persiguiéndola.

—Y *ahora, ¿en cuanto a las guerrillas?*

—Bueno, lo que nos preocupa más es la velocidad con que la guerrilla se está desarrollando. Uno no debe siempre considerar esto como un signo positivo. La guerrilla boliviana es como un niño nacido prematuramente, y aun cuando es verdad que no notamos nada más que victorias, también es verdad, sin embargo, que la velocidad que la guerrilla adquiere pudiera aislarla de las realidades nacionales y continentales. . .

—*¿Que son. . .?*

—Nuestra realidad nacional es que, pese a que estamos completamente dominados por el capital extranjero y por el recuerdo de la destruida revolución del 52, podemos crear una especie de nuevo Vietnam en miniatura, pero para ello necesitamos un largo proceso de preparación, que la guerrilla está acelerando peligrosamente, y aquí viene el otro punto: las contradicciones y realidades continentales. El continente latinoamericano está aparentemente maduro para una revolución. Todas las condiciones objetivas están presentes, pero la situación geopolítica de América Latina —completamente dominada económica, política y estratégicamente por Estados Unidos, como lo está— convierte la revolución en una cosa altamente complicada, y no podemos permitirnos demasiados fracasos, como los que ya hemos visto. Lo que quiero decir con esto es que yo creo que la guerrilla boliviana está un poco por delante de las realidades, y por lo tanto corre ciertos riesgos.

—*¿Eso significa que usted tiene dudas sobre el futuro de la resistencia armada?*

—No, yo no diría eso. Es sólo que nos ha tomado por sorpresa, y demanda enormes esfuerzos de nuestra parte con el fin de ponernos a la par.

—*¿Cuáles son sus evaluaciones sobre las posibilidades de la guerrilla?*

—Tengo dos clases de evaluaciones. Una optimista y una pesimista: la primera es que la guerrilla será la inspiración para que las ciudades organicen la resistencia armada sobre la base de las masas del MNR, que, en consecuencia, el régimen de Barrientos sea derrocado después de meses o años de lucha, y que un gobierno popular sea constituido con el Ejército de Liberación como una garantía armada. Esto podría suceder —visto con optimismo— dentro de un plazo de dos años, eventualmente con uno o dos golpes militares en el ínterin, pero sin mucha importancia. La segunda y pesimista evaluación es que el ELN, no pudiendo obtener el importante y *sine qua non* apoyo en las ciudades, se verá condenado a tal vez diez años de lucha en las montañas, viendo a sus cuadros más valiosos eliminados, mientras el gobierno se convierte lentamente en un paralelo de Betancourt, y la vida política y la guerrilla alcanzan el mismo nivel y tienen los mismos problemas que en Venezuela hoy día.

—*¿Cómo estima usted la influencia norteamericana en la vida política actual de Bolivia, y cuál es en su opinión el "gran plan gran" de Estados Unidos para Bolivia?*

—Yo creo que la embajada norteamericana está cansada de René Barrientos y quiere un cambio, tal vez una junta militar, como un camino hacia un gobierno más amplio donde el FSB, MNR y PRIN estuvieran integrados, pero donde, por supuesto, todas las tendencias de izquierda estuvieran excluidas. Esto podría convertirse en una realidad si el MNR es unificado y dominado por el ala derecha, y, por lo tanto, la izquierda del Partido y especialmente la nueva generación se opone a esta falsa unidad. El plan norteamericano es pacificar con el fin de mantener los negocios andando. Nosotros debemos ser un impedimento constante a esta falsa paz.

—Y *¿cómo?*

—Dentro de tres meses estaremos en condiciones de enviar los primeros contingentes a la guerrilla, y con alguna ayuda esperamos estar en condiciones de formar una red de propaganda. También planeamos tener una estación de radio, pero necesitamos ayuda, dinero y consejos para hacerlo.

—*¿Esto significa que su grupo, dentro de un período relativamente corto, estará en condiciones de iniciar una ofensiva apoyando activamente a la guerrilla?*

—Veremos.

—*¿Está la guerrilla, en su opinión, influida por los dos partidos comunistas de Bolivia?*

—En mi opinión, el gran mérito de la guerrilla es que ha roto con todas las concepciones políticas tradicionales y líneas partidarias. Los comandantes y los comisarios políticos son comunistas, pero eso no significa que la guerrilla acepte órdenes de ninguno de los dos partidos tradicionales, y yo creo que la guerrilla formará su propio partido, estructurado alrededor del fusil y de las experiencias adquiridas en la lucha.

Guillermo Lora, secretario general del POR

Guillermo Lora acaba de regresar de Pekín, después de meses de prisión. Está delgado, pálido y cansado; su partido es perseguido y está disperso por todo el país, y sus líderes mineros han sido casi todos encarcelados, pero él es optimista en lo que se refiere al futuro cercano.

—*¿Después de San Juan, por qué este optimismo?*

—Aun cuando San Juan parece una derrota para los mineros, no es así. El sindicato será organizado otra vez, posiblemente de un modo más fuerte y más combativo que antes.

—*Ha habido tres masacres en las minas cercanas a Huanuni en los últimos tres años. Tres veces los mineros han sido masacrados. Tres veces las Fuerzas Armadas han triunfado sobre los mineros y la teoría de la "autodefensa". ¿No le hace eso revisar esa teoría un poco?*

—La "autodefensa" es la mejor vía —desde un punto de vista táctico— de combatir al ejército regular. Siempre ha sido así, y seguirá siendo así. El único camino por el que la clase obrera —el proletariado boliviano— puede conquistar el poder en el país es desde las minas. Las minas deben convertirse en una fortaleza intocable, y luego el poder de los obreros deberá extenderse hasta las ciudades cercanas y después hasta la capital.

—*¿No sobreestima usted la fortaleza y las posibilidades de las minas como un centro revolucionario?*

—¿Qué otro tenemos aquí en Bolivia?

—*La guerrilla, me parece a mí.*

—La guerrilla sin la clase trabajadora no es nada. El POR apoya sin condiciones a la guerrilla, porque es una consecuencia lógica de la actual situación en Bolivia, pero nosotros no creemos que es la única forma de combatir al régimen actual.

—*Cuando usted dice "apoyo sin condiciones", ¿qué es lo que quiere decir exactamente con eso?*

—La guerrilla no es una idea nuestra y, en consecuencia, no queremos dominarla o dictarle cosa alguna. Y nuestra ayuda y apoyo es completamente sin límites...

—*¿Están ustedes listos para enviar hombres también?*

—Hombres también, sí.

—*¿El POR no planea formar su propio frente?*

—No sería inteligente comenzar a dividir la guerrilla en las tradicionales agrupaciones partidarias.

—*Volvamos por un momento a la situación en las minas. Si el gobierno y el ejército tienen éxito en formar una especie de sindicato en Siglo XX y en las otras minas nacionalizadas, y lo hace funcionar, ¿no cree usted que es posible que los mineros sean apaciguados en esa forma?*

—Ése es el viejo sueño del gobierno —de muchos gobiernos en Bolivia—, ellos esperan que eso suceda porque no comprenden a los mineros. Por tres veces anteriormente semejantes fueron impuestos líderes a los mineros de Siglo XX. Tres veces los mismos líderes han sido radicalizados por el proceso histórico. La última vez fue René Chacón, que era un cero político cuando fue elegido dirigente del sindicato en Siglo XX. Yo creo que él tenía simpatías demócrata-cristianas. ¿Y qué pasó con René? Después de pasado un tiempo, supo de las realidades de las minas. Aprendió que no hay una tercera salida de los problemas, y los mineros lo fueron forzando a tomar medidas más y más revolucionarias, hasta que junto con el resto de nosotros fue arrestado después de San Juan.

—*Alguien dice que él sabía algo de los planes de los generales.*

—He oído eso pero no creo que sea verdad. De ninguna manera es verdad.

—*El actual "comité de huelga" de Siglo XX, ¿cómo lo considera usted?*

—El comité encabezado por este Bernabé Córdova está evidentemente pagado por la ORIT, pero carece de una cosa: coraje para mostrar a los mineros su revisionismo, y serán probablemente obligados a abandonar el trabajo sindical en algunas semanas.

—*Volviendo a la guerrilla: ¿Cree usted —a pesar de las muchas victorias sobre las Fuerzas Armadas— que la guerrilla está siguiendo una línea errónea? Le estoy preguntando esto porque es común escuchar algunas críticas entre los líderes de izquierda, en lo que concierne a la guerrilla.*

—Políticamente, temo que la guerrilla quiera remplazar al Partido con una solución militar —la línea política con el fusil. Esto no funcionará nunca. La guerrilla necesita un partido. Siempre ha sido así. Siempre será así. Cuba nos ha demostrado esto.

—*Hablando de Cuba, ¿cómo son las relaciones del* POR

con la Revolución cubana y el Partido Comunista de Cuba?

—Todavía recordamos con alguna amargura lo sucedido durante la Conferencia Tricontinental —el hecho de que fuimos excluidos y mantenidos casi prisioneros, y luego, por supuesto, el violento e injusto ataque de Fidel contra nosotros. Esto, yo creo, se debe en parte a la influencia de Régis Debray.

—*¿Eso significa que usted quiere decirme que Régis Debray ha influido sobre Fidel Castro para que éste exprese una cierta crítica contra la 4ª Internacional y el* POR?

—Sí, ésa es mi opinión. Yo pienso que Régis Debray ha sido intelectualmente deshonesto. Nos ha traicionado, exponiéndonos como los vulgares seguidores de este infeliz Posada, por quien no tenemos absolutamente ninguna simpatía y con cuya línea no estamos de acuerdo.

—*Usted ha escrito un pequeño libro que es en su mayor parte una crítica contra Debray. ¿Podría decirnos algo sobre su contenido?*

—Quiero subrayar que no se trata de una crítica contra él como persona. Nosotros los del POR sentimos gran respeto por su actitud personal. Sin embargo, su libro es un odioso ataque contra nuestra línea, y él es intelectualmente deshonesto en su forma de exponer los problemas en las minas y nuestro trabajo entre los mineros. . .

—*¿Eso significa que usted está de acuerdo con Jorge Kolle en que* Revolución en la revolución *no tiene nada que ver con el marxismo?*

—Creo que sí. . . más o menos.

Víctor Paz Estenssoro

El MNR no debería tomar parte activa en la lucha armada

En las paredes de La Paz, los partidarios del MNR han colocado una especie de rótulos con la palabra "VOLVEREMOS" y una pequeña foto juvenil del "líder" Víctor Paz Estenssoro.

Al encontrarse con el ex "máximo" de Bolivia, que ahora vive modesta y tranquilamente en la sección de San Isidro de la ciudad de Lima, uno no recibe la impresión de estar frente a un líder político que está preparando su regreso al poder. Víctor Paz Estenssoro, que trabaja como profesor en la Universidad de Lima, resulta mucho más un hombre cansado que se dedica a largas conversaciones sobre el pasado, a recibir visitantes de La Paz y a escuchar las noticias sobre el Movimiento con una melancólica sonrisa, sin expresar ni esperanza ni planes concretos para el trabajo del MNR.

De algún modo, Paz Estenssoro parece ser una negación total de su propio pasado y de aquello en lo que ha creído:

—Los campesinos —dice— no son todavía una fuerza política en Bolivia. Ellos han sido sobreestimados durante los últimos veinte años, y ahora, cuando el general Barrientos trata de movilizarlos, no tardará en descubrir, lo que yo también descubrí: los campesinos sólo siguen a un presidente mientras él corresponda a lo que ellos consideran que está de acuerdo con sus propios intereses.

Cuando empezamos a hablar sobre la incapacidad de Barrientos, Estenssoro dice:

—Conozco a René Barrientos porque trabajé junto con él durante algún tiempo, en el último período de mi gobierno. Es ingenuo, tiene una falsa conciencia. Ve el mundo a través de su propio espectro, que sólo permite pasar el color que a él le gusta. Habla sobre el jardín floreciente de Bolivia, y sin duda cree que está viendo ese jardín. Habla sobre los planes de progreso y desarrollo para el país, pero todo lo que ha hecho es completar algunos proyectos menores, que ya estaban elaborados y a medio terminar cuando se produjo el golpe en noviembre de 1964.

El fin de este "presidente" es difícil de adivinar, pero aquellos que prevén que Barrientos se suicidará un día podrían tener razón. El es así. No puede comprender que el país y el mundo no corresponden a su realidad, y el día en que realmente descubra ese hecho podría pegarse un tiro.

Refiriéndose al otrora poderoso MNR, Víctor Paz Estenssoro es muy cuidadoso. Él pide noticias de La Paz, como si estuviera hablando de algún planeta lejano, con el cual tuviera sólo escasas comunicaciones. ¿Cómo está el "Mago" Baptista?, pregunta. "¿Cómo está René Zavaleta?" Y los últimos periódicos de la capital boliviana son estudiados con avidez.

Debemos organizarnos, es la frase que siempre se repite cuando Paz Estenssoro habla sobre su partido. Organización y unidad. Pero ni la primera ni la última existen en Bolivia, y Víctor Paz parece haberlo comprendido, porque escucha con una cierta sonrisa escéptica cuando sus partidarios informan que en Tarija "hemos formado comandos", y que "el Movimiento está trabajando como nunca antes en las minas", o que "estamos progresando en el área de La Paz". Hace unas pocas preguntas sobre personas y sectores del disperso partido, pero no parece prestar mucha atención a las respuestas.

Sólo es optimista en lo que concierne a los mineros.

—Ellos se tomarán su revancha —dice—. Los mineros están políticamente bien formados, y si sólo el Movimiento pudiera organizarlos en los centros mineros la rebelión comenzaría de inmediato. (Cuando escucha acerca de la posible nueva alianza entre los poristas y la izquierda del MNR no se sorprende.)

—Debemos colaborar aun con aquellos que una vez nos criticaron más intensamente —dice—. Sólo los comunistas de Kolle y Zamora no entran nunca en esas consideraciones; ellos han estado colaborando con cualquier gobierno con el fin de destruir nuestra revolución.

Hablando sobre las posibilidades de un golpe, Víctor Paz defendió unas teorías extrañas:

—Un golpe —dice— significaría por supuesto que correría más sangre en Bolivia, y que la muy poca democracia que todavía queda desaparecería completamente, pero, por otro lado, las cosas serían mucho más claras después de la caída de Barrientos, con nuevos y más brutales generales en el poder. Lo que Bolivia necesita es que la situación se cristalice, para que así todo el mundo pueda ver con claridad cuán profundamente ha caído la nación. Por el momento Barrientos está engañando a los bolivianos con palabras, palabras y más palabras. Los generales como Ovando, o los coroneles como Sempérteguie, sin embargo, no quieren engañar, ellos representan el desnudo poder militar y la brutalidad del *Totallösung*, que hará rebelarse al pueblo una y otra vez.

En lo que se refiere a teoría, Víctor Paz Estenssoro parece estar de acuerdo con casi todos los partidos políticos o la izquierda de Barrientos en Bolivia. Todos ellos están esperando el golpe milagroso, que de alguna forma y en algún tiempo resolverá todos los problemas.

Si él volviera al poder, comenzamos a preguntar..., pero Estenssoro mueve su mano en un gesto resignado y empieza a hablar de la nueva generación y de los nuevos tiempos en la política boliviana.

Pero entonces, *¿qué pasaría si el* MNR *como tal vuelve al poder, no importa quién sea el "máximo", qué haría el* MNR *con una persona como Debray si él fuera todavía un prisionero en esa época? ¿Y cuál sería la actitud con respecto a la guerrilla?*

Paz Estenssoro contesta lentamente:

—El MNR continuaría la Revolución nacional que fue paralizada por Barrientos...

—*¿Significa eso una radicalización de la Revolución boliviana, una nueva concepción de las relaciones hacia el campo socialista en general y Cuba en particular?*

—...No cometeríamos el viejo error —continúa Paz Estenssoro—, pero tendríamos que ser realistas, como siempre lo hemos sido.

En lo que se refiere a los prisioneros políticos de este régimen —esto también incluye a Régis Debray, por quien siento personalmente un gran respeto, aparte del hecho de que encuentro su libro interesante y a menudo sorprendentemente correcto en sus análisis—, todos los prisioneros políticos, repito, serían dejados en libertad instantáneamente.

—*¿Y la guerrilla?*

Víctor Paz Estenssoro es precavido ahora. Él sabe lo que se oculta detrás de esta pregunta.

Entonces contesta:

—La guerrilla es una consecuencia lógica del desarrollo de los acontecimientos en Bolivia. Nosotros los del MNR miramos con simpatía a los combatientes...

—¿Usted también cree que algunos cuadros están ayudando activamente a la guerrilla?

Víctor Paz parece sorprendido:

—¿Usted lo cree?

—Sí.

Entonces él pregunta:

—¿Dónde sería ése el caso? ¿En qué región?

Le preguntamos si nunca ha escuchado nada sobre el líder del MNR en Muyupampa, que recientemente fue acusado de dar apoyo a la cercana guerrilla de "Inti" Peredo, y más tarde desapareciera en las montañas con unos diez hombres, armas, municiones y mulas.

Víctor Paz todavía parece sorprendido:

—Por supuesto, es una posibilidad —dice— pero yo no creo que el MNR como tal tome parte activamente en la lucha armada.

—¿Eso significa que el Movimiento debería organizar su propia resistencia —armada o cívica— o quiere decir que el MNR *debería mantenerse en una posición pasiva y esperar que las cosas sucedan?*

—No —dice—. Debemos organizar una resistencia cívica y activa, y si el MNR vuelve al poder debemos iniciar un diálogo con la guerrilla. . .

—¿Y no comenzar a perseguirla?

—Bajo ninguna circunstancia.

—¿Usted cree, como última pregunta, que un régimen como el de Barrientos puede ser combatido con lo que usted llama "resistencia cívica y activa" solamente?

Y entonces volvemos a los viejos sueños compartidos por todos los políticos de Bolivia: la posibilidad de un golpe, la rebelión de las masas, lo que inevitablemente sería una ventaja para algunos de ellos, pues no los obliga a un esfuerzo real para movilizarse contra el régimen.

Víctor Paz nos acompaña hasta la puerta y nos da un pequeño libro que escribió el año pasado: *La presencia de la Revolución nacional.* Él mismo habla de los cientos de miles de hombres y mujeres que han demostrado su fe en la Revolución de Abril de 1952.

Podría ser una realidad. Podría también ser el hermoso sueño de un hombre que está comenzando a olvidar el país al cual nunca volverá como presidente.

6

El día de la venganza

6 de agosto

El dolor y el silencio

Hemos pasado a través de Huanuni, donde la Radio Nacional yace completamente destruida —el ejército dejó caer un par de granadas de mortero sobre ella el 24 de junio. Nosotros hemos estado viajando cuesta arriba por las laderas de las montañas, donde no hay caminos, sólo los lechos de los ríos con aguas rojizas o grises que bajan de las minas. Hemos pasado un par de puestos de control militar con soldados soñolientos y sucios. Finalmente hemos visto las lejanas luces de Siglo XX, preparándose para la noche y los fríos vientos de los cerros.

Hay fiesta en el pueblo minero. Camiones yendo y viniendo con campesinos de las montañas cercanas. Tristes charangos y jactanciosas bandas militares. Ciegos que rezan diez padrenuestros por las almas de los difuntos y piden nada más que un peso. Humo de muchos fuegos, y en la Plaza, frente al vacío y cerrado sindicato, hay luces y antorchas; y en la noche que comienza, el monumento del minero con su barreno y su fusil luce poderoso y victorioso.

Pero cuesta abajo de las laderas, frente al inmenso cementerio donde se está olvidando a generaciones y donde alguien le ha erigido al viejo luchador Federico Escobar un siniestro y fuerte monumento, allí, frente a la portada siempre abierta se yergue una cruz negra de hierro, el *in memorian* a los mineros caídos. Es una cruz para los mineros que fueron matados en las violentas rebeliones de mayo de 1965, cuando la Junta Militar redujo los salarios alrededor de un 50 %. Es una cruz para los camaradas que pelearon en contra del ejército en septiembre de 1965, cuando los obreros organizaron huelgas y querían un aumento en sus salarios. Y ahora —aunque ninguna palabra dice eso— también es una cruz para los muchos muertos, las víctimas de la última matanza que los odiados *rangers* cometieron la noche de San Juan, hace unas seis semanas.

Hemos viajado a Siglo XX, a Llallagua y a Catavi para oír el relato de la matanza de los mineros mismos, de los asesinos, de los sacerdotes —de todo el mundo que vio lo que ocurrió en esos días de fines de junio y que sabe lo que está pasando ahora en las minas.

Así que éstas son las voces, los ojos y los testigos:

Padre Gregorio Iriarte. El jefe de la campaña de alfabetización de la Trasmisora Católica Pío XII. Un sacerdote español en sus primeros cuarenta. Tres años en Siglo XX. Él todavía recuerda cuando Régis Debray estuvo aquí en 1964. "El comunismo internacional considera estas minas como uno de los más importantes centros de actividad en toda América Latina —nos dice—. Todos ellos han estado aquí, cubanos, rusos, húngaros. Ha habido espionaje. Los dirigentes de los sindicatos han recibido mucho dinero y..."

Ahora uno no ve mucho de todo eso, interrumpimos secamente. Y pensamos en la radiotrasmisora cerrada, en las ventanas rotas del edificio del sindicato, y en lo que la gente está diciendo: que más de cien están arrestados, que más del doble han sido despedidos de su trabajo y que todo el mundo se siente perseguido.

Y entonces el padre Gregorio comienza a decir lo que sabe:

En Siglo XX ha habido tres partidos trabajando activamente contra el gobierno de René Barrientos. Los comunistas con Simón Reyes y Rosendo García Maismann. El "grupo Pekín" con Toscanito y Federico Escobar y, finalmente, la gente del POR, como Filemón Escobar, Víctor Sosa y Jesús Camacho. Ésa era la situación nada más que hace un par de meses. Ahora todo es diferente. Simón Reyes se ha escapado. Él y un amigo se fueron para las montañas con un par de subametralladoras y se desvanecieron en Oruro. Maismann murió en el edificio del sindicato baleando y matando a un teniente de *rangers*. Toscanito se escondió en alguna parte en Llallagua. Federico Escobar murió el primero de mayo de este año. Los sacerdotes dicen que se estaba convirtiendo al catolicismo, y que los mismos comunistas lo mataron porque pensaron que se había vuelto un poco demasiado suave. Pero hay otra versión: Federico fue encarcelado por el DIC, y la policía política sólo lo dejó ir cuando prometió nunca más crear problemas en las minas. Sin embargo, eso fue la primera cosa que Federico hizo cuando volvió a Siglo XX. Y, debido a eso, fue eliminado por agentes del DIC. De todos modos él ha obtenido su tumba y su monumento en el cementerio de Siglo XX, donde todo el mundo puede leer las palabras: "De los camaradas a Federico, que nunca se cansó de luchar por la clase obrera". Filemón Escobar, por el momento, está en Pekín como prisionero. Víctor Sosa se esconde en Siglo XX, Jesús Camacho está en camino a Pekín —a años de confinamiento.

Yo los conocía a todos ellos —dice el padre Gregorio—. Algunos de ellos venían aquí a discutir problemas sociales conmigo. Federico hasta pedía libros. Maismann era un "poco loco" pero muy valiente. Lo mataron, en realidad. Él no fue baleado. No, lo encontraron herido y lo ejecutaron tal como estaba. Pero de todos los dirigentes desaparecidos, a mí me gustaba más la gente del POR. Sosa y Camacho. Ellos eran los más honestos. Nunca tenían dinero, pero sí siempre valor. Eran sólo unos pocos, pero eran más significativos que Simón Reyes y los otros comunistas ortodoxos.

Ahora, la noche de San Juan; bueno, yo creo que todo empezó con René, René Chacón. Un buen tipo que venía aquí a Pío XII a menudo, pero después de haber sido cabeza del sindicato de los mineros aquí en Siglo XX por algún tiempo comenzó a chupar, se volvió subversivo y comenzó a esquivarme. Pero yo sabía que él había concebido la idea viva de que existían contradicciones entre Barrientos y Ovando, y de que el último no permitiría al ejército marchar contra las minas si los mineros comenzaran a rebelarse contra el primero. Y creyendo eso, René empezó a preparar San Juan. Se distribuyeron armas; y un cierto sargento Ferrel, de los zapadores del otro lado del valle, fue sobornado para que colaborara con los mineros. Sin embargo, se descubrió todo, Ferrel reveló los planes al comandante militar; la noche de San Juan los soldados venían cuesta abajo por las laderas de las montañas y los mineros abrieron fuego con dos ametralladoras, y ésa fue la manera en que la matanza se inició. Con el objeto de silenciar las dos ametralladoras, los soldados comenzaron a tirarle al campamento Salvadora y mataron a mujeres y niños. Más de veinte. Fue la gente de Chacón, incitada por los comunistas, la que comenzó el tiroteo. El ejército solamente contestó el fuego. Que lo hicieran de una manera brutal, es otra cosa.

Pero entonces, lo que ocurrió después es más increíble, —continúa el padre—. Más de 150 mineros han sido despedidos de sus trabajos. Muchos otros han sido apresados, aunque no tuvieron nada que ver con la rebelión. Los que fueron despedidos no sólo han perdido sus trabajos sino que también tienen que dejar sus chozas en dos días. La COMIBOL envía un camión y los infelices son echados del distrito, sin ninguna oportunidad de conseguir otro trabajo. Son puestos en la lista negra. Y ahora me preguntará usted qué es lo que hacen. Se lo diré. Se unen a la guerrilla. Consiguen primero unos mil pesos para sus familias, y luego se desvanecen en la selva entre Cochabamba y Santa Cruz. Yo no sé cuantos se han ido ya, pero diría que más de treinta. Se suben a las montañas hasta Oruro y desde allí comienzan el viaje a lo largo de la carretera hacia Santa Cruz. Los enviados a prisión, bueno, son inocentes, salvo unos pocos; ¿y qué cree usted que ocurra cuando los suelten? Todos ellos serán comunistas. Y a sus familias ¿sabe usted lo que les ocurre? Son lanzadas de sus casas mientras sus esposos están en Pekín o en Puerto Rico, o como quiera que se llamen sus campos de confinamiento. Es peor que cuando todavía Patiño era el dueño, le digo a usted.

Ahora todo el mundo es muy cuidadoso aquí. El sindicato está cerrado, y nadie quiere asomarse por sus alrededores. Es como un lugar condenado. Todos los dirigentes han desaparecido, y los mineros están confundidos. COMIBOL aprovecha la oportunidad para hacer una gran propaganda. Publica grandes anuncios diciendo que las demandas de los mineros en lo que concierne a salarios más elevados no corresponden a la realidad, y que por el contrario ganan una cantidad bastante buena. Como un ejemplo, la COMIBOL menciona a un cierto minero llamado Francisco Hurtado, quien gana 2 600 pesos al mes y no 400 como los mineros alegan que ganan. ¡Lo que la COMIBOL olvidó decirle al mundo es que Francisco Hurtado es un hombre que trabaja 33 días al mes, 18 horas por día y por contrato!

No, señores, la situación aquí es peor que nunca. Y yo les puedo decir que nosotros —los sacerdotes que trabajamos en las minas— estamos preparando una carta para el Presidente. Confiábamos en que el coronel Juan Lechín Suárez, el jefe de la COMIBOL, sería cambiado en el nuevo gabinete, así como el Ministro de Gobierno. Pero se quedaron y ésa es, a mis ojos, la más importante victoria de las guerrillas hasta ahora. Como una protesta contra la presencia continua de Lechín Suárez en el gabinete —Barrientos me prometió hace cuatro días que sería cambiado— tenemos la intención de enviar esta carta a la presidencia y al pueblo. ¿Quieren oírla?

Bien, nosotros reconocemos que algunas mejoras han tenido lugar en las minas en los últimos años. Por ejemplo, que el principio de autoridad ha sido restablecido en las minas, y que la producción anual lentamente se está elevando. Pero eso es todo. Los aspectos negativos son demasiados:

Hay corrupción en lo que concierne a los contratos con las pulperías. Hay corrupción en lo que concierne a los contratos con los mineros, y hay corrupción en lo concerniente a los contratos internacionales. Por ejemplo, en los contratos entre la COMIBOL y las compañías de Estados Unidos que compran las minas Matilde e Intalsa. Cientos de miles de dólares desaparecieron dentro de los bolsillos del coronel Lechín Suárez, estoy seguro. Hay caos en la administración de la COMIBOL y todos los datos son mantenidos en secreto. Hay un sistema irracional de salarios por el cual los que están en puestos elevados obtienen fabulosos salarios y los mineros menos y menos. Un director gana más de 3 000 dólares en la COMIBOL. Un minero puede ser que 600 pesos. Alrededor de 60 veces menos. Hay que agregar a esto que todos los derechos de los mineros se violan sistemáticamente. Ya no hay más garantía sindical. La COMIBOL paga espías para trabajar entre los mineros y todas las cosas que huelan a demanda social son inmediatamente proclamadas comunistas.

Había algunos otros puntos en nuestra carta, pero son de menor importancia. Así es, sin embargo, como nosotros vemos la situación, y si usted nos pregunta qué esperamos del futuro, solamente le puedo contestar: lo peor. La situación en estas minas es más que tensa y la gente no necesita líderes para explotar violentamente.

Cuando dejamos Pío XII por la noche, hay baile en el primitivo estudio. Cinco parejas jóvenes dan vueltas con el *twist*. La música nos sigue en la noche fría y forma un extraño contraste con el paisaje siniestro y con las incontables chozas miserables que la COMIBOL se atreve a llamar casas.

Abajo, en el centro de Siglo XX, la chicha ha comenzado a mostrar sus efectos. Es domingo, y el domingo es el domingo, y "los domingos ellos chupan", dice el padre Gregorio. No explica por qué.

7 de agosto

La gente dice que se va a la guerrilla

Cuando el sol de la mañana ha expulsado al frío y a las sombras lejos de la Plaza Central de Llallagua —la otra, y para algunos ojos, la mejor mitad de Siglo XX— el hotel allí, desde donde parten las góndolas para Oruro y Huanuni, y quién sabe para cuantas otras pequeñas poblaciones en las montañas, abre sus puertas, y el dueño, Luis Salvatierra, comienza el día con una chicha suave, se pone firmemente la gorra en su cabeza calva y pardo oscura, y nos sirve algunas tazas de café con leche caliente.

Es la misma ceremonia cada mañana:

—Buenas, Luis, ¿cómo estás?

—Aquí estamos.

Y luego el café, el pan horneado fresco y el queso blanco. Entonces Luis se nos aproxima y nos dice lo que ha oído la noche anterior. Ya no es nuevo para nosotros lo que Luis oye y lo que le dicen, pero nos interesa, porque cada mañana verifica con sus informaciones lo que nos ha dicho el día anterior.

- Estamos hartos —dice—. No quedan dirigentes y ellos continúan echando a la gente de sus trabajos y de sus casas. Nadie se atreve a abrir la boca, pero hay odio en el aire. Los nuevos dirigentes sindicales son pagados por el gobierno. Siglo XX ya no es el mismo. Hay soldados y espías por todas partes.

Promete procurar algunos dirigentes que acostumbraban venir a comer aquí de vez en cuando, pero no los ha visto por varias semanas. Teme que también estén encarcelados. No queda gente del POR, ni comunistas, ni escobaristas, solamente las masas, y ellas no saben qué hacer.

En un cierto sector de Siglo XX —allí donde la peste de los servicios públicos se hace insoportable, y donde los niños medio desnudos pelean con mulos y perros hambrientos en la basura— encontramos la casa de Eberardo. . ., un minero, de cuarenta años de edad, con diez años como "un minero de interior".

Eberardo nos lleva al dormitorio —que también es cocina—, cierra las ventanas y comienza a comentar la situación.

Hay temor entre nosotros —dice—. Todos tenemos temor de que nos echen del trabajo, como ya tantos han sido echados. A uno le dan 48 horas para partir, y si uno no lo hace lo llevan a usted fuera del distrito por la fuerza. Le meten sus muebles en un camión y lo dejan a usted, sus hijos, su esposa y sus pertenencias en alguna parte, al otro lado de Catavi. Entonces le pagan su indemnización, y con eso puede usted vivir algunas semanas buscando un trabajo, que nunca encontrará.

¿Por qué echan a los camaradas en estos días? Con que haya uno solo que tenga que decir un par de palabras acerca de las guerrillas, o un comentario contra el gobierno, luego lo despiden el próximo día y es señalado como comunista y puesto en la lista negra.

¿Así, qué es lo que hacen los que han tenido mala suerte? Bueno, los solteros y también los que pueden dejar a sus familias con algunos amigos se integran a la guerrilla. Sí, señor, se van a Oruro y de allí a Santa Cruz, y yo le digo a usted que yo haré lo mismo el día que sea mi turno de ser echado. ¿Qué otra cosa hay que hacer, dígame? Y ellos dicen que la guerrilla le paga a la familia en el caso de que nosotros muramos en las montañas.

Nosotros confrontamos a Eberardo con lo que el padre Gregorio nos dijo el día anterior: que un minero gana como promedio alrededor de 700 a 800 pesos por mes.

Es una mentira —dice secamente, y llama a su esposa para que le traiga su último comprobante de pago de la COMIBOL—. 10.34 por día —dice—. Eso hace un total de 227.48 por mes. Antes de mayo de 1965 ganaba 15.64 por día, pero luego el gobierno redujo los jornales, y nunca han sido mejorados otra vez.

Los gastos de Eberardo... son como sigue:

11.37, seguridad social, 0.57 educación, 206.03 pulpería, 9.50 diferentes gastos, como por ejemplo pago al sindicato, la estación de radio, etc. Sus gastos totales son 227.47 pesos por mes, lo que significa que él y su familia nunca ven el dinero. El color blanco de su comprobante de salario y una pequeña estrella en el extremo inferior dicen que Eberardo es un obrero que no recibe dinero. Él está perfectamente integrado en el sistema de Siglo XX.

Luego, por supuesto, le preguntamos si no recibe bonificación o pago extra, o si no trabaja horas extra. La respuesta es que ya no hay más arreglos de bonificación y que la COMIBOL no está interesada en que el minero común trabaje horas extra. Lo que está ganando es, más o menos, el promedio, y su situación es la de muchos otros miles.

Mientras tanto, la esposa de Eberardo se llega a nosotros con las cuentas de la pulpería. Tiene ya diez años de experiencia de comprar en las tiendas de la COMIBOL. Antes era mucho mejor —nos dice—. Todas las cosas eran baratas y con los precios fijos. Ahora tenemos solamente cuatro cosas con los precios congelados. El resto o bien no lo podemos comprar en la pulpería o es tan caro como en cualquier parte.

Esto es lo que la familia de Eberardo obtiene en la pulpería:

Lunes:

1 ½ kg de arroz (que es más caro que en otras partes).
4 kg de azúcar
100 g de té
2 panes de jabón
6 kg de papas
1 kg de carne de segunda

Miércoles:

1 ½ kg de fideos
½ litro de aceite
1 kg de manteca
1 kg de carne de segunda

Viernes:

2 botellas de leche
Frutas diferentes
40 panes pequeños
2 kg de carne de segunda

Con tres muchachos dando vueltas y un minero en la familia, esto no basta —señala la esposa de Eberardo—. Pero eso es lo que nosotros obtenemos. Por supuesto podríamos comprar más cosas en la pulpería. Pero, desde luego, como la mayor parte de las personas de por aquí, no podemos hacer frente a eso. .Por ejemplo, hay una gran cantidad de alimentos y frutas en conserva, pero una de esas latas cuesta tanto como el salario de un día.

¿Qué ocurrió la noche de San Juan? —le preguntamos a Eberardo, y recordamos lo que el padre Gregorio nos dijo, lo que hemos leído en los periódicos y lo que el Presidente ha repetido una y otra vez en sus discursos.

Según Eberardo, él no bebió esa noche. Usted sabe —dice—, a mí no me gusta ir al trabajo bajo los efectos de la borrachera. A las 4.50 de la mañana —el 24 de junio— oí la sirena silbar como de costumbre y me levanté. Nunca como pan por la mañana, solamente tomo café y coca, y mientras los estaba gozando, oí repentinamente en la radio que los camaradas de "La voz del minero" pedían auxilio, y que los militares estaban entrando en Siglo XX y rodeando la radio. Y yo le digo, nosotros los mineros protejemos nuestra radio con gran cuidado, porque hemos estado pagándola por muchos años, así es que me puse mi ropa y fui precipitadamente para la estación, que esta a la vuelta de la esquina. Eso fue alrededor de las 5.20, pero cuando llegué había soldados en la puerta del edificio del sindicato, y las ventanas de la radio estaban rotas y había gas lacrimógeno por todas partes. Ésa fue la manera como inicié mi mañana el 24 de junio.

Ahora usted díganos quién empezó el tiroteo, Eberardo. Alguna gente nos dice que fueron los mineros los que abrieron el fuego con dos ametralladoras.

Eberardo se sintió ultrajado.

Nos están calumniando. Yo sé lo que ellos están escribiendo en La Paz, y también sé por qué quieren que el pueblo crea que nosotros somos los que comenzamos. El hecho es, sin embargo, que el tiroteo empezó entre la policía de la mina y el ejército regular. Ambos pensaron que la parte opuesta eran mineros rebeldes, y en ese tiroteo muchas mujeres y niños fueron muertos o heridos, y nosotros éramos unos cien mineros que tuvimos que dar vueltas como locos con el objeto de encontrar protección. Nosotros pensamos en coger dinamita, pero la confusión era muy grande, y en la Plaza de los Mineros, frente a nuestro propio sindicato, la Guardia Nacional nos balaceó, mientras el ejército esperaba pasivamente. ¿Cree usted realmente que todo eso hubiera pasado si nosotros hubiéramos tenido armas? ¿No cree usted que nosotros sabemos tirar, hasta con esas ametralladoras pesadas que dicen que teníamos? Pero no, señor, la mayor parte de los nuestros estaban borrachos, los soldados nos cogieron por sorpresa en la oscuridad de la madrugada; dispararon contra nosotros como uno dispararía contra animales, y nuestros dirigentes huyeron a las minas y se escondieron allí. Solamente Maismann permaneció en el sindicato, y cuando trató de tocar la sirena nuevamente, lo hirieron, y entonces él mató a un oficial, y después lo asesinaron. Luego, todo se acabó en un par de horas. Nosotros fuimos derrotados de nuevo y el ejército triunfó; después ellos inventaron la mentira de que nosotros habíamos estado conspirando contra el Estado. No señor, la única cosa que nosotros queremos son nuestros antiguos salarios de antes de mayo de 1965. Todo lo que los padres le dijeron es una mentira. Y yo le quiero decir esto sobre la gente de la Pío XII. Ellos son nuestros amigos cuando nosotros estamos presentes, y cuando ellos están junto con nuestros enemigos hablan mal de nosotros y dicen cosas como esas de que conspiramos, y que nosotros chupamos, y que somos mal disciplinados, y así. Pero ¿sabe usted lo que ellos son? Ellos son dos caras que quieren ser amigos de todo el mundo y eso es imposible en Siglo XX. Todo eso me gustaría decirles en una carta que escribiría yo mismo, pero yo no soy bueno escribiendo cartas, y las minas, el alcohol y la coca, hacen más pequeñas mis posibilidades.

¿Y ahora Eberardo, ahora qué?

Ahora tenemos aquí al DIC y al ejército y a los *rangers* allá abajo en Catavi, donde ellos nunca se atrevieron a poner sus patas antes. Y el DIC golpea en las puertas por la noche y arresta a la gente; roban y abusan de las mujeres; nosotros ya no tenemos sindicato, solamente algunos dirigentes, que no son arrestados porque son pagados por el gobierno y van a La Paz y firman acuerdos con Barrientos sin preguntarle a la base. Y en nuestra clase no se puede hacer eso. La base, las masas, tienen que decidir, tienen que ser consultadas, ¿no es eso así? Pero Bernabé y los otros sólo están interesados en estar bien con el gobierno y la COMIBOL, y eso nos deja solos.

Luego hacemos algunas preguntas sobre la política en las minas.

El comunismo —dice Eberardo— yo no sé lo que es eso. Muy pocos de los camaradas leían libros, pero nosotros estamos con los dirigentes como Simón (Reyes) y Jesús (Camacho) y Federico (Escobar), porque ellos han protegido nuestros intereses; y en lo que concierne a las guerrillas es lo mismo. Si ellos allá arriba en las montañas pelean por nuestros salarios de antes de mayo de 1965, entonces nosotros también estamos con la guerrilla.

¿A qué dirigente siguen más los mineros?

Eberardo no vacila:

Federico Escobar. La mayor parte de nosotros permaneceremos siendo escobaristas, aunque Federico murió hace meses. Él era el líder, y el mejor de todos ellos. Siempre dijo que un minero nunca podría tener confianza en el ejército, y nosotros vemos ahora que tenía razón.

¿Cómo murió Federico?

Salió de la prisión, y luego fue herido en un accidente en el que un camión se volcó. Fue llevado a un hospital de La Paz, y ellos dicen que allí murió cuando lo preparaban para la operación.

Alguien dijo que sus propios camaradas lo mataron.

¡Mentira! Pero yo creo que sí, es verdad, que los doctores lo hicieron, y que obtuvieron dinero para hacerlo.

¿De quién?

Del gobierno.

También dice la gente que Federico se estaba volviendo un poco débil últimamente...

Falso, falso. Federico peleó por nuestros intereses hasta el fin. Él no se hizo un cura, como dicen por ahí, y ellos lo mataron porque le temían, y porque era el líder más importante que teníamos. Después de que murió, René Chacón nos prometió a nosotros los mineros que cuando este gobierno sea derrocado, habrá un proceso, y a todo el país le será dicha la verdad sobre cómo fue muerto Federico, y el responsable será castigado.

Federico era un verdadero líder minero. Recuerdo que a menudo se paraba frente a la pulpería y hacía volverse a los camiones que traían frutas malas o carne vieja. Ahora que se ha ido los camiones de la COMIBOL no traen nada más que cosas de segunda clase. Y todos nosotros recordamos cuando Víctor Paz le ofreció un ministerio a Federico —el Ministerio de Minas y Petróleo. No, dijo Federico, yo no pertenezco a su lado, Víctor Paz, yo pertenezco a los mineros, a los obreros, y yo voy a permanecer allí.

¿Recuerda cuando el general Barrientos visitó Siglo XX por última vez, Eberardo?

Sí, Eberardo recuerda bastante bien. Eso fue antes de la masacre de mayo de 1965. Ustedes deben ayudarme, les dijo el Presidente casi llorando a los mineros. El gobierno tiene que reducir sus salarios porque Víctor Paz ha dejado a la nación sin dinero, pero solamente por tres meses, luego ustedes obtendrán sus antiguos salarios otra vez. Eso fue hace más de dos años, y el Presidente se ha olvidado de nosotros, y nunca ha vuelto por aquí otra vez. Él dice que quiere ser como Villarroel, pero Villarroel bailaba con nosotros cuando venía a las minas. Nadie bailaría con Barrientos. Ha ordenado tres masacres contra los mineros y la gente lo recordará por eso. Nació fascista y morirá como un fascista. Si vuelve a Siglo XX, será linchado.

¿Qué espera usted que ocurrirá ahora, Eberardo?

Hemos perdido a todos nuestros dirigentes. Los poristas se han ido con la guerrilla, dicen. Simón Reyes ha desaparecido, y el "chino" Toscanito lo mismo. Ahora tendremos que esperar por un tiempo; esperamos que las universidades, especialmente las de Oruro y La Paz, inicien una revuelta, entonces echaremos a los *rangers* de las minas y las declararemos "territorio libre" otra vez. Nuestra esperanza está en la guerrilla y en las universidades. Solos estamos fritos.

Pero ya estamos muy cansados de los papeles y los discursos. Nosotros leemos las hojas sueltas del POR y de los comunistas, pero queremos armas, ésa es la única salida.

¿Cómo está la situación en las minas técnicamente? —preguntamos entonces.

Las minas están agotadas ahora. La maquinaria también está gastada. Y las reservas casi no existen. Las montañas están tan llenas de túneles, que el primer temblor de tierra hará que todo eso se desplome. Pero yo no pienso en eso. Usted ve, yo he estado trabajando allá durante diez años. Mis pulmones están muy malos ahora, la silicosis, ¿ve usted? Algunas veces no puedo respirar. Tengo solamente cuarenta, pero ya estoy empezando a pensar en mi última voluntad. Mis pulmones están muertos, no trabajarán mucho más.

Abandonamos la casa de Eberardo... Una choza de dos piezas. Oscura y húmeda. No hay servicios sanitarios, no hay agua corriente, ninguna verdadera cocina sólo unas pocas sillas, y, en el patio sucio, tres chiquillos, algunos perros, pollos, y un fuerte olor a suciedad y orines de la calle polvorienta. En las paredes del dormitorio hay numerosos recortes de algunas revistas soviéticas. Camaradas sonrientes. Nikita Jruschov, ciudadanos de Moscú desfilando y cohetes intercontinentales saludan a Eberardo y su familia que están, digamos, sobreviviendo aquí en el salvaje altiplano, en alguna parte de América Latina, esperando por algo, esperando por cualquier cosa que pudiera significar una mejora en su situación.

8 de agosto

¿Es demasiado pedir un par de pesos?

Hay problemas en Siglo XX. Ayer ha habido alguna tomadera, y el jefe del DIC, personalmente, mató a un borracho y envió a otros veinte a la cárcel. Al mismo tiempo los primeros veintiún confinados han vuelto de Puerto Rico, sólo para encontrarse con que están sin trabajo, que sus familias se han ido y que sus casas están ocupadas por otros.

Estos dos acontecimientos han creado cierta atmósfera de descontento en el campamento minero. La guerra no declarada entre los mineros y la policía política de Barrientos se ha convertido ahora en una guerra declarada, y la población es mucho más solidaria con los ex confinados que nunca antes. Oficialmente, los veintiuno de Puerto Rico han sido declarados inocentes, pero están sin trabajo y sin hogar, y tienen muy pocas perspectivas de recuperar ambas cosas.

Eusebio... está gozando el sol del atardecer cuando lo encontramos. Está sentado frente a su casa, rodeado de niños, perros y pollos. Su cara está oscurecida por la silicosis, pero cuando le preguntamos sobre su salud contesta alegremente que está bien, gracias a Dios.

Eusebio tiene treinta años de edad y ha sido winchero desde que se acuerda. Sus padres lo criaron en Llallagua, el paralelo comercial de Siglo XX, donde la gente dice que hay más de trescientas chicherías. Cuando tenía unos 18 años cruzó el río Seco y entró en el rudo mundo de los mineros. Allí se quedó.

No hay días libres en la vida de Eusebio. Está en la mina treinta días al mes —los domingos dan doble paga— y ese esfuerzo le da 380 pesos al mes, más 150 pesos como bonificación por la asistencia. Total 530 pesos, más 14 pesos por la esposa y 12 por cada niño, que hacen 62 pesos. Total 592 pesos, más la casa, los precios baratos en la pulpería, más los servicios sociales, más la educación para los hijos, que indirectamente hacen unos 100 pesos. El total de todos los totales: 700 pesos. O sea alrededor de 58 dólares por mes.

Eusebio no está realmente insatisfecho, pero 58 dólares no es mucho, cuando uno toma en cuenta que tiene que trabajar como un mulo cada día el año entero. Y luego: la casa es una miserable choza con dos piezas pequeñas para cinco personas. Los vidrios de las ventanas están rotos. La luz eléctrica se va y viene. De vez en cuando no hay agua. Los servicios sanitarios están lejos e increíblemente sucios, y cuando llueve el agua se derrama a chorros sobre la familia. La pulpería, bueno, sí, uno puede comprar ciertas cosas, pero mucho tiene que comprarse en Llallagua, porque hoy día la COMIBOL no mantiene bien abastecida la pulpería. Acerca de los llamados servicios sociales, bueno, hay un hospital, pero últimamente ha estado bastante abandonado. Es mejor mantenerse lejos de eso, cree Eusebio. La educación, sí, sus hijos —los que tienen la edad adecuada— van a la escuela. Pueden cursar la secundaria, si son muy afortunados. Pero, entonces, ¿qué va a hacer usted con una secundaria en Siglo XX? Usted no tiene que saber qué clase de clima tienen en el Congo para ser un minero. No, si usted hace la secundaria, es mejor dejar Siglo XX, y eso es lo que Eusebio espera hacer con toda su familia en algunos años. Él todavía está joven, dice, y saludable también.

Pero tiene una tos fea, y no es sólo la luz del atardecer la que hace que su piel se vea de un pardo tan oscuro. La mina ha marcado a Eusebio. Está recibiendo el alto salario de 58 dólares, todo incluido, por mes, ¡pero ha pagado eso con sus pulmones!

Eusebio no es lo que uno llamaría un espíritu combativo. Es pequeño y sus gestos denotan un ligero temor.

A causa de ello no se movió aquella mañana del 24. Volvió a su casa desde el trabajo la noche anterior a las 8. Tomó un par de tragos y luego se fue a la cama. A las cinco y pico empezó el tiroteo, pero Eusebio no se mezcló antes de que un idiota lanzara una granada de gas lacrimógeno a través de la ventana de su dormitorio. Entonces la pelea era suya también. Sin embargo, él sabía que era una cosa seria, porque la Guardia Nacional durante algún tiempo había prometido a los mineros de Siglo XX que muy pronto irían a pagar por tanta subversión, y cuando Eusebio salió a la calle esa mañana, lo primero que vio fue a dos guardias disparando y matando a un viejo que volvía de su trabajo y trataba de escapar metiéndose en su casa. Un poco más tarde, vio a otros guardias cogiendo a un indio y matándolo con diez disparos por lo menos. Luego las ametralladoras de los *rangers* comenzaron a disparar a la vecindad de la Plaza del Minero. Entonces hubo muchas carreras. Nadie pensaba en ir a su trabajo. Y luego, finalmente, todos los dirigentes —la mayor parte mareados— fueron tomados prisioneros dentro del sindicato. "La voz del minero" cesó sus trasmisiones, y a medida que el sol se levantaba el 24 de junio, Siglo XX se quedó muy silencioso; solamente se podían oír los gritos y algunos disparos.

Eusebio no tiene una mentalidad política, pero sabe de seguro que ni los dirigentes ni los mineros provocaron los acontecimientos. No, fueron los agentes del DIC quienes lo iniciaron. Todo el mundo sabe eso.

No parece menospreciar mucho a los líderes, ni a los muertos, como Federico Escobar, ni a los escapados, como Simón Reyes, ni a los que están en prisión, como Chacón o Camacho. No, ellos, y especialmente los poristas, han estado haciendo demasiada política, cuando los mineros solamente quieren pelear como sindicato.

Lo que los mineros realmente quieren es el salario que tenían antes de mayo de 1965. No quieren consignas, ni discursos, ni nada de eso, y si no pueden conseguir lo mismo que tenían en aquel tiempo, quedarían insatisfechos con un par de pesos más por día. ¿Es eso demasiado tal vez?

Pero ahora todos los dirigentes han desaparecido y las cosas no han mejorado nada. Por el contrario. Muchos de sus amigos han sido despedidos —usted sabe, los que yo saludo por la mañana antes de ir para adentro; no sé cómo se llaman, porque nosotros los mineros no conocemos a los compañeros por sus nombres. Ahora ellos se han ido para Oruro, o hacia abajo, a Cochabamba, o simplemente están viviendo en Llallagua, esperando que la COMIBOL reconsidere la cuestión. Lo que nunca ocurrirá.

Ahora, Eusebio también sabe que algunos se han ido a la guerrilla. Eso él no lo comprende. El señor Presidente ha dicho que eso es traicionar a la patria, y en eso tiene razón.

Sin embargo, una cantidad bastante grande, de acuerdo con Eusebio, ha vendido a su patria últimamente, y entre los sin trabajo muchos están hablando de irse también.

La situación actual es insoportable, cree Eusebio. Ahora no hay sindicato y no hay radio. Y ambas cosas se necesitan mucho, porque sin el sindicato nos pueden tratar como ellos quieran, y sin la radio, nosotros los mineros no tenemos los medios para decirles al resto de los bolivianos acerca de las injusticias. Nosotros debemos tener elecciones sindicales lo más pronto posible, piensa Eusebio, pero apolíticas.

Entonces le preguntamos a que se refiere cuando habla sobre hacer política. Pero no lo sabe.

¿Es hacer política decir "gobierno masacrador"?

No, ésa es la verdad.

¿Es hacer política escribir "los generales al paredón"?

No, Eusebio no lo cree así.

Entonces, ¿qué es hacer política y cuál es el trabajo sindical puro?

Eusebio todavía no lo sabe.

Un poco de excesiva demagogia en las minas puede que lo haya hecho vacilar.

Él ha visto tres masacres, pero todavía usa el término

"el señor Presidente". Tal vez no se refiere al general Barrientos sino al sistema como tal. El sistema que continúa inspirándole un ligero temor.

Nada más que un par de pesos al día, yo no creo que eso sea demasiado —dice.

Cuando le preguntamos qué va a hacer si es echado, sus ojos se ponen grandes y preocupados. Evidentemente, nunca pensó en esa posibilidad.

No lo sé —dice—. Yo supongo que me compraría una casa en alguna parte y comenzaría a trabajar en algo para ganar algún dinero.

Cuando vamos para casa en la oscuridad, pasamos por la radio Pío XII. El padre Gregorio viene de la misa de las nueve en punto en la iglesia cercana. Nos saluda cordialmente y nos pregunta si hemos oído que el jefe del DIC ha baleado a un borracho.

Ahora hay guerra, guerra abierta, entre la Iglesia y el DIC —declara. Nosotros pensamos: ése sí que será el día.

Un par de días más tarde encontramos otra vez al winchero Eusebio..., en alguna parte dentro de la mina. Está trabajando en un oscuro hueco solitario y sobre su cabeza hay un cartel que dice: "No fume, deténgase y salude al señor winchero".

Hacemos eso. Y nos responde con una gran sonrisa. El tímido winchero.

9 de agosto

Sindicato a la COMIBOL

Cuando nos encontramos con René Chacón, el secretario del sindicato de Siglo XX, en La Paz, en camino a la prisión de Panóptico, nos dijo que fuéramos a Siglo XX y allí buscáramos al nuevo secretario del Comité de Huelga, Bernabé Córdova.

Así lo hicimos. Buscamos a Bernabé en el campamento. Lo buscamos en Llallagua. Lo buscamos frente al edificio del sindicato en la Plaza de los Mineros. Pero allí las puertas estaban cerradas y con el cerrojo puesto. Unos cuantos muchachos que estaban por allí nos dijeron que la gente nueva nunca iba al sindicato. ¡Ellos no se atrevieron!

Más tarde le preguntamos a nuestro amigo Luis, el dueño del Hotel Llagagua, quien parece tener su propio servicio privado de inteligencia. ¡Él lo sabía!

Algunos minutos después encontramos a Bernabé en "El Tiempo", la oficina donde los empleados que controlan a los mineros están trabajando. Sin demostrarlo, sentimos un ligero desengaño cuando descubrimos que el "dirigente máximo *ad interin*" no era nada más que ¡un empleado! No un minero, como Federico Escobar o Simón Reyes. No. Un hombre con las uñas limpias y muchos papeles, de los cuales él con voluntad empezó a leer declaraciones, puntos y párrafos.

Nos vimos obligados a firmar el acuerdo —se defiende Córdova cuando le decimos que hay mineros que creen que él ha hecho un trato con el coronel Lechín Suárez de la COMIBOL, a espaldas de los mineros.

Después de los acontecimientos del 24 —continúa Córdova— nosotros teníamos la intención de continuar la huelga que, dicho sea de paso, no empezó como una verdadera huelga, sino como un cierre de la mina entera por parte de la COMIBOL. Pero los mineros y los obreros de Catavi se aflojaron, y entonces yo pensé que los mineros de Siglo XX no podían continuar solos. Nosotros, los del Comité de Huelga, por lo tanto, fuimos a La Paz y firmamos el documento con la COMIBOL. Eso fue el 9 de julio, y tuvimos simplemente que hacerlo.

¿Qué es lo que dice ese documento?

Contiene 14 párrafos que dicen como sigue:

1. No más acciones políticas por parte de los mineros. (Eso debe ser así —dice Córdova.)

2. No más reuniones políticas sin el permiso previo de la empresa. (Por supuesto —dice Córdova— en el tiempo de trabajo no podemos tener reuniones políticas.)

3. En el caso de huelgas ilegales las pulperías serán cerradas, y los responsables echados del distrito. (Las huelgas ilegales no están de acuerdo con la ley, asegura Córdova. ¿Qué ley?, preguntamos. Entonces nos ex-

plica que el gobierno de Barrientos ha encontrado para este caso un párrafo de la ultrarreaccionaria constitución promulgada por la Junta Militar del general Hugo Ballivián, que gobernó por la "rosca" en 1951, y que, el 6 de junio de ese año, hizo una ley contra las huelgas, y esta ley es ahora usada por el régimen de Barrientos. Ésa es la ley —dice Bernabé— y la ley es la ley. Es una ley pésima hecha por fascistas y contra los obreros, decimos nosotros, él parece sorprendido.)

4. Respeto mutuo entre la dirección de la empresa, los ingenieros y los mineros y, por lo tanto, ningún acto de violencia por ninguna de las partes. (Nosotros debemos hacer que éste sea un lugar tranquilo, dice Bernabé. Sí, por supuesto, decimos nosotros, ningún acto de violencia por parte de los mineros, pero al gobierno le está permitido enviar al ejército, y al DIC le está permitido arrestar y deportar a veintenas de mineros inocentes.)

5. El edificio del sindicato, *pero no la radio*, le será devuelto a los mineros, cuando la situación se normalice de nuevo. (¿Por qué no exigen la estación de radio?, preguntamos a Bernabé. Oh, sí la exigimos, lo hacemos, pero la COMIBOL nos ha dicho que primero tenemos que pedir permiso al Ministerio de Comunicaciones. ¿Y creen que lo obtendrán?, insistimos. Puede que no. ¿Entonces qué? Bueno, entonces le pediremos indemnización al gobierno. ¿Eso quiere decir adiós a "La voz del minero"? Puede que sí.)

6. Televisión para los obreros. (Sin comentario.)

7. Indemnización a las víctimas de los sucesos del 24 de junio. (¿La han obtenido ya?, preguntamos sabiendo que Barrientos la ha prometido hace más de un mes. Todavía no, contesta él, pero seguimos insistiendo. La gente dice otra cosa, decimos. Bueno, contesta él, por el momento no estamos haciendo nada; debemos esperar hasta que la situación se normalice.)

8. Los mineros inocentes que fueron echados de sus casas y trabajos, o enviados a prisión, deben ser indemnizados y restablecidos en sus trabajos y casas. (Nosotros firmamos el documento por este párrafo, dice Bernabé triunfalmente. Preguntamos: ¿Les están devolviendo los trabajos y las casas? Él quisiera contestar que sí, pero se

da cuenta de que estamos enterados de algo, así es que prefiere contestar: a algunos de ellos.)

9. El sindicato solamente puede representar los intereses de los mineros que están trabajando en activo. (¡No a los más de 700 desocupados!)

10. La empresa no tiene la obligación de comunicar datos técnicos ni otra información al sindicato. (Antes sabíamos algo, dice Bernabé, pero ahora parece que la empresa encuentra mejor el mantener los datos para sí. Pero si los mineros reciben el 25 % de las utilidades, deben conocer algunos datos, pues ¿de qué otro modo pueden saber si realmente están recibiendo el 25 %?, insistimos. Bernabé parece resignado.)

11. Las minas son propiedad del gobierno y, por lo tanto, el gobierno puede enviar sus tropas al distrito cuandoquiera que lo encuentre necesario. (Yo creo que es correcto, dice Bernabé. Sin embargo, el ejército había prometido retirarse hace más de un mes, pero todavía sigue por los alrededores. Bernabé tiene un documento firmado por el coronel Alfonso Villalpando que dice que los *rangers* se retirarán a sus cuarteles tres días después de la reiniciación del trabajo. El documento fue firmado el 8 de julio. El trabajo en las minas comenzó el 10. Hoy es 8 de agosto. ¡Todavía están aquí los *rangers*! Espero que partan pronto, dice Bernabé.)

12. Ningún arma se permite en los campamentos. (¡Esto, por supuesto, solamente va con los mineros!)

13. La disciplina tiene que mejorar, o si no la empresa comenzará a despedir más mineros.

14. Los mineros que en el futuro tengan problemas con los militares o con el DIC, serán considerados como perturbadores políticos, y la empresa no será responsable de ellos, así como se supone que el sindicato no debe defenderlos.

¿Eso es todo?, preguntamos.

No —dice Bernabé—. También hemos enviado un documento al Ministerio del Trabajo, protestando por los muchos casos de despido y el creciente desempleo. Pero no obtuvimos respuesta.

A nosotros nos parece que es el fin del sindicato, decimos.

Es preciso que comencemos a organizarnos de nuevo —responde Bernabé—. El único problema es que apenas uno comienza a hablar de eso, es inmediatamente despedido de su trabajo, y le dan dos días para abandonar el distrito.

¿Por qué no empieza usted?, preguntamos.

Bernabé parece aterrorizado: Yo no puedo arriesgar el perder mi trabajo —contesta con aire inocente.

Antes de partir hacemos la última pregunta:

La gente dice que una cantidad bastante grande de mineros está en camino de las guerrillas, ¿sabe usted algo de eso?

La expresión de Bernabé se hace impenetrable.

Él no ha oído nada acerca de eso.

Pertrechados con suficientes hechos y datos, nos trasladamos colina abajo hacia Catavi, a la empresa, a la COMIBOL.

Subimos a uno de esos estruendosos colectivos que recorren el camino entre Llallagua y Catavi en unos pocos minutos. Allá abajo, a nuestra izquierda, podemos ver los veneros, los mineros que pefieren trabajar solos y buscar minerales en el río. Algunas veces ellos encuentran algo. Algunas veces tienen mala suerte, quién sabe si durante semanas. Ellos son el proletariado del proletariado, la carta por debajo de todas las otras en el mundo de los mineros, los que están fuera de la ley.

Frente a la estación de control militar de Catavi saltamos del vehículo y caminamos calle abajo hacia la Plaza y la Administración de la Empresa Minera Catavi.

Aquí en Catavi están viviendo muchos de los empleados. No es un desfile bullicioso y lleno de colorido de barracas, como en Siglo XX. Algunas casas hasta tienen agua y calefacción, servicios sanitarios y lo que parece ser el comienzo de verdes céspedes.

Al Vicedirector que nos recibe en su oficina a la Simón Patiño, con sillas de cuero negro y escritorio de caoba de la primera década de este siglo, no le gusta hablar de política. Evidentemente estaba esperando algunas preguntas acerca de la técnica de las minas.

La política no es su negocio, sonríe urbanamente.

Su nombre es Fuad Roque, ingeniero y ex superintendente de las minas. Su evidente lealtad al régimen lo ha colocado en la silla del vicedirector.

Lo que nosotros queremos, subraya Fuad Roque, es orden y disciplina. Nosotros, es decir, la COMIBOL, queremos un sindicato que no se mezcle en la política, sino que haga solamente su trabajo social. El sindicato de Siglo XX siempre ha estado dirigido por elementos políticos, pero afortunadamente, ahora eso se acabó.

Inmediatamente preguntamos dónde está la línea divisoria entre el trabajo social y el político.

La sonrisa de Roque desaparece al instante.

Para él es muy simple:

Política, es la subversión comunista. Trabajo social, el diálogo constante entre la empresa y el sindicato. Eso es todo.

Ahora, todo el mundo sabe que el sindicato no existe por el momento. ¿Cree, Roque, que esta situación puede seguir para siempre?

Bueno, un sindicato es una vieja tradición, pero de hecho la empresa es capaz de resolver todos los problemas de los mineros en un par de días.

¿También la reintroducción de los salarios de antes de mayo de 1965?

Hay una corta pausa.

Entonces viene con:

¿Qué salarios más elevados? De hecho los mineros están ganando ahora más que nunca antes. Es sólo propaganda comunista el que sus salarios han sido reducidos. El jornal básico sí ha sido reducido alrededor de un 50 %, pero los mineros tienen ahora muchas bonificaciones que antes no tenían. El salario promedio es de 1 300 a 1 400 pesos por mes, y los que ganan menos es porque sólo están interesados en sobrevivir y no en mejorar su situación.

Entonces mencionamos los anuncios de la COMIBOL en los periódicos, en donde todo el mundo en Bolivia leyó acerca de un cierto Jorge Hurtado que ganaba 2 600 pesos por mes. Nosotros preguntamos si él es representativo de los mineros de Siglo XX.

Sí, dice el vicedirector Roque, y cae en la trampa.

¿Pero él es un contratista?

Sí, lo es. Y solamente hay unos cien de ellos, mientras

que hay millares de mineros que trabajan por un salario fijo. ¿Eso quiere decir en otras palabras que él no es representativo, que no representa al promedio?

Bien, de cierta manera no, visto estadísticamente.

Y de acuerdo con su comprobante de salario él trabaja 33 días al mes, ¿es eso normal?

No hay 33 días en un mes, chancea Roque.

No, pero trabajó los domingos y de diez a doce horas cada día.

Ahora Roque quiere cambiar el tema:

Toda esa habladuría acerca de los salarios bajos viene de los comunistas como el difunto Escobar —Roque está seguro de que nosotros sabemos ya qué clase de individuo era ese Escobar— y la gente como él. Gente sin sensibilidad social, que solamente quieren ir a la huelga y mantener a los mineros en el atraso.

Luego comenzamos a preguntar acerca del documento que Córdova nos mostró esta mañana:

¿Por qué la empresa se niega a suministrar al sindicato informaciones técnicas y administrativas?

Porque la COMIBOL está cansada de reñir con los mineros sobre cosas y decisiones técnicas que los ingenieros comprenden mejor que esos ignorantes, quienes... y entonces la cara de Roque muestra señales de furia... quienes una vez —él puede usar ese ejemplo— durante el "control obrero" se negaron a hacer un trabajo ordenado por un ingeniero y en su lugar siguieron las órdenes del "control". Cosas como ésas no podemos tolerarlas, como ustedes comprenderán.

¿Pero los obreros nos han dicho que si ellos no obtienen las informaciones administrativas de la empresa, no pueden controlar si reciben realmente ese 25 % de utilidades que se les promete?

Nosotros les pagamos de acuerdo con nuestra contabilidad, y la misma es correcta, dice Roque.

Ahora, si no va a haber sindicato alguno en el futuro, ¿cómo se imagina entonces la empresa que los problemas sociales serán resueltos?

Roque nos mira de nuevo bondadosamente. Ha restablecido su paciencia y su sonrisa: es muy simple. Los mineros vienen aquí, a mi oficina, con sus problemas, o piden a los ingenieros que hablen con la Dirección, y entonces nosotros tomamos el caso en consideración. Antes, usted ve, hubiéramos tenido una gran cantidad de representantes del sindicato amenazando a un ingeniero si hubiera problemas con un minero. Ahora es mucho más fácil.

¿Cuántos mineros han sido despedidos aquí en Catavi Siglo XX?

Alrededor de unos 130, pero unos 40 han sido devueltos al trabajo, porque se ha comprobado que eran inocentes.

¿Inocentes de qué?

De subversión comunista.

Ahora, señor Roque, de acuerdo con la Constitución boliviana, a todos los ciudadanos les está permitido expresar sus convicciones políticas cuándo, cómo y dónde ellos quieran. ¿Entonces lo que la empresa está haciendo es violar la Constitución, o estamos equivocados?

Roque no lo sabe. Las órdenes vienen del DIC y del comandante militar. La empresa sólo hace lo que se le dice.

Ahora, los veintiún mineros que después de haber sido declarados inocentes fueron devueltos de Puerto Rico ayer, ¿conseguirán la devolución de sus casas y de sus trabajos?

Ellos no son inocentes, solamente que su responsabilidad es menos grave y, por lo tanto, no podemos hacer nada por el momento.

Pero el gobierno los ha declarado inocentes, ¿no es eso suficiente?

Roque piensa que ellos mismos tienen que probar que son inocentes.

Pero eso está en contra de toda concepción jurídica. Hasta la *lex romana* exige que sea la autoridad la que tenga que probar que un hombre es culpable si es enviado a prisión. ¡Nunca puede ser el presunto culpable quien tiene que probar él mismo que es inocente. Eso no tiene nada que ver con la Justicia!

Roque no es experto en leyes, nos dice, y el problema no está en sus manos, sino que debe ser resuelto por el Ministro del Trabajo.

Bien, Córdova nos ha dicho por la mañana que el primero que comience a reorganizar el sindicato será echado y le darán 48 horas para que deje el distrito. ¿Es eso así?

Roque piensa que está siendo astuto con nosotros:

Si las reuniones no son políticas, por supuesto que serán permitidas.

Pero si el mero hecho de organizar una reunión es considerado como hacer política, ¿cómo podrán entonces los mineros reorganizar su sindicato alguna vez?

Aquí vuelve a aparecer lo de siempre:

Los problemas políticos no están en mi campo. Yo soy puramente técnico. El coronel Villalpando se hace cargo de la parte política de las cosas.

Y luego de nuevo una amplia sonrisa.

¿A los antiguos dirigentes sindicales se les permitirá volver?

Eso, piensa Roque, será muy difícil. Gente como Simón Reyes —¿habíamos oído algo acerca de él?— ha apoyado abiertamente las guerrillas, y ha apoyado el transporte de alimentos y de armas para las montañas. La gente del POR no era mejor. Un hombre como Maismann hasta asesinó a un oficial la mañana del 24 de junio. No, ellos nunca volverán.

Hablando del 24 de junio, ¿distribuyeron armas los dirigentes entre los mineros?

¡Oh! sí, y luego iniciaron el tiroteo. Simón Reyes anduvo dando vueltas con no menos de veinte hombres armados todos. Chacón tenía una subametralladora. Camacho estaba armado. Maismann tenía un revólver y una subametralladora. Y todos los muertos, ¿cómo podemos imaginar tantos muertos si los mineros no hubieran estado armados?

Nosotros hemos oído otra versión: que fue el ejército el que disparó sobre el campamento Salvador, donde estaban todas las víctimas.

Son los comunistas los que dicen eso, arguye Roque.

No, señor Vicedirector, son los mineros comunes los que dicen eso.

Eso le parece increíble a Roque.

Díganos, ¿ha oído usted los rumores acerca de los mineros que se están uniendo a las guerrillas?

Roque ha oído acerca de eso y cree que, por lo menos, unos 40 a 50 comunistas y poristas han desaparecido en las montañas. Un minero le ha dicho personalmente que les están ofreciendo 5 000 pesos a los reclutas de los guerrilleros para ir hasta Oruro, y allí 10 000 más por unirse a las guerrillas en Santa Cruz.

¿Cuántos desocupados hay en Catavi Siglo XX?

No muchos. La última vez que pedimos fuerza de trabajo para construir un camino de Uncía a Cochabamba necesitábamos unos 400 hombres. Solamente 200 quisieron integrarse al trabajo, lo cual nos demuestra que el porcentaje de desocupados es muy bajo.

Se nos ha dicho que hay más de 800 a 1 000 sin trabajo...

Ésa es una mentira comunista, como tantas otras.

¿Es también una mentira comunista cuando los mineros dicen que ellos no aceptan el documento firmado por el coronel Lechín Suárez y Bernabé Córdova, del Comité de Huelga?

Yo creo eso, concluye Fuad Roque. Personalmente, no puedo ver que haya nada en ese documento que esté en contra de los intereses de los mineros.

10 de agosto

Las lágrimas y el odio

Juan Carlos... tiene 18 años de edad. No tiene trabajo y cuida de su madre que está enferma y vive en algún lugar de Llallagua.

Hace siete semanas Juan Carlos era una de las personas más conocidas de Siglo XX, o por lo menos su voz era bien conocida. Él era el locutor de "La Voz del Minero" y había tenido guardia esa mañana del 24 de junio cuando el ejército entró y escribió un nuevo capítulo en la historia de los mineros bolivianos.

Juan Carlos durmió en la estación de radio esa noche, y a las 4.30 de la mañana su voz estaba en el aire, con música para la mañana, con consejos de seguridad para los mineros y con un boletín informativo basado en las noticias publicadas por *El Pueblo*. Todavía estaba dando consejos de seguridad a las 5.20 cuando el dirigente sindical Rosendo García Maismann entró en la estación y le dijo que los soldados se estaban aproximando, y que ellos tenían que pedir auxilio por medio de la radio. Juan Carlos gritó tan fuerte como pudo, y mientras tanto Maismann fue escaleras arriba del edificio del sindicato para hacer sonar de nuevo la sirena y dar la alarma a los mineros. Ése fue su último acto en esta vida. Desde abajo los soldados —que ya estaban dentro del edificio del sindicato— le dispararon y lo hirieron. Maismann contestó el fuego con su subametralladora M-1 y mató a un oficial. Después de eso le dispararon a la cabeza y lo atravesaron varias veces con las bayonetas.

Su sangre está allí todavía, concluyó Juan Carlos. Pero usted debiera ir y hablar con su viuda. Ella le puede decir cómo lo encontró y qué clase de persona era él.

Y entonces caminamos hacia el edificio del sindicato. Al otro lado de la calle hay una casa baja con un corredor húmedo y oscuro. En uno de los cuartos vive Felicidad Coca viuda de García Maismann. Ella es todavía una mujer joven. Tiene a un pequeño indito en su regazo, y está vestida de negro. Es bondadosa y abierta y habla todo el tiempo de los camaradas.

Pero también hay temor en sus ojos. El DIC monta guardia constantemente frente a su puerta, y es seguida dondequiera que vaya. Ahora hace siete semanas que su esposo fue muerto en combate, pero no ha obtenido indemnización y no espera obtenerla. Es pobre, está sola, y esto es lo que recuerda de la última noche de su esposo Rosendo García Maismann:

"Teníamos una fiesta en el patio. El camarada Simón estaba allí y René Chacón vino con algunas botellas con el objeto de emborrachar a Rosendo y a Simón con chicha. Él sabía algo, sabía René. Nos había traicionado. Sabía que el ejército estaba al llegar y se había vendido; le prometió al gobierno partir del país y cesar de agitar. Pero esa noche de San Juan todos tomaron juntos. Simón y Rosendo no bebieron mucho, porque tenían trabajo que hacer en el sindicato a la mañana siguiente. Rosendo fue a la radio y tomó prestados varios discos y escuchamos la música, bailamos un poco y nos fuimos a dormir.

"A las cinco en punto de la mañana —del 24 de junio— Rosendo se levantó y fue para La Voz con los discos prestados, y ésa fue la última vez que lo vi vivo. Después me dijeron que cuando vio a los soldados subió a tocar la sirena, pensando que todos los mineros se congregarían alrededor del sindicato; pero se le olvidó que la mayor parte de los camaradas estaban mareados y no eran capaces de caminar. Así es que estaba casi solo, y es verdad que él inició la pelea. Yo supongo que quería defender lo que pertenecía a la clase obrera, y usó su M-l y mató algún oficial. Luego ellos lo hirieron y lo llevaron escaleras arriba, le dispararon a través de la nariz y lo atravesaron varias veces con sus bayonetas.

"Yo no supe nada hasta mucho más tarde, cuando los vecinos vinieron a mí y me dijeron que habían matado a Rosendo. No lo creí y fui para la radio y pedí echar una mirada al cadáver que los soldados estaban escondiendo en el edificio. Desde arriba un oficial gritó: 'Si insiste denle un balazo'. Ellos no querían que yo viera el cuerpo. Su deseo era hacer desaparecer a Rosendo. Yo dije: 'Quiero ver a mi esposo muerto'. Ellos contestaron: 'Ese cuerpo no deja el edificio'. Pero finalmente me abrí camino escalera arriba y lo vi; vi a Rosendo. Ciertamente que era él. Chaqueta gris y dientes de oro y su cara cubierta de sangre. Podía ver que murió muy lentamente.

"No sé qué decir. La gente —los camaradas— dicen que era un verdadero líder. Afirman que asumía las consecuencias de sus actos, por eso es que más tarde o más temprano lo matarían."

Las lágrimas cortaron la historia y, en el silencio, la otra mujer vestida de negro, en la mesa, comienza a hablar.

Ella también es una viuda de la noche de San Juan. Su nombre es Elvira, viuda de..., y ella se despertó junto con su esposo esa mañana del 24 de junio cuando el tiroteo era intenso sobre su sección de Siglo XX, el campamento Salvador.

Su esposo salió porque oyó a alguien que pedía auxilio, y se encontró a un hombre viejo baleado en las piernas. Cuando trató de empujarlo dentro de la casa fue herido en la cabeza y murió instantáneamente.

Nueve días después Elvira fue echada de su casa, acusada de ser políticamente activa. "Ellos me acusaron de ser una mujer extremista —dice. Ahora ella también está llorando—. Ellos me echaron, cerraron la casa, mataron a mis animales y me enviaron para una granja. Ahora hace un mes de eso y ya me he repuesto, pero no he recibido ninguna indemnización por mi esposo muerto, aunque él trabajó en las minas durante 16 años.

"Ahora estoy aquí con camaradas, pero no puedo dejar la casa y no sé qué va a ocurrir, qué es lo que va a pasar conmigo. Yo sólo quiero dejar Siglo XX, y no volver antes del día de la venganza."

11 de agosto

"Extranjero, vaya y dígale a los generales..."

De algún modo las cosas se simplifican cuando uno llega a las minas bolivianas. Las consignas de los muchos partidos políticos desaparecen. Los "frentes" y los partidos campesinos de Barrientos no tienen seguidores en las minas. Las paredes gritan "abajo los generales masacradores", "viva PC", o "lea *Masas*". Y cuando uno camina hacia la "boca mina" a las cinco en punto de la mañana, y va con el equipo de las seis en punto dentro de Siglo XX, uno puede leer en letras grandes, negras, sobre la última pared, antes de que la oscuridad de la mina se cierre alrededor de nosotros: "¡mineros sí, botas no!"

Tenemos que andar dos kilómetros antes de alcanzar la primera estación, sección Siglo XX, a 650 metros o nivel 650. Nosotros somos solamente unos cien pequeños mundos viajando en un tren de carga, las luces en los cascos y ropas muy pesadas contra el frío permanente en las galerías inferiores de las minas.

Los mineros alrededor nuestro están silenciosos. Solamente uno, sentado a un par de carros de distancia, habla rápido y mucho en aymará. Alguien se ríe de un chiste, y mi vecino ya ha comenzado a mascar coca, su mejilla izquierda está hinchada con la materia verde. Ésta hace que los mineros helados sientan calor, y que los que están cansados se sientan fuertes. Siempre está con el minero. Los médicos y otros que no son mineros, lo llaman un mal hábito. Los mineros sólo saben que la mascan y se sienten mejor. Eso es todo.

En la sección Siglo XX —hay seis secciones principales en la mina— el tren para y los mineros se diseminan por todas partes en la oscuridad. Cada uno sabe a dónde va. Sus lámparas se desvanecen en las oscuras galerías. Nos dejan solos con un olor a electricidad y a petróleo quemado en la nariz y dos ingenieros a nuestro lado. En su oficina los ingenieros empiezan a explicarnos los problemas técnicos del llamado *block-caving*; y mirando los mapas de las distintas galerías pronto nos damos cuenta de que Siglo XX es una mina que se está muriendo. La montaña no es nada más que galerías a todos los niveles. Está hueca. Excavada. Limpiada buscando minerales durante cuarenta años. Y muy poco se ha hecho para preparar nuevas galerías en las montañas vecinas, que son tan ricas en minerales como el cerro en que estamos ahora.

Los ingenieros continúan con su *block-caving*. Nos dicen que este método es mucho más rápido —un minero puede extraer 20 toneladas en vez de dos toneladas por día.

¿Entonces también se le paga diez veces más?

Por supuesto que no, pero obtiene un poquito más, porque el *block-caving* es peligroso. Uno rompe bloques enteros de la montaña con dinamita, y las explosiones llenan el aire con polvo hasta tal grado de que es casi imposible respirar. A este peligro se añade el riesgo de ser aplastado por los pedazos pesados del bloque cuando cae.

Dos años de hacer *block-caving*, dice uno de los ingenieros, y el minero está acabado. Pero ya ha ganado buen dinero.

¿Cuánto?

Oh, pueden ser más de 2 000 pesos al mes —160 dólares, incluyéndolo todo— ¡también un par de pulmones inutilizados!

Entonces se nos dice que hay alrededor de 5 000 mineros trabajando en tres turnos en los cerros. 500 de ellos son contratistas. Éstos ganan tanto que llegan a ver dinero de vez en cuando, pero los otros 4 500 nunca llegan tan lejos como eso.

Pero eso es porque ellos no están interesados, arguye uno de los ingenieros. Si estuvieran interesados podrían trabajar los domingos también, y de todos modos ganarían algo más.

¿Y eso significaría trabajar el año entero ocho horas cada día?

Sí, pero eso es necesario para existir aquí en Siglo XX.

¿No recuerda eso alguna cosa?

¿Qué?

La esclavitud.

Bueno, admiten los ingenieros, sería mejor si los mineros obtuvieran un jornal mínimo que les permitiera existir sin tener que trabajar los domingos... pero, como está la economía de Bolivia en estos días, eso es una imposibilidad.

Y luego comenzamos con la vieja historia: la corrupción del MNR, los numerosos partidos políticos, el gobierno débil de los generales, el analfabetismo y la pobreza sin límites del país.

La conclusión lógica para los ingenieros de la sección Siglo XX, después de 14 años de nacionalización, es: era mucho mejor en los días de Patiño. Y ellos no son los únicos que defienden este punto de vista. El comandante militar de la región, el coronel Villalpando, también dice lo mismo. El Vicedirector de la Empresa Minera Catavi piensa lo mismo, y hasta algunos mineros dicen: "Nosotros obteníamos mejores casas cuando Patiño estaba aquí, y nadie podía echarnos del trabajo como lo hacen ahora".

Entonces hacemos la pregunta clave que siempre crea el debate: Ahora, díganos, ¿ganaban más los obreros antes de mayo de 1965 o no?

Los ingenieros evidentemente han recibido sus instrucciones en lo que concierne a los periodistas extranjeros y, por lo tanto, comienzan diciéndonos que algunos mineros contratados obtienen ahora en realidad mucho más que antes.

Eso lo hemos oído antes. Ésos son los buenos muchachos que trabajan como bestias 33 días al mes. Pero los otros, ¿los muchos miles que ganan 10.34 por día?

Los ingenieros se preparan para la batalla de los números. Antes, dice uno de ellos, el salario básico era de 15.64 o algo así, es verdad, pero cuando fue reducido, los mineros obtuvieron en cambio una gran cantidad de pagos extra, de acuerdo con el sistema: trabaje más duro y obtenga más dinero...

Y obtenga la silicosis en un tiempo récord, pensamos nosotros...

Pero en cambio preguntamos: ¿no tenían pagos extra ellos antes?

No, contestan, los tontos. Nosotros tenemos las pruebas sobre el papel.

¿No obtenían quizá bonos de tonelaje los mineros? ¿No obtenían bonos de insalubridad? ¿No obtenían bonos de producción? ¿No obtenían bonos dominicales?

Los ingenieros tienen que admitir eso, pero ahora —si un minero trabaja por contrato— puede ganar tanto como quiera.

¿Eso significa, concluimos nosotros, que el nuevo sistema de salarios favorece a los jóvenes y fuertes, y deja al resto con lo que no es suficiente para existir?

Podría expresarse de esa manera, contestan los ingenieros. Favorece a los que "quieren avanzar más que las masas".

Entonces salimos de la oficina para buscar a los mineros que "quieren avanzar más que las masas".

Caminamos por largos corredores en el nivel 650. De tanto en tanto encontramos a un minero trabajando en las vías del trenecito, o pasamos por pequeñas oficinas con tantos papeles como afuera, en el sol. Empezamos a subir por el interior del cerro en rápidos pero desesperadamente viejos ascensores. Las galerías se hacen más y más estrechas. El agua está goteando y caminamos en fango hasta las rodillas. La temperatura cambia de bajo cero a treinta sobre cero. El sudor corre por nuestras caras, y un minuto después temblamos con el viento frío que sopla por el sistema de renovación de aire a la Patiño.

Cuando llegamos al nivel 411 —donde se han celebrado todas las reuniones históricas, y donde los obreros votaron a favor de la huelga después de los acontecimientos del 24 de junio— podemos oír las detonaciones de la dinamita. Algún equipo está haciendo *block-caving*. El aire se torna gris con el polvo. Los rayos de las lámparas de nuestros cascos parecen brillar a través de aguas fangosas, y la respiración se hace desesperadamente laboriosa.

Un equipo de mineros viene corriendo dando vuelta a una esquina, nos saludan y nos arrastran hacia adentro de una galería lateral. Un minuto después unas diez explosiones de dinamita retumban en la galería por donde nosotros estábamos caminando en nuestra ignorancia. Luego se oyen los truenos de las rocas que caen, luego silencio, y luego más polvo.

Subimos por escaleras viejas y rotas y, finalmente, entramos en algunas de las nuevas galerías, donde usted tiene que ponerse en cuatro pies para poder pasar. El calor es insoportable y los pulmones parece que van a estallar. Después, muy a lo lejos oímos voces, algunas voces de Tarija cantando, y un par de minutos después estamos entre los mineros de un equipo de contratados, que están trabajando y sudando en un estrecho corredor con aire tropical y agua polar en los pies.

Éstos están contratados, dice triunfalmente el ingeniero que nos sigue, y nosotros miramos a estos mineros, que —de acuerdo con las palabras de los ingenieros de la sección Siglo XX— quieren avanzar más que las masas.

Y entonces preguntamos:

¿Hola, cómo andan?

Llevaría demasiado tiempo describir lo que ocurrió cuando uno de los mineros les gritó a los otros, que había un extranjero presente. También sería innecesario decir cómo conseguimos que todo el sucio y sudoroso equipo se reuniera alrededor nuestro, trepando en cuatro patas por encima de los montones de rocas caídas.

Pero es esencial decir que estos mineros contratados —la nueva clase del proletariado de Siglo XX— no tenían el más ligero deseo de avanzar más que sus camaradas en lo que al salario concierne. Ellos querían que todo el mundo obtuviera más que el miserable jornal que están recibiendo.

Estamos trabajando gratis, dijo el jefe, y gratis nos gastamos y nos volvemos hombres viejos a los 35.

Su nombre es Joaquín Suárez y trabaja en alguna parte dentro del cerro con su equipo. Antes, nosotros ganábamos 18.60 por día, dice, más una gran cantidad de pagos extra. ¿Cree usted que es pagar demasiado por diez años perdidos de la vida de uno, o más? Ahora ganamos 11 pesos por día, y aunque ellos lo digan no hay bonos (el ingeniero que nos sigue parece turbado) ni nada de nada, y ahora nosotros no tenemos a nadie que represente nuestros intereses después de que cerraron el sindicato y de que Jesús y Filemón y todos los otros fueron confinados a Puerto Rico.

Pero si usted va a escribir algo, entonces, extranjero, vaya y dígale a los generales en La Paz que nosotros no vamos a trabajar por un miserable salario con fusiles en nuestras espaldas.

Estas palabras fueron dichas en alguna parte del nivel 411. Fueron dichas por Joaquín Suárez, a quien no le importa si se mete en problemas, porque ha estado trabajando 23 años en la mina. Ha visto caer a muchos gobiernos, mientras él y sus compañeros seguían siendo "el factor principal de la economía nacional", como dicen en los discursos en La Paz.

Entonces les decimos "adiós" y "buena suerte" y "mineros sí", y nos sentimos muy solidarios, pero estamos seguros de que estaremos fuera en el sol dentro de una hora, en el fresco, fino, y limpio aire del altiplano, mientras que Joaquín y su equipo estarán dentro, allá —en alguna parte— en el polvo y en el fango, mascando coca y ganando nada más que lo suficiente para controlar el hambre.

Con el ascensor subimos hasta el nivel cero, al pico del cerro, a 5 000 metros sobre el nivel del mar. La vista parece un paisaje lunar; hostil, inmisericorde y sin seres humanos. Hay veintenas de cerros alrededor, todos ellos ricos en minerales, pero ninguno ha sido preparado para nuevas minas, y cuando le preguntamos al ingeniero el porqué, su contestación no nos sorprende: me parece que esta región minera va a morir.

12 de agosto

El sindicato minero nunca morirá

Ayer, Walter volvió a su casa. Regresó a Siglo XX después de lo que pudiera llamarse "un corto recreo".

Walter Martínez era una vez —hace un par de meses— dirigente de una sección del sindicato con 400 mineros en Siglo XX. Tiene 28 años de edad, y sólo 4 años de experiencia como minero. Después del 24 de junio reunió a sus camaradas y organizó un mitin de protesta contra el apresamiento de los líderes más importantes del sindicato.

Dos días más tarde Walter fue capturado por más de 20 agentes del DIC, y junto con otros 41 mineros fue enviado a La Paz y de allí al campo de confinamiento de Puerto Rico,

Y después de cuarenta días sin juicio, sin comunicación con su familia y sin saber por qué y por cuánto tiempo estaría en la prisión, está ahora de regreso.

Yo he tenido suerte, nos dice. Ellos me dejaron ir porque yo no soy miembro de partido alguno. Los que lo son todavía están en Puerto Rico o en el Panóptico, en La Paz, y quién sabe cuándo saldrán.

Ahora díganos, Walter, ¿notó usted alguna actividad política especial, alguna "agitación" especial en el sindicato inmediatamente antes del 23 de junio?

Los mineros estábamos trabajando como siempre, usted ve, la línea del sindicato de Siglo XX, siempre ha sido económico-social. Nosotros hemos peleado por nuestros derechos sociales y económicos, y nadie, ningún partido y ninguna persona individualmente, a mis ojos, ha abusado del sindicato. Por supuesto, nosotros los mineros somos revolucionarios y, desde luego, le hemos dicho la verdad al gobierno por nuestra radio. Después de todo, el presidente Barrientos nos ha masacrado tres veces; pero ni los comunistas ni los poristas han utilizado el sindicato para fines políticos. En lo que concierne a los días inmediatamente anteriores al 23 de junio, no hubo ninguna actividad especial. Solamente íbamos a celebrar un congreso de mineros-obreros-estudiantes en seguida después de San Juan, y ese congreso pudiera haber radicalizado bastante la situación, pero no hubo conspiración contra el ejército y ninguna distribución de armas, como dice el gobierno.

¿Qué hizo usted la noche de San Juan?

Yo estaba bailando y bebiendo, me parece, como la mayor parte de nosotros. El asalto del ejército fue una sorpresa para todos.

La gente dice que la COMIBOL a propósito vendió más alcohol del que acostumbraba el día anterior, y que la empresa preparó los bailes junto con la Pío XII, que nunca han sido una costumbre en Siglo XX. ¿Es cierto eso?

Yo recuerdo que nos sorprendimos por la cantidad inusitada de chicha y alcohol que se nos permitió comprar. Pero lo primero que comprendimos después fue que eso era parte del plan que, desafortunadamente, tuvo éxito.

¿Significaría eso que el gobierno, la COMIBOL y el ejército estaban conspirando contra los mineros y no los mineros contra el gobierno, según dice la versión oficial?

Eso es correcto.

¿Algunos camaradas dicen que René Chacón sabía algo, pero que fue pagado o persuadido de alguna forma para que no previniera a los mineros?

Eso no lo sé, y no quiero pensar en esa posibilidad. La única cosa que sí sé es que René tuvo tiempos muy difíciles como dirigente del sindicato y que era muy débil. Sin embargo, era como una roca firme comparado con ese montón de bastardos amarillos que ahora, y con dinero del gobierno, se han organizado en un llamado Comité de Huelga. Bernavé Córdova y sus colaboradores son falangistas de ala derecha que nunca han puesto sus patas en la mina.

Volvamos a eso un poco más tarde. Ahora díganos

cómo lo pasó en Puerto Rico y qué sucedió después de que lo dejaron salir.

Me apresaron el 26 de junio; fui apaleado por algún tiempo en el DIC local y luego me enviaron al Panóptico, en La Paz, donde ellos habían reunido un medio centenar de mineros de Siglo y Huanuni. Después de una noche en La Paz nos pusieron a bordo de un avión militar en El Alto y fuimos enviados directamente para Puerto Rico. En lo que concierne a la permanencia allí, bien, yo pienso que el gobierno cometió un grave error. Me estoy refiriendo al hecho de que fuimos confinados sin juicio o posibilidades de defensa. No, yo creo que fue un error, porque cuando un hombre siente que está preso siendo inocente se desarrolla y adquiere puntos de vista más radicales. Eso fue de todos modos lo que pasó con alrededor de cuarenta de nosotros allá en Puerto Rico y eso el gobierno lo va a sentir en el tiempo por venir.

Ellos han matado a Federico, Maismann murió en combate y muchos de los otros nunca saldrán de la prisión o tendrán la posibilidad de volver a Siglo XX; pero nosotros, que estuvimos en Puerto Rico, pensamos que ahora es nuestro turno para hacer algo. El sindicato está disuelto por el momento, o dirigido por Córdova, pero nunca morirá, usted ve, porque por cada minero que ellos persiguen o encarcelen, surgirá un dirigente revolucionario. Eso es muy simple, pienso yo.

¿Cómo fueron los cuarenta días de vacaciones en Puerto Rico?

Para cualquiera, pero especialmente para un minero, Puerto Rico es terrible. Nosotros estamos acostumbrados a un clima frío y seco. Puerto Rico es tropical, y los camaradas con silicosis al instante comenzaron a sentirse mal. Nosotros estábamos totalmente incomunicados. Hasta los guardias tenían órdenes de no hablarnos. La comida era pésima y estábamos encerrados bajo llave hasta cuarenta hombres en dos pequeños cuartos llenos de moscas y mosquitos.

¿Llamaría usted a Puerto Rico un campo de concentración?

No exactamente. En un campo de concentración hay gran cantidad de prisioneros, pero en Puerto Rico éramos relativamente pocos. Es mucho más: es un campo de confinamiento en el que el gobierno quiere aislar a la oposición.

¿Cuántos de ustedes volvieron?

Menos de la mitad de nosotros. El resto, los que son miembros de este o aquel partido, fueron enviados al Panóptico, en La Paz —entre ellos estaba Filemón Escobar. El resto de nosotros estuvimos dos días en la capital, donde los de la policía política y los especialistas del Ministerio de Gobierno nos interrogaron. Después de eso fuimos enviados a Siglo XX o a Huanuni.

¿Qué le preguntaron?

Oh, ellos tenían una gran cantidad de información sobre mí. Hasta a las cartas que le había enviado a los sacerdotes de la Pío XII ellos les echaron mano, por supuesto que gracias a la colaboración de los "padres". El DIC sólo quería saber si yo era miembro de alguno de los partidos políticos ilegalizados. Cuando finalmente se convencieron me dejaron ir con las palabras: "Usted tiene un pasado negro, Walter, cúidese y esté contento de no ser miembro de los partidos comunistas".

Ahora que está de regreso, ¿qué va a hacer?

Bueno, primero que nada estoy sin trabajo. La COMIBOL me echó de inmediato cuando fui arrestado por el DIC. Ya he estado allí abajo en Catavi para hablar con Roque —el vicedirector de la empresa— y, ¿sabe usted lo que me dijo? Dijo que yo le podía pedir cualquier cosa menos que me devolvieran mi trabajo. "A las ovejas negras como usted y sus amigos los vamos a mantener fuera de la COMIBOL para siempre", dijo Roque. Así que, como usted ve, estoy en una situación difícil, pero saldré adelante. Lo más importante es empezar algo aquí en Siglo XX otra vez. No le puedo decir mucho acerca de eso, pero habemos algunos mineros de Puerto Rico que nos estamos reuniendo y planeando algo. Yo creo que voy a quedarme, aunque estoy vigilado por el DIC, pero eso no es una excepción. Todos estamos vigilados.

A medida que abandonamos Siglo XX y regresamos hacia Oruro, pasamos a un viejo camión con una familia de mineros y algunos muebles arruinados, como carga.

Van a través del viento y del polvo y no parecen notar las caras curiosas en el ómnibus.

Es un despedido que puede haber estado trabajando en Siglo XX por más de diez años, pero todo lo que posee después de todos esos años puede cargarlo fácilmente sobre el camión: unas pocas sillas, una cama y algunos utensilios de cocina.

El camión lo llevará justo hasta fuera del distrito y lo dejará allí, puesto en la lista negra como un comunista, aun cuando lo más probable es que no sepa qué es el comunismo.

Pero este tratamiento pronto lo convertirá en uno.

7

Desde Vado del Yeso hasta Higueras

15 de agosto

Panorama político boliviano

El nuevo gabinete del general René Barrientos, que inició sus tareas oficialmente el sábado pasado, no obtuvo en forma alguna una composición que pudiera tener un efecto sorprendente. El Presidente continúa gobernando con políticos y partidos sin base popular: PRA, PIR, PSD y algunos jóvenes del recientemente creado PALIC.

La FSB, sin embargo, no se ha integrado como partido en el gabinete, pese a que una de sus principales figuras, el ex diputado Salamanca, ha conseguido el puesto de ministro de Educación, un hecho que instantáneamente ha hecho reaccionar a la Falange violentamente, expulsando al amigo Salamanca.

Es evidente que el Partido había esperado una parte más importante de los asientos en el gabinete, pero el precio que puso el Presidente parece haber sido que los falangistas, uno por uno, individualmente y sin representar a su partido, estuvieran sentados por lo menos en tres ministerios diferentes.

Esto no lo aceptó la Falange, siendo el resultado que el Presidente persuadió al ex diputado Salamanca a que diera el salto él solo.

Como dicen los observadores: la importancia de los cambios en el nuevo gabinete boliviano reside en aquellos ministros que se quedaron. Primero de todos el torpe, sanguinario y despótico ministro de Gobierno, Arguedas, permaneció en su cargo, a pesar de las violentas protestas. En segundo término, el coronel Juan Lechín Suárez, de la

COMIBOL, se quedó, un hecho que igualmente fue motivo de muchas protestas. A esto se agrega que el reaccionario ministro de Relaciones Exteriores, Crespo Gutiérrez —uno de los cuatro "rosquistas" del círculo de Barrientos—, fue promovido a ministro de Defensa y remplazado por Walter Guevara Arze, el jefe del PRA.

Acompañado por enardecidas protestas de la FSB, Guevara Arze se hizo cargo del Ministerio de Relaciones Exteriores, y parece que ha recibido el encargo de hacer una "limpieza" dentro del servicio exterior de Bolivia y que se ha puesto un poco blando en lo que se refiere a la campaña antiguerrillera.

La primera víctima parece ser el embajador boliviano en Washington, Julio Sanjinés Goytia, quien ha dicho algunas cosas poco favorables sobre el heroísmo del ejército boliviano. Si Sanjines Goytia es llamado a la airada La Paz, la ausencia del embajador Henderson de Estados Unidos, que a su vez había dicho en Washington algunas cosas desagradables sobre la campaña antiguerrillera, podría convertirse en permanente, y los rumores de que los bolivianos estaban insatisfechos con él se verían confirmados.

En los días inmediatamente posteriores a la Conferencia de la OLAS en La Habana, la prensa boliviana está repleta de comentarios y editoriales refiriéndose a lo que llaman "la subversión planeada".

La tendencia es, evidentemente, el agrandar los desacuerdos cubano-soviéticos, pintando a la Unión Soviética como un Estado relativamente amante de la paz, y a los cubanos como extremistas de izquierda, locos por la guerra.

La mayor parte de los periódicos considera esto como la línea roja a través de la Conferencia de La Habana, y sólo *Extra*, de Cochabamba, publica los resultados más positivos de la conferencia de la OLAS: la constitución de la Organización Latinoamericana de Solidaridad.

Los comentarios del general Barrientos han sido muy violentos hasta ahora, y el Jefe de Estado boliviano ha mencionados varias veces la posibilidad, siempre en aumento, de invadir Cuba con una fuerza latinoamericana, en la cual estarían integradas por lo menos Brasil, Argentina, Bolivia, Venezuela y algunos estados centroamericanos.

Tan recientemente como ayer el Presidente comentó esta posibilidad en un almuerzo en el Rotary, donde también dijo estas inolvidables palabras sobre su línea política:

"Como ustedes ven, yo estoy con los campesinos. Yo estoy con el Rotary. ¡Yo estoy con Bolivia!"

La negativa de México y Chile a tomar parte en cualquier fuerza interamericana ha despertado en consecuencia algún enojo en Bolivia, que respalda completamente los ataques del ex presidente Rómulo Betancourt contra las dos naciones hermanas. La prensa boliviana publica una y otra vez declaraciones hechas por Eduardo Frei condenando a la organización chilena de la OLAS; y es evidente la gran esperanza del gobierno boliviano de que Frei, dentro de un corto plazo, ponga fuera de la ley a la OLAS en su país, que ante los muy sensibles ojos bolivianos es una amenaza directa a la "democracia de Bolivia".

Por primera vez en la prensa boliviana, el discurso del primer ministro Fidel Castro clausurando la conferencia de la OLAS fue mencionado como noticia de importancia. Los extractos eran de aquellas partes que se referían a "ataques a la Unión Soviética" y a algunos partidos comunistas latinoamericanos.

Hace dos días el ejército boliviano, como una excepción, ha tenido un poco de suerte. En un ataque sorpresivo unos cien soldados rodearon a un grupo de menos de veinte guerrilleros cerca del pueblito de Monteagudo, sobre el camino a Muyupampa. El ejército supone que la unidad guerrillera sufrió fuertes pérdidas, pero solamente pudo apoderarse de un guerrillero muerto, que fue identificado como Antonio Fernández, de Tarija, de 26 años de edad. El guerrillero muerto fue exhibido de una manera brutal y mencionado generalmente como "el rojo".

Hasta ahora, todos los guerrilleros muertos o heridos que han caído en las manos del ejército boliviano han sido ciudadanos bolivianos y no —como lo desea la propaganda oficial— extranjeros, o mejor aún, cubanos.

Los maestros bolivianos, que han elegido recientemente en la región de La Paz una directiva evidentemente de izquierda, son ahora víctimas de la represión del gobierno. Se está haciendo todo lo posible para tratar de que la línea oficial gane las próximas elecciones en la región de

Cochabamba; y mientras tanto los maestros "con una ideología marxista" son vigilados, de acuerdo con el diario de izquierda de Cochabamba, *Extra*. El nuevo Ministro de Educación está colaborando con el Ministro de Gobierno en la investigación de los maestros "marxistas" —evidentemente con el fin de preparar una profunda "limpieza".

Los choques, en la parte meridional de la "zona roja" de Ñacahuasu, entre el ejército y la guerrilla, parecen ahora producirse con unos pocos días de intervalo. El 14 de agosto a las 4.30 de la tarde fuertes unidades del ejército sostuvieron un combate de 55 minutos con una unidad de guerrilla estimada en 20 hombres. Se informó que el choque tuvo lugar a 7 kilómetros de la estación de bombeo de YPFB en Monteagudo, y el boletín oficial del ejército —emitido algunas horas más tarde— informaba orgullosamente que el ejército no había sufrido bajas. La unidad guerrillera, sin embargo —siempre de acuerdo con el general Ovando— había sufrido pesadas pérdidas, y la Inteligencia del ejército es de la opinión de que la unidad rebelde es la misma que hace dos días fue seriamente derrotada en la misma región de Monteagudo.

Ahora bien, la siguiente pregunta es formulada por varios periodistas extranjeros en La Paz: "¿Cuántas veces puede una unidad guerrillera de no más de 25 hombres sufrir fuertes pérdidas sin ser totalmente eliminada?" Otra pregunta es: "Si una unidad fuertemente reducida sufre nuevas derrotas en el último choque, ¿cómo pueden entonces los sobrevivientes —que de acuerdo con la propaganda del ejército eran muy pocos— llevarse y esconder a *todos* sus camaradas caídos?" Eso significaría que cada guerrillero sobreviviente estaba cargando en la huida por lo menos a dos muertos.

Estas preguntas casi matemáticas convierten la última victoria de las fuerzas del segundo batallón de la Octava División del Ejército en algo sospechosa.

Otro incidente en la constante campaña antiguerrillera son los intentos de la Inteligencia del ejército de identificar al único guerrillero muerto que ha caído en sus manos. Hace unos tres días los periódicos publicaron un boletín del Estado Mayor del Ejército diciendo que el "rojo" caído era el estudiante de 26 años de Tarija, Antonio Fernández. ¡La Inteligencia del ejército parece funcionar! Pero ayer se dijo a la prensa que el guerrillero caído no era de Tarija, sino de Cochabamba, y que su nombre no era Antonio Fernández sino Antonio Jiménez Tardío, estudiante de economía de la Universidad de San Simón de Cochabamba.

No es la primera vez que la Inteligencia del ejército y el DIC han tenido algunas dificultades en identificar muertos o supuestos guerrilleros. La semana pasada el periodista paquistano Tarik Ali Khan fue puesto en prisión por más de tres horas en Camiri, acusado de ser el "guerrillero cubano Pombo". ¡El señor Khan que es un paquistano típico, con un pasaporte absolutamente claro, tuvo algunas dificultades para explicar lo que Pombo estaba haciendo en Paquistán y por qué más tarde eligió la extraña ruta hacia Camiri!

Después de algunas horas de confuso interrogatorio, el señor Khan fue dejado en libertad y recibió excusas de parte del comandante de la zona, coronel Terán. El señor Khan, sin embargo, prefirió regresar a La Paz y de allí a Londres.

Mientras sucede todo esto, los rumores de una acción común latinoamericana contra la guerrilla —y antes que nada contra la boliviana— están aumentando. Pese a ello, tanto Chile como Brasil han mostrado cierta frialdad con respecto al tema, en tanto que Stroessner y Onganía mantienen el fuego ardiendo.

El diario de La Paz, *Presencia*, publica hoy la noticia de que ahora existen acuerdos entre Bolivia y Paraguay con referencia a la intensificación de la vigilancia de la frontera común, y el diario cita a Stroessner, quien dice que el trío Barrientos, Onganía y él mismo, "debe actuar con energía y decisión contra toda clase de subversión".

En los próximos días una delegación paraguaya compuesta por militares de alta graduación visitará el departamento de Santa Cruz para sostener conversaciones con los jefes de la Octava División del Ejército, que es la más comprometida en la lucha contra la guerrilla.

Al sur de la capital del departamento de Santa Cruz, el importante camino que une Sucre con Camiri ha sido cerrado a toda circulación, debido a la amenaza de las unidades guerrilleras que se hallan en las inmediaciones de Monteagudo; y las provincias de Luis Calvo y Hernando Siles han sido declaradas zonas militares —lo que significa que ahora la "zona roja" se está extendiendo dentro del departamento de Chuquisaca.

En el treinta aniversario de la Falange Socialista Boliviana, el jefe del partido, Mario Gutiérrez y Gutiérrez, lanzó feroces ataques contra el gobierno que, en opinión del "máximo", estaba usando la guerrilla como una amenaza contra el pueblo; y que ahora, como antes, estaba compuesto por los hombres que eran responsables de la matanza de San Juan.

Mario Gutiérrez habló en la plaza San Francisco en La Paz el lunes 14 de agosto, y mencionó las fuertes pérdidas que las fuerzas armadas han sufrido en los combates con la guerrilla. "El gobierno —dijo— debe decir al pueblo dónde están los peligros y lo que se hace para combatirlos." Además, el jefe falangista culpó al gobierno de René Barrientos de "no estar al nivel de Stroessner y Eisenhower".

Mario Gutiérrez, finalmente, incitó a todos los falangistas a levantarse y movilizarse totalmente con el fin de salvar a Bolivia del próximo naufragio.

17 de agosto

El proceso que nunca fue

Los generales bolivianos están perdiendo muchas batallas en estos días. Una de las perdidas es la batalla de Camiri, en la que los militares se han comprometido en una lucha desigual con la prensa mundial y, no olvidarlo, con el escritor y periodista francés Régis Debray.

El llamado juicio, que no ha sido hasta ahora más que una serie de medidas arbitrarias (el "uniforme" de Régis Debray), las promesas incumplidas (censura y dificultades a la prensa a pesar de haberse prometido lo contrario) y lamentables discursos hechos por una media docena de coroneles y capitanes que forman parte del Consejo de Guerra; este juicio se está convirtiendo ya en una mera farsa, que sería graciosa si no fuera demasiado seria.

Las autoridades militares habían esperado poder suavizar a la prensa internacional arreglando algunas espectaculares conferencias de prensa. Como regla general estas conferencias tuvieron lugar en la guarnición o en la localidad donde se realizará el proceso.

El Presidente del Consejo de Guerra o el fiscal militar, coronel Iriarte, ofician de representantes de las autoridades en estas conferencias con la prensa; en los primeros minutos de cada una de ellas las cosas se desenvuelven muy bien y de acuerdo con lo planeado.

Pero cada vez el encuentro termina en un caos, porque los periodistas a estas horas ya conocen la Constitución boliviana de memoria y hacen preguntas que los coroneles no están en condiciones de contestar, porque ellos no la conocen o porque no quieren admitir que la están violando constantemente.

Hasta ahora los debates entre los periodistas y los militares han girado alrededor de la razón por la cual Régis Debray es forzado a tener un abogado y en qué parte de la Constitución está esto escrito.

Dijo ayer el coronel Iriarte, cuando por la vigésima vez se le formuló esa pregunta capciosa:

"Es una pregunta muy interesante la que usted me formula. Tomaré nota de la misma y le daré una respuesta esta tarde."

Cuando llegó la conferencia de la tarde, el coronel declaró que *había* encontrado una respuesta, pero que desgraciadamente se había cambiado de chaqueta, y la respuesta escrita había quedado en la otra.

Semejantes explicaciones no convencen a los periodistas.

El clímax de las conferencias se produjo, sin embargo, cuando el presidente del Consejo de Guerra, coronel Efraín Guachalla, declaró ayer que no podía responder a toda clase de preguntas *porque él no era un homo sapiens.*

Régis Debray, a quien se le ha permitido hablar durante horas con los periodistas, sigue repitiendo lo que ha dicho una y otra vez: que es inocente, que es un periodista y que nunca ha apoyado a la guerrilla más que con su simpatía. Sin embargo, dice Régis Debray, estoy convencido de que me darán 30 años en una prisión boliviana.

Las posibilidades de que el gobierno de Barrientos expulse a Debray del país son todavía muy pocas, pese a que el presidente Barrientos por primera vez ha hablado de esa posibilidad.

"Muchos grupos y personas me han hablado sobre esta posibilidad —declaró el Presidente—, pero antes que nada debemos salvar la dignidad y el honor de la nación."

En otras palabras: sería humillante empezar a negociar sobre Debray ahora, después de haber exigido su sangre y su cabeza tantas veces.

Régis Debray mismo ha expresado el temor de que esta confusa comedia en Camiri pueda terminar con que los militares pierdan el control y decidan liquidar a su fastidioso prisionero.

Dijo ayer el general Ovando:

"Éste es un país civilizado, pero..."

Este "pero" significa que existe la posibilidad de que un excitado grupo de jóvenes oficiales decida hacer "justicia" con sus propias manos, o que llegue una orden desde el Ministerio de Gobierno de que Régis Debray debe ser matado de acuerdo con la llamada "ley fuga". Nada, sino la presencia de la prensa extranjera y los observadores, puede evitarlo.

De acuerdo con esto, Régis Debray ha dicho:

"Lo que me preocupa no es el juicio ni los treinta años. No, es lo que sucederá inmediatamente después del juicio, cuando todos los periodistas y observadores extranjeros, hayan dejado Camiri y yo esté solo con los coroneles otra vez."

De todos modos, puede pasar bastante tiempo hasta que termine el juicio de Régis Debray y los extranjeros abandonen el hotel Londres y el "Bamboo Bar", o comoquiera que se llamen todos los lugares agradables en el paraíso de los mosquitos y las serpientes llamado Camiri.

Con la excepción de algunos periodistas norteamericanos, la prensa extranjera está de acuerdo en que, juicio o no juicio, eso no hará ninguna diferencia.

El veredicto ya ha sido anunciado, y el juicio es un juicio que nunca será.

5 de septiembre

Vado del Yeso, desastre y matanza

Los feos rumores alcanzan rápidamente La Paz: Un grupo importante de guerrilleros ha caído en una emboscada a unos 150 kilómetros al sur de Vallegrande, cuando trataban de cruzar el río Grande en un lugar oficialmente llamado Puerto Mauricio, pero conocido entre la escasa población local como Vado del Yeso. Al principio escepticismo general. La tendencia en los boletines oficiales del ejército o del gobierno a exagerar o negar hechos u ocultar pérdidas militares es bien conocida, pero poco a poco nos enteramos del hecho decisivo en las márgenes del lejano río en la selva boliviana que, sin exageración, puede ser catalogado como uno de los más serios desastres nunca ocurridos a una unidad guerrillera.

El 31 de agosto, fecha en que tuvo lugar la emboscada, tres hombres tuvieron que tomar lo que aparece como una difícil decisión: el capitán del ejército *Vargas*, el campesino local *Rojas*, y el jefe guerrillero *Joaquín*. Estos tres hombres eran hasta ese día figuras desconocidas en la fiera lucha en la selva. Pero ese día entraron en la historia de Bolivia. El primero como un asesino afortunado, el segundo como un miserable traidor, y el tercero como un jefe guerrillero que comandó su unidad en una última y brava resistencia, y presumiblemente fue liquidado después de haber visto la exterminación de todo su grupo.

Reconstruida la lucha en Vado del Yeso se desarrolló en la siguiente forma:

El grupo de diez hombres de Joaquín estuvo, de acuerdo con el único sobreviviente del grupo, Castillo, buscando al grueso del Ejército de Liberación Nacional por lo menos durante un mes. Cuando este último bajo el mando de Ernesto Guevara salió de la Quebrada de Ñacahuasu, a fines de junio, y se dirigió hacia el norte rumbo a la carretera de Cochabamba-Santa Cruz y Samaipata en búsqueda de medicinas, ropas, alimentos envasados y municiones, los diez hombres del grupo de Joaquín permanecieron como retaguardia en la quebrada para guardar la zona de seguridad de la guerrilla y aguardar el retorno del grupo de Guevara, que contaba con alrededor de 25-30 hombres. El plan parecía razonable y seguro, pero dos factores inesperados intervinieron y forzaron a Joaquín a efectuar un movimiento decisivo:

Primero, la llamada "Operación Cintya" forzó a él y su grupo a esconderse en inactividad en una quebrada en la parte norte de la región de Ñacahuasu. Segundo, el grupo de Guevara no regresó alrededor de la fecha establecida. Ambos factores hicieron tomar a Joaquín la fatal decisión de salir de la quebrada en busca del grueso de las fuerzas.

Alrededor del 27 de agosto Joaquín y sus camaradas hicieron contacto con un viejo "conocido": el campesino Honorato Rojas, uno de los pocos en la región de Puerto Mauricio, y una persona que meses antes había colaborado con los guerrilleros, cuando ellos enviaron un grupo de reconocimiento en abril. Esta colaboración, sin embargo, había costado a Honorato Rojas varias semanas en la prisión militar de Santa Cruz, y sólo fue liberado con la promesa de colaborar con el ejército en el futuro. Cuando el grupo de Joaquín hizo contacto con él ese día de fines de agosto, tuvo su oportunidad de cumplir su promesa al ejército.

Después de haber mostrado al grupo un lugar donde acampar, y después de haber prometido a los guerrilleros guiarlos hasta el otro lado del cercano río Grande por el único sitio posible para cruzar Vado del Yeso, Honorato Rojas se dirigió hacia el norte, hacia Vallegrande, para informar a las unidades del ejército del regimiento del general Pando que estaban estacionadas allí. En su camino tropezó con una patrulla adelantada bajo el mando del capitán Vargas, que había sido enviada en una exploración de rutina. Honorato Rojas dijo lo que sabía y cuando regresó a su granja el 30 de agosto sabía lo que tenía que hacer: llevar al grupo guerrillero directamente hacia la muerte.

"Usted haga lo que los guerrilleros le han pedido —le había dicho el capitán Vargas—, pero hágales cruzar el Vado exactamente donde yo le digo y no más tarde de las tres en punto."

Joaquín, que parece haber tenido una confianza ciega en Rojas, no encontró sospechosa la ausencia del campesino boliviano y estuvo de acuerdo en cruzar el Vado como aconsejó Rojas.

El 31 de agosto parece —ahora en perspectiva— ser uno de esos días donde el curso de la historia podría muy bien haber sido cambiado por muy pequeños detalles. Cada hora que pasaba de ese día, la distancia entre el grupo de Joaquín y el grueso de la guerrilla se hizo más y más corta. El comandante Guevara estaba regresando de su expedición a Samaipata después de una larga y extremadamente dura marcha, y él y su fuerte unidad se estaban dirigiendo directamente hacia Vado del Yeso, buscando la granja de Honorato Rojas, que también era conocido por "Che" Guevara como un campesino que simpatizaba con la guerrilla y podía ayudar. Al atardecer, cuando Joaquín dio la señal de salir del campamento en la tierra de Honorato Rojas, la distancia entre los dos grupos que se estaban buscando afanosamente era de menos de diez kilómetros. Pero diez kilómetros en la selva son mil kilómetros en terreno abierto, y Joaquín no tuvo la más ligera noción de cuán cerca se encontraba la extremadamente importante reunificación de las fuerzas guerrilleras. Y hubo otra cosa que él ignoraba: los treinta hombres de la fuerte unidad del ejército bajo el mando del capitán Vargas que habían tomado posiciones en ambas márgenes del Vado del Yeso y sólo esperaban que aparecieran los guerrilleros con el fin de abrir un exterminador fuego cruzado. De acuerdo con el mismo Vargas, había ubicado sus tropas en tal forma que el escape de la emboscada era imposible. Él sabía exactamente —gracias a Rojas— cómo cruzarían los guerrilleros; sabía que el alto Braulio se adelantaría a los otros y exploraría, y había ubicado un soldado especial para ocuparse de él, así como dado estrictas instrucciones a sus soldados de disparar hasta que ninguno de los guerrilleros se moviera más.

"Por primera vez —dijo Vargas a la prensa más tarde— nosotros estábamos en el papel de los guerrilleros. Conocíamos el terreno, teníamos el guía, estábamos emboscados y ellos eran las víctimas."

A medida que pasaban las horas de la tarde, el capitán Vargas se iba poniendo nervioso. A las tres de la tarde no había ningún guerrillero en la playa de enfrente. A las cuatro la selva sigue silenciosa. A las cinco la orilla opuesta sigue desierta. "Casi me daba por vencido cuando de pronto veo a Braulio y Rojas saliendo de entre los árboles", cuenta Vargas.

El lecho del río en Vado del Yeso es ancho. En ambas márgenes hay playas abiertas con piedras y el agua corre en un cinturón de alrededor de 50 metros de ancho. Un sitio perfecto para una emboscada. Una vez en el agua, que en ningún sitio del Vado tiene más profundidad de 120 centímetros, los guerrilleros no tenían posibilidades de escapar, y aquellos que alcanzaran la playa, serían matados de inmediato por los disparos, porque no hay ningún escondite que las balas no puedan alcanzar.

"Mis soldados estaban tan impacientes por disparar —dice Vargas— que tuve que dar órdenes estrictas de aguantar el fuego hasta que todo el grupo estuviera en el río."

En la playa opuesta Braulio se detiene y discute con Rojas. Parecen estar en desacuerdo. Algo parece haber despertado las sospechas de Braulio. Hay muchas pisadas cerca del Vado. "Son de mis hijos vigilando los chanchos", explica Rojas, y Braulio finalmente se convence de que no hay ningún peligro. Deja irse a Rojas y comienza a cruzar el Vado, y ahora el resto del grupo aparece en fila india guiado por las señales de Braulio que ahora está del mismo lado que el capitán Vargas y una veintena de dedos presionando impacientemente los gatillos.

Allí vienen: primero el fornido Joaquín, su pelo, generalmente corto, ha crecido mucho y ha empezado a encalvecer. Él es, junto con Alejandro que viene más atrás en la fila india, el hombre más cercano al "Che" Guevara, y su designación como jefe de la retaguardia ha sido una pesada responsabilidad. Después de Joaquín viene el minero boliviano Moisés Guevara, que ha permaneoido fiel a la guerrilla, pero cuyos hombres y seguidores de las minas han desertado y después colaborado con el ejército. Luego vienen —de acuerdo con las fuentes de información del ejército— dos guerrilleros bolivianos, Walter y Polo, y luego Alejandro, presumiblemente el segundo cubano en el grupo de Joaquín. El séptimo y octavo guerrilleros nunca han sido confiablemente identificados. El séptimo podría haber sido un guerrillero peruano llamado El Negro, y el octavo, el boliviano Freddy Maimura, también llamado Chino. En la retaguardia vienen Tania (Laura Gutiérrez) y el último hombre, el boliviano José Castillo, que fue el único en salir con vida de la emboscada. Con respecto a la composición y el estado del grupo hay, sin embargo, muchas inexactitudes. Es posible que fueran once integrantes y no diez, siendo el número once un guerrillero llamado Toro; y es también posible que Tania estuviera ubicada en cualquier otra parte de la columna. Los testigos fueron todos participantes en la lucha. Nadie recuerda realmente cómo fueron las cosas ni lo que realmente sucedió. Con respecto a los boletines oficiales, todo el mundo sabe que son elaborados para encajar en la torpe maquinaria propagandística del ejército, y su valor como fuentes de información es por lo tanto igual a cero.

Más tarde se ha dicho que Joaquín y sus hombres estaban exhaustos y en un terrible estado físico, que estaban pasando hambre, que sus ropas estaban destrozadas y que algunos de ellos estaban sin armas. Todo esto es, sin embargo, negado por la forma en que se desarrolló la lucha en el Vado.

Alrededor de las 17.35 hs. —media hora antes de la puesta del sol— Joaquín conduce su grupo dentro del agua, guiado por las señales de Braulio que ahora ha alcanzado casi los árboles en la otra margen del río. Menos de un minuto más tarde, todos los guerrilleros, con excepción de José Castillo, están cruzando el río Grande con pesadas mochilas y sosteniendo las armas por sobre sus cabezas. Con respecto a los primeros disparos hay también varias versiones. Una dice que los soldados abrieron fuego bajo las órdenes del capitán Vargas, otra, que los primeros disparos fueron hechos por Braulio cuando, entrando en la selva, chocó con un soldado. En cualquier caso, a esta altura de la emboscada nadie recuerda nada. Ahora todo es una tormenta de fuego. Braulio y el soldado se matan uno a otro en un corto duelo, y al mismo tiempo es abierto el fuego contra los guerrilleros que cruzan. Joaquín alcanza la playa y cae herido sobre las piedras. Castillo en la otra punta de la columna se esconde detrás de un par de grandes rocas. El resto de los guerrilleros, probablemente dirigidos por Alejandro, abren fuego desde sus posiciones en el agua, sin tener ninguna oportunidad de descubrir de dónde vienen los disparos. En menos de un par de minutos todos están muertos o mal heridos, y los soldados salen de la selva y empiezan a tirar al blanco sobre los cuerpos flotantes y las mochilas en el agua. En ningún momento el fuego se detiene. No hay piedad. No se quieren heridos.

El capitán Vargas dice más tarde a los periodistas que él no disparó más que un solo tiro antes de que su M-1 dejara de funcionar. Él no tomó parte en la matanza personalmente, asegura, y fue imposible detener el fuego continuo del grupo del ejército, que tendió un perfecto fuego cruzado sobre el Vado. Si esta versión demuestra algo, es que el capitán Vargas sabe muy bien que lo que él ha dirigido es una emboscada llevada a cabo con la extraordinaria crueldad de un asesino.

Precisamente al anochecer la última bala es disparada, y ocho o nueve guerrilleros son sacados del agua y amontonados en una pila al borde de la selva. Joaquín y otro han sido previamente liquidados con tiros de gracia, y el cuerpo de Tania, alcanzado por balas de ametralladora ligera, ha desaparecido río abajo. Ninguno de los cuerpos tiene menos de seis impactos en la parte superior del pecho y la cabeza, y en esta pila de ropas mojadas, sangre y cadáveres, los soldados empiezan ahora a buscar relojes, anillos, dinero y otras pertenencias personales que, de acuerdo con alguna concepción medieval de los bolivianos, pertenecen a los vencedores.

Durante la noche del 31 de agosto el grupo del ejército permaneció en el Vado. Sólo un par de soldados fueron enviados hacia el norte en busca de mulas, pero a la mañana siguiente, cuando todavía no habían retornado, el cuerpo inicia la marcha hacia Vallegrande con los cuerpos de los guerrilleros muertos atados a largas ramas, como animales cazados en un safari. Al siguiente anochecer, cuando el capitán Vargas finalmente alcanza sus mulas, a unos 20 kilómetros al norte del Vado, el silencio de Vado del Yeso es roto nuevamente, esta vez por el arribo de la vanguardia del grueso de la guerrilla, bajo el mando de Roberto "Coco" Peredo. Ni un solo tiro de la lucha del día anterior había sido oído por los otros guerrilleros, y no hay nadie en el Vado o en Puerto Mauricio para decir lo que ha sucedido, y fuentes oficiales del ejército aseguran que el grueso de la guerrilla pasó el Vado el dos de septiembre, ignorando que sus camaradas habían sido eliminados en el mismo sitio menos de 48 horas antes.

Esto, sin embargo, parece poco posible. Los guerrilleros al llegar deben haber encontrado huellas de pisadas, reminiscencias de la lucha, cartuchos, y sin saber exactamente lo que había sucedido, probablemente decidieron seguir los rastros hacia el norte. Los rastros de la victoriosa columna del capitán Vargas, que instantáneamente es promovido a mayor, pero que más tarde es atacado por perturbaciones mentales e insiste en que los muertos del Vado están persiguiéndolo.

Hay varios factores en los sucesos de Vado del Yeso que hacen pensar:

¿Qué hubiera sucedido si el grueso de las fuerzas guerrilleras hubiera llegado al Vado el mismo día que tuvo lugar la emboscada? ¿O temprano al día siguiente, cuando el grupo del capitán Vargas todavía estaba acampado cerca del río Grande? La respuesta es que la suerte del enemigo podía muy bien haberse convertido en desastre y en una victoria para el grueso de la guerrilla. Especulaciones de este tipo son de todas formas menos importantes que la pregunta de por qué el grupo de Joaquín eligió cruzar el Vado y por qué lo cruzó en la forma en que lo hizo.

El guerrillero sobreviviente —que sólo fue dejado vivo con el fin de que identificara a sus camaradas caídos— dijo más tarde a los periodistas que ninguno de los integrantes sospechó que hubiera soldados por los alrededores. Ellos creyeron las aseveraciones de Honorato Rojas, y además *tenían* que cruzar el río Grande en el Vado, porque es el único sitio donde es posible hacerlo en esa época del año. Hay explicaciones suficientes en lo que a esto concierne, pero la forma muy descuidada de cruzar no puede ser explicada. Con una distancia de sólo cuatro o cinco metros entre los integrantes, todo el grupo entra en el agua y empieza a cruzar casi al mismo tiempo, sin esperar nuevas señales de Braulio en la vanguardia. Aquí otra vez la motivación parece haber sido una excesiva confianza y sentimiento de seguridad, y hoy día es difícil explicarse cómo guerrilleros experimentados como Joaquín, Alejandro y Braulio, pudieron nunca cometer un error tan craso.

30 de septiembre

El último combate de Roberto "Coco" Peredo

Durante casi todo el mes de septiembre las noticias sobre los guerrilleros habían sido escasas. Otros temas habían dominado las mentes del país: Primero la huelga nacional de los maestros, luego la próxima desnacionalización del petróleo y, finalmente, los sucesos de Camiri, donde el proceso —como de costumbre— aparecía como una grotesca farsa, donde los periodistas empezaron una especie de dura lucha con la Inteligencia militar bajo el mando del mayor Echeverría. Como el primer hombre en la lista negra de los oficiales de la Inteligencia se encuentra el corresponsal brasileño de la AFP, Guimarais, quien en un cable ha dicho al mundo que Régis Debray es transportado desde su celda hasta la sala del tribunal en un camión que tiene pintado a los lados: "Éste es un obsequio al pueblo boliviano de la Alianza para el Progreso".

El 23 de septiembre el jefe de las Fuerzas Armadas, general Ovando, llama finalmente a una conferencia de prensa y da información detallada sobre los guerrilleros: nombres, fotos, pasaportes, documentos, dibujos hechos por Ciro Roberto Bustos. Una asombrosa cantidad de material encontrado principalmente en los depósitos de los guerrilleros en la Quebrada de Ñacahuasu, gracias a la delación del ex guerrillero "Chingolo" que fue expulsado de la guerrilla el 27 de marzo y que conocía los depósitos secretos.

Entonces finalmente el 28 de septiembre llegan las noticias sobre el combate en las afueras de Higueras, un pequeño pueblito a unos 70 kilómetros al sur de Vallegrande, donde el guerrillero boliviano Roberto "Coco" Peredo y dos camaradas cubanos son muertos. Los boletines del ejército son sorprendentemente cortos y claros, pero no dicen casi nada, y la reconstrucción debe ser hecha allí mismo, hablando con la población local.

Estas conversaciones dieron como resultado el siguiente cuadro de cómo el grupo del comandante Guevara se movió desde Vado del Yeso hasta Alto Seco e Higueras, y finalmente cómo se desarrolló la lucha en las afueras de Higueras:

Después de haber dejado Vado del Yeso el 2 de septiembre, el grueso de las fuerzas guerrilleras, integrado entre otros por los hermanos Peredo, Ernesto "Che" Guevara, los guerrilleros cubanos Arturo y Antonio, el boliviano Santiago "Willy" Cuba, el peruano Chino Chang y unos quince más, siguieron durante algunos días las huellas del grupo del ejército, que con gran velocidad se movía hacia el norte a lo largo del río Masicuri, hacia Vallegrande. Alrededor del 5 o el 6 los guerrilleros se dividieron. Un pequeño grupo de cuatro hombres permaneció cerca del sendero, que bordea el río Masicuri hacia el norte, evidentemente con el fin de emboscar unidades militares que vinieran de Vallegrande. El grueso se dirige hacia el este por una larga senda desconocida para el ejército, que corre en dirección de Alto Seco, paralela al río Grande, y cruza dos ríos más pequeños, Piraimidi y Piraipiti. En esta senda el grueso de la guerrilla desaparece por casi tres semanas, y es reforzado después de una semana por el grupo de cuatro hombres que retrocede desde el área de la planeada emboscada cercana al río Masicuri.

Ahora todo el grupo de 22 hombres marcha junto y se aproxima a las altas tierras abiertas, alrededor del pueblito de Alto Seco. El 24 de septiembre todo el grupo entra en Alto Seco en fila india con dos hombres sobre mulas, siendo uno de ellos Ernesto Guevara.

Testigos visuales han descrito la llegada de la columna guerrillera en cierta forma como el descenso de un cierto Jesús del Monte de los Olivos a Jerusalem. En la extremadamente religiosa región de Alto Seco-Pucará, comparaciones como ésta no pueden sorprender a nadie. Vistos con los ojos de los fieles de Alto Seco, podría muy bien haber habido semejanza entre el pathos del descenso del Monte de los Olivos y la llegada de la guerrilla a Alto Seco. Pero entonces todas las semejanzas terminaron. El grupo guerrillero estaba increíblemente sucio, con las ropas desgarradas y muchos de los integrantes sin botas. Los guerrilleros se movieron lentamente hacia la calle central (y única) con Roberto "Coco" Peredo y un guerrillero extranjero, que dijo llamarse Julio, al frente. Ernesto Guevara que estaba entre los últimos, entró en la casa del corregidor de la aldea. Otros guerrilleros aseguraron que el único medio de comunicación, el telégrafo, estaba bajo control, mientras un tercer grupo entraba en la tienda local y comenzaba a pedir comida enlatada, camisas, pantalones y abarcas —estas últimas son esa clase especial de sandalias usadas por los campesinos en la parte suroriental de Bolivia. Mientras el comercio continuaba "Che" Guevara entró en la tienda y se dirigió al dueño, que es conocido como pariente de uno de los senadores de Barrientos. "Vamos a confiscar lo que necesitemos en este comercio —dijo— y si usted quiere pago mejor pídaselo a él." Y entonces Guevara señaló el retrato de Barrientos sobre la puerta.

Preguntados sobre la apariencia de "Che" Guevara, la mayor parte de los testigos estuvo de acuerdo en que estaba delgado, pero evidentemente "sanito, sanito". En ningún momento los habitantes de Alto Seco notaron ninguna clase de derrotismo entre los guerrilleros. Parecían cansados, pero aun así bromearon con la población local y "Che" Guevara dijo un corto discurso en la plaza, en el cual explicó los cómos y los porqués de la guerrilla. Además mantuvo una larga conversación con el maestro, en cuya casa permaneció por varias horas.

Los guerrilleros pasaron una noche en Alto Seco, y el 25 de septiembre continuaron su marcha hacia el valle de Higueras, que está a una distancia de unos 25 kilómetros de Alto Seco. Para este tiempo, sin embargo, los cuarteles generales del ejército en Vallegrande habían sido advertidos, y un grupo de alrededor de cincuenta soldados fueron despachados hacia abajo en dirección a Higueras. Al anochecer los guerrilleros tomaron parte en una fiesta popular que tuvo lugar entre Alto Seco e Higueras, y la población local no mostró renuencia de ninguna clase a aceptar a los guerrilleros como invitados. Hubo brindis con chicha —el aguardiente de maíz local—, discusiones y baile hasta tarde de la noche.

Temprano a la mañana siguiente —el 26— los guerrilleros continuaron la marcha y comenzaron a descender hacia Higueras que está ubicada en el fondo de una especie de bolsón, rodeado por montañas bajas y sin mucha vegetación, y con una sola vía de escape, una quebrada que corre hacia el río Grande.

A medida que los guerrilleros se movían en fila india a través del terreno abierto y bajando en dirección a Higueras, fueron observados desde el lado opuesto del valle por una unidad del ejército que también estaba bajando hacia la aldea. Los soldados —unidades de la compañía Galindo— tomaron posiciones de inmediato en las montañas, viéndose confrontados con una fuerte unidad guerrillera.

Es posible que los guerrilleros por su parte hayan también notado a la unidad del ejército, pero continuaron su marcha, y alrededor del mediodía entraron en Higueras y descansaron en la plaza y en la casa del corregidor, quien más tarde recuerda que tanto el comandante Guevara como Roberto "Coco" Peredo parecían muy poco preocupados. Menos de una hora después de su llegada, "Coco" Peredo y otros cuatro salieron de Higueras hacia las montañas, donde la unidad del ejército había tomado posición, evidentemente como una vanguardia para abrir el camino al grueso de las fuerzas que se quedó descansando en Higueras. Los acompañantes de "Coco" eran dos guerrilleros cubanos, Julio y presumiblemente Marcos, quien en el mes de marzo había sido el primer jefe de la vanguardia, pero que fuera más tarde degradado por el comandante Guevara. El cuarto integrante parece haber sido un guerrillero boliviano, "El Camba", sobre quien el "Che" más tarde escribiera: "Un mal combatiente".

Entre Higueras y el lugar donde la unidad del ejército estaba escondida, hay alrededor de dos kilómetros, y llevó al grupo de cuatro hombres cerca de una hora llegar a la zona de alcance de fuego. Los guerrilleros avanzaron cautelosamente, sabiendo que había soldados en el terreno, pero en su camino hacia arriba por una senda fueron emboscados, y "Coco", Julio y Marcos fueron muertos instantáneamente, mientras "El Camba" se escondió en una zanja y se entregó después al ejército con la preciosa información de que "Che" Guevara estaba en Higueras con el resto de los guerrilleros.

Ésta es la señal final para una mayor movilización de *rangers* desde Santa Cruz. La caza mayor había comenzado.

10 de octubre

Quebrada del Churo el largo domingo

Tan pronto como el grupo guerrillero que estaba esperando y descansando en Higueras oyó el tiroteo en las montañas cercanas, se preparó rápidamente para salir de la aldea y escapar abajo, hacia el río Grande, a través de la quebrada —la única o por lo menos la mejor vía de escape desde Higueras.

Desde el 26 de septiembre hasta el 8 de octubre transcurren 12 días, y todos ellos, "Che" Guevara y su grupo, ahora de alrededor de 17 hombres, permanecen en las quebradas que desde el bolsón de Higueras corren hacia abajo en dirección al río Grande. Ésta es una región muy difícil para una unidad tan grande como ésta. Sólo las quebradas están cubiertas con matorrales y árboles, mientras el resto del terreno es abierto y apto para el movimiento de fuertes unidades del ejército. Uno podría preguntarse por lo tanto con cierta lógica: ¿por qué eligió el comandante Guevara entrar en esa región, que desde cualquier dirección podía ser alcanzada por el ejército en menos de un par de horas? Parecería como entrar en una trampa perfecta.

Antes que nada: queriendo salir rápidamente de Higueras no había otra elección que entrar en este sistema de quebradas, y en segundo lugar el grupo podía haber tenido un objetivo mayor como argumento para no retirarse hacia el sur, hacia Alto Seco, y desde allí tratar de alcanzar la zona de seguridad alrededor de Masicuri Abajo y las selvas del lugar. Este objetivo podría haber sido alcanzar las vastas tierras de la familia Rojas, hacia el noroeste, alrededor del río Misque, y comenzar a trabajar allí entre la población rural. El comandante Guevara había notado la ausencia de problemas agrarios en la mayoría de las zonas en las que se había desplazado, pero es posible que conociera la existencia de los problemas de típico corte feudal en las tierras de la familia Rojas, cuyo territorio había sido expropiado después de la revolución nacionalista de 1952, pero que a sólo un año de iniciado el régimen de Barrientos les fueran devueltas a sus propietarios originales, una familia de hacendados conocidos en toda Bolivia por su extremada brutalidad con los campesinos de la zona. Además, exactamente allí había habido una activa simpatía por los guerrilleros, debido a que uno de los líderes campesinos del MNR, Jorge Ramírez, había agitado por la causa de la guerrilla. Más tarde este Ramírez desapareció en una forma misteriosa. Algunos dicen que se unió a la guerrilla, otros que fue apresado por el DIC.

Desde las quebradas que corren hacia abajo desde Higueras hasta las tierras de Rojas en el río Misque, hay sólo unos pocos días de marcha, y ésta podría muy bien haber sido la razón por la cual el comandante Guevara permaneció al norte de Higueras y esperó a salir hasta que supo más o menos cuántos soldados había en los alrededores y dónde se encontraban.

Quebrada delChuro, que en muchas curvas baja hacia el río Grande, y donde la batalla final tuvo lugar, tiene alrededor de seis kilómetros de largo y su vegetación es comparativamente escasa.

El cinco o seis de octubre la unidad guerrillera parece haber entrado en esta quebrada en la formación clásica, con vanguardia, centro y retaguardia, y con un kilómetro más o menos de distancia entre cada grupo (un hecho que más tarde explica por qué tantos guerrilleros pudieron escapar al cerco de las numerosas unidades del ejército).

En los primeros días de octubre el ejército entra en Higueras, bloquea el miserable camino hacia Alto Seco y Vallegrande y ubica grupos de soldados en los puntos más estratégicos del terreno. El comando del ejército no sabe exactamente dónde operan los guerrilleros, pero la región está rodeada con más de 1 500 soldados, muchos de los cuales son los llamados "especialistas" en lucha antiguerrillera.

Cuán especializadas y capaces son estas unidades del ejército, es sin embargo un interrogante. Por más de una semana esperan inactivamente en las aldeas y vacilan en entrar en las quebradas, y sólo cuando, como de costumbre, obtienen informaciones exactas de los campesinos, inician lo que es llamada "la fiera caza de los bandidos".

La información necesaria para mover sobre los guerrilleros las unidades del ejército estacionadas en Higueras llegó el domingo por la mañana temprano, el 8 de octubre. Un campesino que vive junto a la Quebrada del Churo había oído voces en la noche, y las voces venían desde abajo de la Quebrada. El domingo al amanecer, a alrededor de las cuatro, este hombre llega a Higueras y dice lo que ha oído, y horas después unidades de la compañía A de los *rangers* se acercan rodeando un cierto sector de la Quebrada del Churo

A las ocho de la mañana suena el primer disparo. La compañía A, bajo el mando de un cierto capitán Gary Prado, ha establecido contacto con lo que parece ser el grupo del centro de los guerrilleros. En el primer intercambio de disparos dos soldados son muertos, y más tarde en la mañana cae uno más y otro es seriamente herido. El fuego se hace más y más intenso. Son llamados refuerzos de otros puntos a lo largo de la Quebrada. Morteros y ametralladoras entran en acción.

Alrededor del mediodía se hace evidente que el grupo de guerrilleros se ha decidido a dividirse y escapar de la Quebrada. Dos de ellos comienzan a trepar una ladera, mientras por lo menos otros tres mantienen el fuego. El resto de los guerrilleros —la vanguardia y la retaguardia— no han entrado en la lucha. Están muy alejados y evidentemente tratando de salir de la Quebrada del Churo por sus propios medios.

Uno de los dos que están trepando está aparentemente herido en la pierna. Se mueve con dificultad y es ayudado por el otro. Cuando casi alcanzan la salida de la Quebrada hay un corto intercambio de disparos. Los dos guerrilleros han chocado con un grupo del ejército de siete hombres bajo el mando de un tal teniente Huertas. En este tiroteo ninguno de los guerrilleros es herido, pero el arma de uno de ellos es inutilizada, siendo el resultado que ambos caen prisioneros y son llevados a unos cientos de metros del borde de la Quebrada.

Entonces es llamado el comandante de la compañía A, y como refiere más tarde el capitán Gary Prado: "Casi tuve un choque cuando me di cuenta de que uno de los guerrilleros capturados frente a mí era Ernesto Guevara".

En este punto es muy importante subrayar que la única herida que el capturado Ramón, "Che" Guevara, había recibido estaba en su pierna derecha. Su compañero, más tarde identificado como el guerrillero boliviano Willy, Santiago Cuba, no estaba herido aparentemente. El arma de "Che" Guevara, un M-1 semiautomático, cortado corto y modificado como un automático M-2, está destruido por una bala. Lo que sucedió al arma de Willy nadie ha estado en condiciones de decirlo. El momento de la captura puede ser sintetizado en esta forma: Exhaustos después de haber trepado la ladera, con el "Che" Guevara ligeramente herido y sin armas, los dos guerrilleros son una presa fácil para los *rangers* que aguardan, y la captura sólo ha sido cuestión de segundos.

Detras de ellos, abajo en la Quebrada, sigue el combate, y casi hacia el atardecer las balas de los *rangers* logran silenciar la última arma de los guerrilleros. La compañía A cuenta sus muertos y heridos: 4 soldados muertos y un par heridos. Las pérdidas de los guerrilleros: dos muertos (dos extranjeros llamados Arturo y Antonio) y dos capturados, pero uno de los prisioneros es nada menos que el mismo comandante Guevara.

El mensaje ya ha sido enviado al comando de avanzada de la Octava División del Ejército. "500 cansada", dice el mensaje, y el coronel Zenteno Anaya, el comandante de la división, sabe que "500" significa Guevara y "cansada", capturado.

"Simplemente no lo creí", dirá más tarde a la prensa.

Pero a medida que el sol del atardecer se oculta, el comandante Guevara está en su camino de regreso a Higueras, ¡esta vez herido y como un prisionero!

30 de octubre

Higueras — la matanza en la escuela

En un sentido es demasiado pronto para empezar a escribir sobre las últimas 24 horas de Ernesto Guevara. Hasta ahora y debido al mismo carácter de los sucesos en la escuela de Higueras, todo lo que se escriba sólo puede estar basado en relatos de segunda o tercera mano. No son las ridículas mentiras de los generales bolivianos las que dificultan una descripción. Ellas sólo facilitan el averiguar lo que *no es* cierto. Es mucho más el temor difundido entre la población local y la misteriosa desaparición de casi todos los oficiales y suboficiales que tuvieron algo que ver con el asesinato del comandante Guevara. Debido a esto tendremos que tratar de hacerlo sin testigos de primera mano por el momento, así como de construir una versión *probable* y mantenerla hasta que la verdad final e indudablemente monstruosa sea dicha algún día por uno de los culpables. Las víctimas están silenciosas para siempre. ¡Las balas en la sala de la escuela de Higueras se ocuparon de eso!

Esto es de todas formas lo que un par de semanas de investigación en la región de Vallegrande dio como resultado:

Sangrando por la herida de su pierna y ayudado por Willy, Ernesto "Che" Guevara entró nuevamente en Higueras al comenzar a oscurecer. Al principio, él y su compañero fueron dejados en una choza en el pueblito mismo; pero algunas horas más tarde los prisioneros fueron llevados a la escuela, que tiene la ventaja de estar situada un poco aislada al borde del pueblo. Tan rápido como el fuego corrió el rumor entre los 400 habitantes de la pequeña y olvidada Higueras: Ramón ha sido capturado, el barbudo Ramón que comandaba el grupo hace un par de semanas está capturado en la escuela.

Y dentro de la más grande de las dos habitaciones Ernesto Guevara está sentado sobre uno de los bancos escolares, con sus manos atadas detrás de la espalda y tranquilamente fumando su pipa, mientras los *rangers* afuera están disputando sobre sus pertenencias personales. Durante la noche los prisioneros son dejados solos en la oscuridad de Higueras. El "Che" intercambia unas pocas palabras con los soldados de guardia y tiene una disputa menor con dos oficiales que quieren algunos *souvenirs*. Uno quiere un par de gemelos, otro quiere la pipa que el "Che" está fumando. Ellos tienen el poder de obtener lo que quieren, y lo obtienen; pero el teniente Espinoza, que tira de la barba del indefenso prisionero y le quita la pipa de la boca, también recibe un puntapié bien dirigido y una advertencia: "Recuerde que soy un ministro —dice Guevara—. Usted no puede tratarme en esta forma". El teniente sale de la escuela dando un portazo. Él obtuvo su pipa, pero ha entrado en la historia como el miserable oficial boliviano que recibió un puntapié del "Che" Guevara.

Luego cae la noche sobre Higueras. La herida de Ernesto Guevara ha sido tratada superficialmente, pero es todavía dolorosa, y con este dolor y sus propios pensamientos, el "Che" Guevara pasa su última noche.

Temprano a la mañana siguiente, cuando el helicóptero puede finalmente aterrizar en Higueras, comienza el gran desfile de los altos oficiales bolivianos. El primero que quiere hablar con el comandante Guevara es el coronel Andrés Selich, comandante del batallón General Pando, y conocido como el oficial que está vendiendo las raciones secas de sus soldados mientras éstos están pasando hambre en las montañas. Esta mentalidad brillante del cuerpo de oficiales bolivianos trata de interrogar al comandante Guevara, pero es recibido con respuestas heladas. "Lo llevaré a Vallegrande —grita Selich— para mostrar a todo el mundo que hemos terminado finalmente con el 'Che' Guevara." "Eso me viene muy bien —llega la respuesta—, entonces tendré la oportunidad de decir a los bolivianos qué clase de ladrones y criminales son ustedes." Salida de Andrés Selich.

El siguiente en la fila para "interrogar" a Guevara es un viejo amigo de Selich, Ugarteche, que tiene el grado de contraalmirante que en Bolivia, sin una flota, resulta especialmente ridículo. El bravo marino no tiene más suerte que el coronel Selich. Por el contrario. En salvaje acaloramiento golpea a Guevara en la cara, y sufre la desgracia de ser escupido entre los ojos como respuesta. Salida de Ugarteche

La segunda vez que el helicóptero aterriza en Higueras, el comandante en jefe de las Fuerzas Armadas, general Ovando Candia, y el comandante de la Octava División del Ejército, coronel Zenteno Anaya, entran en escena. El primero es el responsable directo de las masacres en las minas y uno de los hacendados más ricos de todo el país. El segundo, uno de los ex cancilleres de Bolivia, que llegó a ingeniárselas para hacerse insoportable en la OEA, y que ahora se considera a sí mismo como la *intelligentsia* del ejército boliviano. Estas dos mentes brillantes aparecen por un breve rato en la escuela, pero se retiran ultrajados y sin haber obtenido nada más que fríos insultos.

Como el último del grupo afortunado, el agente de la CIA a cargo de los asuntos bolivianos, el llamado González, trata de obtener algo del capturado comandante Guevara, quien sin embargo insiste en que sólo desea hablar con una de las maestras de la escuela, Julia Cortez, con quien ha conversado cuando estuvo la última vez en Higueras unas dos semanas atrás.

Y mientras Guevara discute asuntos pedagógicos y la pobreza del país con Julia Cortez, como un alivio después de los toscos oficiales, el mensaje final y decisivo llega de La Paz: *Guevara debe ser liquidado.* Nadie se ha tomado siquiera la molestia de poner esta orden en clave. La copia del cable fatal todavía existe en poder del cura de Pucará.

Ahora es cerca del mediodía. Los oficiales de alto rango están apurados. El general Ovando pasa la orden al jefe de la compañía A, Gary Prado: "Liquide a los prisioneros en la forma que sea, pero liquídelos". Entonces los generales, contraalmirantes y coroneles montan el helicóptero y parten, como si temieran estar presentes cuando los tiros sean disparados.

Gary Prado está solo con la responsabilidad.

Durante las horas de la mañana los *rangers* han traído un nuevo prisionero a la aldea desde la cercana Quebrada del Churo. Un guerrillero no herido, casi ciego, que después es identificado como el peruano el Chino Chang. El recién llegado es ubicado en la habitación junto con Willy, que todo el tiempo ha insultado a los soldados y oficiales con furia.

Gary Prado piensa en sus tres prisioneros, y el alto capitán de *rangers* de aspecto neurótico pasa la orden de la ejecución a los oficiales de menor jerarquía de su compañía.

Gary Prado siente el mismo temor frente a la historia que sus oficiales superiores. Él también quiere estar en condiciones después de mostrar sus manos limpias al mundo y decir: ¡Miren, no fui yo!

Y aquí tenemos la escena: La escuela miserable de Higueras. Una construcción baja, de dos habitaciones, hecha de barro. Siete metros de largo y tres metros de ancho. Las ventanas con postigos de bambú están abiertas. Cada habitación tiene una ventana y está provista con un par de bancos bajos. En las paredes de barro hay dibujos de los niños del poblado, y sobre el gastado pizarrón las palabras de la última lección están mal borradas.

Exactamente a la una de la tarde los asesinos empiezan a actuar. La puerta de la habitación de Willy y el Chino Chang es abierta de golpe. El cabo Huanca y el teniente Espinoza están de pie en la entrada con sus M-1 y Willy instantáneamente comprende la situación. "De cara a la pared", ordena Espinoza. "Si usted me va a disparar, quiero verlo", le grita Willy, y entonces las balas arrojan a los dos guerrilleros al suelo.

En la otra habitación Ernesto Guevara ha podido escuchar cada detalle a través de la delgada pared que no llega hasta el techo interior de la choza. Aparentemente apesadumbrado, camina de un extremo a otro de la habitación y finalmente se sienta en una esquina junto a la puerta con la cabeza apoyada en la mano derecha.

En esta actitud muere Ernesto "Che" Guevara.

Algunas fuentes de información insisten en que el comandante guerrillero cambió unas pocas palabras con su asesino antes de ser liquidado. Es, sin embargo, más probable que nadie haya tenido el coraje de disparar sobre Guevara cara a cara, y que las balas asesinas fueran por lo tanto disparadas por sorpresa, posiblemente desde la ventana de la habitación.

Una ráfaga de M-2 alcanza al comandante Guevara, pero el asesino, teniente Huertas, debe haber estado nervioso, porque maneja su arma malamente. La ráfaga, que supuestamente debía terminar con el "Che" en un décimo de segundo, no es concentrada. Un par de balas entran en la región estomacal. Una cruza la parte baja del brazo derecho, que, como se recordará, "Che" está sosteniendo frente a su pecho, y entonces entra en la región del corazón. Otras tres balas lo alcanzan más arriba: una en la región del hombro derecho y dos en el cuello. Otro par de balas van simplemente demasiado altas y se incrustan en la pared.

Guevara cae hacia adelante con la cara sobre el piso de tierra. Está agonizando, y ahora la puerta es abierta y otros oficiales, sargentos y soldados entran, todos ellos extremadamente excitados. Uno da el tiro de gracia al comandante Guevara en el lado derecho de la garganta. Otro al mismo tiempo dirige un golpe con su machete sobre la parte superior de la espalda, paralelo a la columna. El cuerpo del comandante hace sus últimos movimientos bajo el efecto del golpe brutal, y en la espalda una herida de unos 15 centímetros de largo empieza a sangrar.

"Eso no —dice un oficial—. No maltraten la parte superior del cuerpo. Denle algunas balas más en las piernas y eso será suficiente." Dos soldados disparan afanosamente sus armas, y la sangre corre de las nuevas heridas.

Antes de las 13.30 todo ha terminado. Mientras los *rangers* preparan los cuerpos para ser transportados a Vallegrande, la población local es mantenida a distancia de la escuela, una medida que de todas formas no ha evitado que los habitantes de Higueras pudieran contar los disparos y prestaran atención a quienes estaban alrededor de la escuela a las 13 horas de ese lunes por la tarde. Un hombre faltaba, de acuerdo con los testigos. Los suboficiales y tenientes se habían hecho cargo. Pero el jefe de la compañía, capitán Gary Prado, se había retirado a una choza alejada, donde esperó el sonido de las ráfagas asesinas.

Ahora entra en escena nuevamente y dirige el envío del cuerpo todavía caliente y sangrante del comandante Ernesto "Che" Guevara.

31 de octubre

Anatomía de una mentira

La muerte oficial de Ernesto "Che" Guevara es tan extraordinaria que merece un estudio más aplicado. Aquí tenemos un hombre que podía hablar con una bala atravesándole el corazón, y aquí tenemos un cuerpo que primero fue enterrado, luego quemado, y después quemado y enterrado, y finalmente no quemado en absoluto y no enterrado, sino simplemente desaparecido.

Echemos una mirada a las diferentes versiones:

El lunes por la tarde, temprano, aún antes de saber exactamente en qué forma había sido asesinado Ernesto Guevara, el general Ovando Candia empieza a dar declaraciones decisivas a la prensa. *La primera:* "Guevara murió instantáneamente de sus heridas, pero antes de expirar dijo: 'Soy el Che, he fracasado' ". Esta patética versión es casi *instantáneamente negada* por el coronel Zenteno Anaya de la Octava División del Ejército, quien dice a los periodistas que Ernesto Guevara no dijo una sola palabra a nadie y que murió algunas horas después de haber sido tomado prisionero. Ahora tenemos ya dos versiones a sólo unas pocas horas de que el asesinato tuviera lugar. En Santa Cruz *otro oficial expresa su punto de vista:* el contraalmirante Ugarteche dice al mundo que Guevara murió de sus heridas, pero que se identificó a sí mismo y habló con algunos de los oficiales que lo capturaron.

Pese a que hay diferencias entre estas tres versiones, todas están de acuerdo en subrayar esto: Ernesto Guevara murió de sus heridas el domingo por la tarde, el 8 de octubre. Junto con él murió el guerrillero boliviano Willy.

Tres oficiales de jerarquía dicen más o menos la misma historia, naturalmente después de haber convenido en qué decir antes de partir de Higueras.

Todo parecía suficientemente sólido, pero no es tan fácil engañar al mundo.

El lunes por la noche los médicos del hospital de Vallegrande, a donde ha sido llevado el cuerpo de Ernesto Guevara, hacen una extraña declaración. Dicen que el cuerpo todavía estaba tibio y flexible cuando lo recibieron alrededor de las cinco de la tarde, y que la muerte había tenido lugar no más de cinco horas antes. Sobre las heridas los médicos señalan que por lo menos una de ellas (en la región del corazón) había sido casi instantáneamente letal, y que también probablemente una de las balas en el cuello había tenido un efecto instantáneo.

Antes de que los militares puedan evitarlo esta declaración es hecha, y ahora Ovando y compañía están en una posición difícil. Si el cuerpo de Guevara estaba todavía tibio a su llegada al hospital Señor de Malta, en Vallegrande, la muerte debe haber tenido lugar el lunes alrededor de la una de la tarde, y no en la tarde del domingo, como los generales dicen. Además, un hombre con una bala en el corazón y otra en la garganta no está en condiciones de decir ni una palabra. Algo está evidentemente mal en esta coartada, y por lo tanto tiene que ser corregido de acuerdo con la realidad. En ningún caso, por supuesto, puede ser declarado que el comandante Guevara murió el lunes, porque eso sería lo mismo que confesar que fue asesinado, y debido a esto la declaración hecha por el ejército dice que Guevara fue capturado, seriamente herido, pero mentalmente claro. Sin embargo, él no pronunció una sola palabra en las últimas horas de su vida.

Ahora bien, repentinamente, la patética confesión de Ernesto Guevara ha desaparecido. Está silencioso pero mentalmente claro. Otra cosa es que el ejército no da ahora ninguna hora o día de la muerte, y lo único concreto en la declaración de los generales es que Ernesto Guevara murió después de haber recibido serias heridas en combate. Más que esto —ningún detalle, ninguna declaración específica, ningún testigo— el ejército boliviano no está en condiciones de presentar ante la opinión pública mundial.

Ahora uno puede preguntarse: ¿por qué esta contradicción, por qué esta confusión? Hubiera sido la cosa más sencilla del mundo haberse puesto de acuerdo en una versión y luego mantenerla. Guevara estaba en las manos de los generales, y los generales estaban todos presentes y juntos en Higueras. Las condiciones objetivas para la fabricación de una tremenda historia estaban presentes.

Cuando eso no resultó como los cuatro altos oficiales habían pensado (Ovando, Ugarteche, Zenteno y Selich), la explicación es que ellos salieron de Higueras *antes* del asesinato, y cuando empezaron a hacer sus declaraciones había dos cosas que no podían saber: 1) que el asesino había herido a Ernesto Guevara en el corazón, y 2) que el cuerpo todavía estaría tibio y flexible al llegar a Vallegrande. Estos dos factores terminaron con la historia de Ovando e hicieron evidente que estaba ocultando la verdad.

El hecho de que el comandante Guevara haya sido herido en el corazón y no sólo en los pulmones, como Ovando habría probablemente ordenado, puso furioso al Jefe de las Fuerzas Armadas, y aquí tenemos la explicación de por qué el capitán Gary Prado no fue ascendido a mayor. Él era ante Ovando el responsable directo de que la liquidación no hubiera sido llevada a cabo de una manera "adecuada".

También hubo represión contra los dos médicos. Tanto el civil Fernández, como el militar Abraham, fueron amenazados para que no hablaran más sobre lo que vieron aquel lunes por la tarde en la morgue del hospital de Vallegrande.

La preocupación del comando del ejército boliviano ha sido, sin embargo, más bien superficial, y sólo referente al asesinato del comandante Guevara. Con respecto a los otros dos guerrilleros asesinados, Willy y el Chino Chang, hubo sólo intentos esporádicos de ocultar la verdad. Fue dicho, por ejemplo, que Willy murió defendiendo al "Che" Guevara; pero cuando el presidente Barrientos tomó esta historia y casi hizo un héroe de "este joven minero boliviano que —contrariamente a Debray— supo cómo luchar y morir", entonces los generales dejaron de referirse a Willy, y nunca más fue mencionado en las versiones oficiales. El Chino Chang nunca había sido mencionado. Fue solamente —siempre de acuerdo con la fantasía del ejército— uno de los guerrilleros que murió luchando en Quebrada del Churo. La verdad sobre este guerrillero es, sin embargo, que durante la lucha rompió sus espejuelos y después de eso se movió por la Quebrada como un ciego, hasta que fué encontrado al día siguiente y llevado a la escuela en Higueras.

Con respecto al asesinato del comandante Ernesto Guevara, queda una pregunta que debe ser contestada: *¿Quién dio la orden inicial?*

El presidente, general René Barrientos, contestaría alguien. Pero no, él no podía posiblemente saber nada sobre la captura de Ernesto Guevara. Fue informado por primera vez en las últimas horas de la tarde del lunes, cuando el cuerpo del asesinado comandante guerrillero estaba en camino a Vallegrande. Ovando entonces debe haber sido el hombre. Pero aquí otra vez hay algo que parece extraño. Ovando Candia estaba presente en Higueras cuando la orden vino vía cable desde La Paz. Con las dos personas más poderosas en Bolivia en una situación en la cual resulta imposible que hubieran dado la orden de liquidación, sólo nos queda una posibilidad: la poderosa sección de seguridad e inteligencia de la embajada de Estados Unidos en La Paz, que tenía su enviado especial, "el capitán cubano" o "González" acompañando al general Ovando a Higueras.

Esto es confirmado por el jefe del grupo de asesores

militares norteamericanos, mayor Shelton, quien al serle preguntado en una entrevista sobre lo que él aconsejaba a los soldados bolivianos que hicieran con los prisioneros capturados, respondió que las experiencias en Vietnam han demostrado que no puede haber clemencia con los "prisioneros difíciles"

1 de noviembre

Huida en la oscuridad

A medida que la oscuridad caía sobre la Quebrada del Churo en aquel domingo de octubre, la situación de la columna guerrillera era crítica. Su centro y su comandancia habían sido eliminados, y tanto la vanguardia como la retaguardia no habían tenido éxito en salir de la Quebrada, y estaban ambas cercadas por fuerzas superiores del ejército.

Quiénes eran los integrantes de los grupos es difícil saberlo exactamente; pero si partimos del sitio en el diario de Ernesto Guevara, donde el Comandante escribe que "éramos 17 hombres cuando partimos" (Higueras, después de la muerte de Roberto "Coco" Peredo), podemos dividir a los guerrilleros en los siguientes grupos: *A*) un pequeño grupo, tal vez sólo dos individuos que se perdieron y perdieron contacto con la columna principal cuando los guerrilleros salieron de Higueras apresuradamente. En este grupo tenemos al guerrillero León, que algunos días más tarde se rindió al ejército y junto con otro prisionero reciente, "El Camba", hablaron como loros, como escribe Guevara en su diario. *B*) La nueva vanguardia de la guerrilla, que fue formada después de la muerte de "Coco" y la exterminación de la que existía. En ésta tenemos a "Inti" Peredo, dos guerrilleros cubanos, ambos mulatos, siendo uno de ellos el legendario "Pombo". Además tres bolivianos —o dos bolivianos y un peruano. Este grupo parece haber estado más cercano a Higueras, mientras que la retaguardia, *C*), estaba situada abajo en la Quebrada, en dirección al río Grande. En este grupo tenemos cuatro guerrilleros, un cubano y probablemente dos bolivianos y un peruano. Finalmente está el centro, *D*) comandado por Ernesto Guevara en persona. Éste parece haber estado compuesto por cinco integrantes: el comandante Guevara, los guerrilleros cubanos Arturo y Antonio, el boliviano Willy y el Chino Chang, peruano, todos los cuales fueron o bien capturados o muertos en combate.

La suma total de los integrantes de estos cuatro grupos es diecisiete, la cifra que el comandante Guevara había mencionado. Ahora bien, los grupos *A* y *D* han desaparecido, lo que deja un saldo de diez integrantes de los grupos *B* y *C*.

Estos dos grupos tuvieron éxito en escapar, pero sus destinos fueron, después de la huida, enteramente diferentes. La retaguardia se movió evidentemente hacia abajo en la Quebrada, y cuando las tropas se concentraron alrededor del centro de la guerrilla, tuvo una oportunidad de salir de la fatal Quebrada. Durante unos tres o cuatro días el grupo marchó hacia el norte, hasta que alcanzó las orillas del río Misque, donde cometió el error de hacer contacto con la población rural. Instantáneamente fue delatado, y al día siguiente tuvo un choque con una unidad del ejército muy superior.

Aquí otra vez tenemos por lo menos dos versiones: Una dice que el grupo fue eliminado hasta el último hombre en la lucha, mientras la otra afirma que los guerrilleros después de una lucha inicial se dieron cuenta de que eran aventajados y por lo tanto se rindieron. Los médicos de Vallegrande que revisaron los cadáveres de los guerrilleros insisten, sin embargo, en que es evidente que los cuatro fueron ejecutados, y el hecho de que el ejército no tuviera ninguna baja parece también indicar que el destino de la retaguardia ha sido el mismo de Ernesto Guevara y sus dos compañeros guerrilleros.

Testigos de la población local cuentan la siguiente historia: el jefe evidente del grupo, el guerrillero cubano Morogoro, ordenó el cambio de ropas y un corte de pelo y de barbas general para todos los integrantes del grupo. A pesar de este cambio, el grupo fue localizado y se rindió, cuando se dio cuenta de que no podía cruzar el río a salvo. Los guerrilleros fueron desvestidos y atados y se les dijo que iban a ser llevados a Vallegrande para ser interrogados. Durante una noche fueron mantenidos vivos a orillas del río, y al día siguiente se los hizo marchar hacia el río Grande, donde —según se les dijo— el helicóptero estaba esperando. Una vez llegados al lugar donde ambos ríos se encuentran, los guerrilleros fueron empujados sobre la playa abierta y todavía atados fueron ametrallados; uno de ellos tan violentamente que su cabeza fue separada del cuerpo. Después de esto fueron vestidos y echados en el tren de aterrizaje del helicóptero, que partió en dirección de Vallegrande. Aquí los guerrilleros "caídos" fueron identificados. Junto al comandante Morogoro estaba el peruano Eustaquio, el boliviano Jaime Arana, y un guerrillero boliviano cuya identidad es desconocida.

Estos cuatro guerrilleros —al igual que los caídos en Vado del Yeso, Higueras y Quebrada del Churo— fueron enterrados en los alrededores de Vallegrande en diferentes cañadas y sus tumbas han sido rodeadas con las más rígidas medidas de seguridad.

El grupo *B*, la vanguardia de la guerrilla bajo el mando de "Inti" Peredo, fue la que creó los más serios problemas para el ejército. No sólo escapó al cerco, sino que también se trabó en un fiero combate al día siguiente, el 9 de octubre, y mató seis soldados sin perder por su parte un solo hombre. Fuentes del ejército insisten en que el grupo llevaba consigo un perro, y que este perro fue el que descubrió la unidad del ejército escondida e hizo la victoria posible para los guerrilleros. Si esto es cierto, no es posible saberlo. Sin embargo, es un hecho que los guerrilleros llevaban un perro consigo. Era la mascota de Ernesto Guevara, y durante el combate en Quebrada del Churo parece que el animal llegó hasta la vanguardia y se quedó con ella durante la larga huida y ruptura del cerco.

Qué sucedió cuando el grupo de Inti chocó con los soldados, es difícil saberlo. Los soldados están todos muertos y los guerrilleros huyeron. Pero parece que el lunes por la mañana el grupo fue descubierto por un campesino que informó al ejército y ofreció servir como guía. Los guerrilleros, sin embargo, descubrieron a los soldados y al guía antes de que pudieran tomar posiciones y los eliminaron a todos, escapando en dirección a Higueras, la región menos vigilada por el ejército.

5 de noviembre

Vallegrande — los muertos están vivos

Los *rangers* en Mataral bajan la cadena frente a nosotros y dejamos la carretera de Cochabamba-Santa Cruz y entramos en el camino polvoriento que va hacia Trigal y Vallegrande. Nubes verdes de loros están viajando junto con nosotros, haciendo maniobras sobre los campos, y de tanto en tanto pasamos por pueblitos adormecidos, que el chofer trata de hacer atractivos repitiendo que "por aquí pasaron los guerrilleros hace unos días".

En la plaza de Vallegrande, los 4 000 habitantes del pequeño, oscuro pueblo medieval, pueden disfrutar el último saludo de los *rangers:* carteles con una calavera cruzada por dos tibias y la palabra *ranger.* Y en la noche —o de todas formas, en algunas noches— la banda de la guarnición toca marchas militares norteamericanas o prusianas, y el coronel Andrés Selich y su segundo al mando, el mayor Flores, desfilan rodeados de los dignatarios locales, mientras los jóvenes oficiales de *rangers* se reúnen en la única taberna junto a la plaza y beben cerveza de La Paz y se emborrachan bajo la dirección del cada vez más alcohólico mayor Vargas, de Vado del Yeso; y juntos cantan sus canciones, hablan mal de los norteamericanos, y de cuando en cuando salen en una llamada incursión, amenazan a la gente, tiran botellas y regresan melancólicos y deshechos a sus barracas.

Vallegrande, el pueblo olvidado, con sólo cuatro horas diarias de electricidad, sin alcantarillado, construido sobre cien años de suciedad y lodo, oscuro y silencioso, este Vallegrande en estos días ha aprendido a vivir junto con la muerte y el temor.

Parece ser la ironía de la historia que los guerrilleros muertos, traídos a Vallegrande para destacar el triunfo del ejército han ganado una cierta simpatía entre los habitantes y con su muerte han frustrado los intentos del ejército de arreglar "demostraciones de alegría y victoria" entre la población civil.

Cuando los primeros guerrilleros fueron traídos de Vado del Yeso, los vallegrandinos estaban curiosos, pero no hubo ninguna señal de alegría, y el ejército tuvo que arreglar una demostración con niños, viejos veteranos de la guerra del Chaco y algunas fieles esposas de oficiales. Cuando la guerrillera Tania fue traída, hubo una activa simpatía hacia su cadáver. La gente quiso poner velas y hacer una colecta para su ataúd. Cuando su cuerpo desapareció en una tumba desconocida, la comandancia del Batallón General Pando tuvo que enfrentar la primera demostración de repudio, que marchó hacia las barracas del ejército en nombre de la decencia y la cristiandad.

Cuando Roberto "Coco" Peredo y sus compañeros guerrilleros fueron expuestos en la morgue del hospital Señor de Malta, la gente se quedó afuera, y un significativo silencio se extendió en Vallegrande, y el oficial a cargo de los entierros secretos se negó a realizar su trabajo, lo que le costó dos semanas de arresto.

Todo el mundo que estaba en Vallegrande cuando el cuerpo del comandante Ernesto Guevara fue llevado allí puede testificar cuál era la atmósfera. Hubo curiosidad, sí, pero en ningún momento la población hizo lo que el ejército esperaba. Ningún repudio, ninguna hostilidad hacia el guerrillero caído.

La gente que vino con velas fue empujada hacia afuera. Mujeres que salieron con la comparación entre Ernesto Guevara y un santo, o aun con Jesús, fueron sacadas a un lado, interrogadas y enviadas a su casa con un guardia. El coronel Andrés Selich visitó a los curas y les solicitó que incluyeran en sus sermones que semejantes comparaciones de ninguna manera podían ser permitidas por la Iglesia, y que el castigo sería la excomunión.

Los últimos cinco guerrilleros —los cuatro del río Misque y un integrante del grupo de "Inti" Peredo, Ñato— fueron llevados a Vallegrande sin ninguna clase de alarde y silenciosamente sacados hasta sus apresuradamente cavadas tumbas en las cañadas cercanas a Trigal, a unos 25 kilómetros del pueblo.

Ahora no hay más guerrilleros para enterrar, pero la población de Vallegrande no ha olvidado lo que sucedió hace algunas semanas, y una batalla peculiar entre el ejército y la población civil está teniendo lugar en estos días: el ejército quiere hacer desaparecer de las vitrinas de los comercios las patéticas fotografías de Ernesto Guevara, y quiere que la gente devuelva lo que en una forma u otra ha desaparecido de las pertenencias de los guerrilleros. Pero los vallegrandinos siguen exhibiendo las fotografías, y en muchas casas hay pequeños frascos que contienen un mechón de pelo supuestamente perteneciente al "Che" Guevara, o alguien tiene su cantimplora, o una de sus medias, o su cinturón, o un trozo de tela de sus pantalones. El ejército está buscando ansiosamente, porque sabe que hay algo que *está* faltando. La camisa de Guevara no puede ser encontrada. La que tenía puesta cuando fue liquidado está en Vallegrande, con el impacto de las balas, con la sangre y la sal del sudor y el tajo en la espalda hecho por el machete. El ejército sabe que es una prueba, pero la población permanece silenciosa y empecinada.

Vallegrande es también un pueblo donde se puede oír una cantidad de cosas sorprendentes. Cuando el agente del DIC va a tomar un trago en el hotel Teresita, todos se vuelven conversadores. El jefe de policía, Rodríguez, que escasamente puede escribir su propio nombre y que maltrata personalmente a los jóvenes estudiantes secundarios que todavía están presos después de haberse atrevido a ridiculizar al alcalde de Vallegrande, está profundamente satisfecho con su trabajo como explorador para el ejército. "Fue justo a tiempo que aprehendimos a los guerrilleros —confiesa—, estaban empezando a ganar simpatías entre la población. Hemos tenido problemas con el corregidor en Higueras, y hemos tenido que hablar seriamente con alguna gente en Alto Seco..."

"Y Ramírez —preguntamos—, ¿qué pasó con Ramírez?"

"¿Con Ramírez?" —pregunta Rodríguez inocentemente.

"Jorge Ramírez, el líder campesino del MNR de la región de la familia Rojas", respondemos, sabiendo muy bien lo que la mayoría de la gente en Vallegrande dice: ese Ramírez fue arrestado en agosto, y el 2 de noviembre, el Día de los Muertos, muerto por orden del coronel Andrés Selich, el mayor Flores y el subprefecto de Vallegrande, que resulta ser un miembro de la poderosa familia Rojas.

La cara del agente se hace impenetrable.

"Ramírez era un comunista —declara solemnemente—. Nosotros no sabemos lo que le sucedió."

"Pero la gente no desaparece simplemente" —insistimos inocentemente.

"Nadie le ha hecho nada a Ramírez" —el segundo agente del DIC, Gironda, informa.

"Su esposa es de otra opinión."

Entonces los agentes cambian de tema y empiezan a contar cómo fueron enviados como exploradores para rastrear a los guerrilleros.

"Fui yo —dice Gironda— el que encontró al grupo de Guevara en Alto Seco. Yo los había estado siguiendo todo el camino desde Puerto Mauricio, pero los perdí después de unos diez días. Entonces regresé a Alto Seco, y una mañana el corregidor me despertó y dijo: 'Mejor que salga del pueblo. Los rojos están llegando, y usted es colla y eso es raro aquí; ellos lo encontrarán y la gente dirá lo que usted está haciendo, así que es mejor que se vaya'. Entonces me dio algunas latas, y me fui justo antes de que el primer guerrillero entrara en el poblado. Eso debe haber sido alrededor del 24 o 25 de septiembre. Yo estaba apurado por salir. Si ellos me hubieran encontrado en Alto Seco, me hubieran registrado y hubieran encontrado mi revólver, pese a que nosotros siempre llevamos nuestras armas en las botas."

Y Gironda continúa y cuenta cómo casi corrió todo el camino hasta Higueras y entró en la casa del corregidor de allí: "Pero este Quiroga, Aníbal Quiroga, no quiso prestarme una mula. No quiso colaborar. Me dijo que no tenía ninguna mula, pero yo sé que la tenía. Yo lo descubrí más tarde, y también descubrí por qué no quiso ayudarme: simpatizaba con los guerrilleros, y nosotros tendremos que hacer algo con respecto a eso".

A medida que la noche continúa y los tragos se hacen muchos, hay muchas más personas, y los agentes del DIC quieren hacer algo sobre eso. Están el pastor Aguilar y su hermana, el fotógrafo Cadima, el alemán de la cooperativa de luz, está todo el mundo que sigue hablando de los guerrilleros que no tuvieron sus tumbas, está el cura de Pucará, Roger Schiller...

Escuchando sus planes recordamos lo que dice alguna gente en Vallegrande: "Antes de la cosa con la guerrilla no había mucha justicia aquí, pero ahora nadie está seguro. El coronel Selich y Rodríguez del DIC hacen lo que les da la gana".

Y entonces un día nos encontramos con uno de los rojos en el pueblo. Actuó en política hace unos diez años en el Partido Comunista de Mario Monje. Ahora está inactivo. Ha sido demasiado golpeado, demasiado amenazado. Pero tiene fuertes simpatías por la guerrilla desde las primeras noticias de las emboscadas de marzo en Ñacahuasu.

"¿Podría el Ejército de Liberación Nacional esperar alguna ayuda en Vallegrande?" —preguntamos.

Él sacude la cabeza.

"¿Se podría esperar alguna ayuda en el futuro?"

Otra vez da una respuesta negativa.

"Usted ve —dice—, no es una cuestión de quién tiene razón o está equivocado. Aquí casi todo el mundo sabe que éste es un régimen corrupto, pero la gente está atemorizada, y sólo están con los ganadores. Ellos hacen lo que la Iglesia les dice y lo que el ejército manda, y entonces esperan que suceda lo mejor."

"¿Y si la guerrilla vuelve?"

"Entonces todos los *rangers* vuelven, los cadáveres vuelven, los negocios vuelven, y nadie expresará ninguna simpatía por la guerrilla hasta que estén seguros de que el ejército y el régimen están siendo derrotados. Entonces, ¡sí!"

Las ciruelas están madurando en Vallegrande. Por todos

lados venden las dulces frutas moradas. El día antes de partir una mujer dice: "Conozco un hombre que tiene un mechón de pelo del 'Che', le pedí que me diera un poco. Él no quiere venderlo. Nadie quiere vender eso. Yo creo que es la única cosa que usted no puede comprar en Vallegrande hoy día. La gente quiere guardarlo. Sólo para tenerlo y mostrárselo a amigos e invitados y decir: ¡Mira aquí, esto es pelo del 'Che'!"

Y conociendo un poco Vallegrande, nos damos cuenta de que es algo más que un simple *souvenir* para la gente. Es un símbolo.

Y mientras su nombre está en todos los labios en Vallegrande, la desaparición del cuerpo de Ernesto Guevara sigue siendo un misterio. Todo el mundo en Vallegrande sabe que la versión de la incineración del general Ovando es una mentira, como todo lo demás que el general ha dicho, y hay una sospecha casi general de que el avión que mucha gente escuchó aterrizar el miércoles por la mañana alrededor de las seis, el 11 de octubre, se llevó el cuerpo consigo. Nadie puede decir la nacionalidad de ese avión; pero a partir de ese día el agente de la CIA, González, también desapareció de Vallegrande. Y además: un ataúd con tapa de cristal fue ordenado por el ejército el martes por la tarde.

En Vallegrande, los guerrilleros que fueron enterrados no tuvieron ni siquiera ataúdes para sus tumbas desconocidas. Este ataúd era para uso especial. Un ataúd para Ernesto Guevara, y con tapa de cristal para que sus enemigos pudieran seguir echando una mirada a lo que ellos difícilmente podían creer: el "Che" muerto.

17 de noviembre

Tiempo moja, tiempo seca

A unos diez kilómetros de Vallegrande, profundamente adentro de una cañada perdida, vive Julio Arroyo. Sus tierras son piedras, y el lecho del río cercano a su choza está seco como un desierto, y en el calor del mediodía las cigarras cantan tan alto que casi lastiman los oídos.

Julio Arroyo entró en la historia en ese día de hace algunas semanas, cuando estaba trabajando en una parcela de tierra en una cañada no lejana de su choza, y repentinamente un hombre barbudo se paró frente a él apuntándole con un arma y le ordenó que lo siguiera. Cinco minutos más tarde Julio estaba integrado en la unidad guerrillera de "Inti" Peredo como guía, y como tal trabajó durante tres días hasta que hubo sacado a los guerrilleros del territorio que él conocía.

"De ahora en adelante sigan por su propia cuenta —dijo Julio a los guerrilleros, cuando los dejó a algunos kilómetros de Mataral, sobre la carretera de Cochabamba-Santa Cruz—. Yo no conozco la región más allá y quiero volver con mi esposa y mis hijos."

Y Julio volvió, pero no se quedó en su choza. Fue hasta el comando del ejército en Vallegrande e informó sobre lo que había visto, y esto causó el último choque entre unidades del ejército y el grupo guerrillero, en el cual uno de los guerrilleros, Ñato, murió mientras los otros lograban huir.

Ésta es la historia de Julio tal como él la dijo, cuando volvió de su trabajo diario en las lomas y de mala gana nos invitó a quedarnos.

"Usted ve, la gente dice que yo obtuve dinero de los guerrilleros. Ellos dicen que 'Inti' me pagó más de 1 000 pesos. Pero yo no obtuve nada. Y cuando informé al mayor Flores no me dieron nada tampoco. Los guerrilleros me llevaron a la fuerza, eso es, no me maltrataron, pero me obligaron a trabajar para ellos. El primero que vi, el que bajó a la cañada, era un extranjero, era él. Un cubano, pienso. No lo sé. También podría haber sido peruano. De todas formas no era de aquí, de Bolivia. 'Usted venga conmigo', dijo. 'Y no se resista porque eso será malo para usted.' Y qué miedo tuve; fui delante de él hasta que llegamos a unos doscientos metros arriba de la cañada, donde los otros estaban esperando. Estaba el que ellos llaman 'Inti', un tipo flaco él. Y había dos negros, o mulatos como ellos los llaman. Uno no era muy alto, y ése era 'Pombo'. El otro era más grande y más pesado y tenía más barba que este 'Pombo'. A él lo llamaban Negro. Los otros dos eran bolivianos, creo yo. La gente dice que eran de Beni. Yo no sé. Yo no sé cómo son los de Beni. Es posible. Y entonces este 'Inti', se veía que él mandaba a los otros, me preguntó si había soldados en la vecindad, y si había algunos vigilando el camino entre aquí y Trigal. Y le respondí que no creía. Y entonces me dijo que ellos querían llegar a la carretera y me preguntó si yo sabía cómo llegar allí sin pasar cerca del camino a Vallegrande y sin encontrar campesinos. ¿Y qué podía yo decir? Quiero decir que ellos tenían las armas listas y todo, así que tuve que aceptar y decir que sabía cómo llegar a unos kilómetros más al norte. 'Entonces vienes con nosotros', dijo 'Inti', y entonces me pusieron entre dos de ellos, otros tres durmieron, y uno, creo que era 'Pombo', estuvo despierto y haciendo guardia allá arriba sobre la cañada. Yo no podía dormir, así que traté de hablar con los dos que estaban sentados junto a mí, pero ellos no me contestaron, así que empecé a mirarlos, y recuerdo más que nada sus pies. Le digo, no tenían botas, sólo uno de ellos tenía algo como botas. Los otros tenían abarcas que estaban casi hechas pedazos. Estaban vestidos con cualquier ropa, casi todos como los soldados de Vallegrande y tenían pequeñas armas de metal. No es cierto lo que dice la gente que dos solamente estaban armados y que no tenían barba. Todos tenían barba pero no muy larga. Tampoco es cierto que ellos se peleaban. Ellos no se peleaban, 'Inti' comandaba, pero ellos no hablaban mucho entre sí. Me pareció que sabían todos qué hacer. Cuando no tenían que estar alrededor mío se quedaban alejados, y contaban historias y hacían bromas de vez en cuando. La primera noche cuando empezamos a marchar —me dijeron que preferían moverse en la oscuridad— llovía muy fuerte, pero marchamos toda la noche. Nunca pararon, ni siquiera para buscar abrigo. Uno de ellos se rió conmigo y dijo: 'Tiempo moja, tiempo seca', y seguimos marchando hasta que se hizo de día. Yo no sé cuánto hicimos por noche. Unos diez kilómetros, tal vez un poco más, un poco menos, pero se movían como animales en la montaña con sus pesadas mochilas y uno de ellos, uno que llaman Ñato, con una mala herida en su pierna derecha, me parece. Pero nunca parecían cansados y se ayudaban entre ellos y bromeaban y se reían, pero no hablaban mucho conmigo, y tampoco entre ellos querían hablar cuando yo estaba delante. Eso se veía. Una vez 'Inti' dijo: 'Nosotros queremos ir al Beni, compa, ¿puede usted llevarnos?' Pero yo dije que no podía porque no conocía el camino o aun el terreno del otro lado de la carretera. Entonces se rió y dijo que me pagarían bien, pero nunca me pagaron nada. Y yo los dejé afuera de Mataral. ¡Qué hambre tenía! Habíamos caminado hasta cerca de Trigal y de Cochabambita marchado durante tres noches, y yo no había comido casi nada. Los guerrilleros sí, ellos comieron cualquier cosa que pudieron agarrar. Algunos de ellos hasta comieron hojas de los árboles, y una vez prepararon una comida. Una especie de potajes de choclos, algunas latas de sardinas y agua fría. El que se llamaba Negro mezcló todo en una jarra, y me ofrecieron compartir, pero yo estaba tan asustado que no pude comer un bocado. Entonces cuando los dejé, ellos no me dijeron a dónde iban, pero yo despues supe que fueron a Mataral y compraron abarcas y latas de comida y burlaron al ejército otra vez. Entonces la gente dice que se fueron algunos kilómetros al norte de la carretera y allí pelearon con el ejército. Y la gente también dice que mataron a Ñato por culpa mía, porque yo fui a Vallegrande y di parte. Pero ¿qué podemos hacer?, nosotros somos pobres. Si no decimos al ejército lo que pasó, lo peor puede pasarnos."

Y entonces la hermana de Julio cuenta su historia: que ella fue los diez kilómetros hasta Vallegrande al día siguiente que Julio desapareciera en la cañada y que dijo al mayor Flores que Julio había desaparecido, y que pensaba que los guerrilleros se lo habían llevado consigo, y entonces Flores dijo que estaba cansado de toda aquella falsa información que traían los campesinos y que él sabía que sólo era para ganar dinero, que no se podía confiar en nadie y que ella se iba a ganar algunas patadas si estaba contando un cuento. Pero, sin embargo, 30 soldados fueron hasta el rancho de Julio, y mientras el mayor Flores y el teniente se quedaban a salvo, los soldados entraban en la cañada y encontraban algunas huellas que no pudieron seguir porque había estado lloviendo a cántaros. Entonces regresaron al rancho y tomaron algunas camisas de Julio y dijeron que iban a pagar por ellas, pero nunca lo hicieron.

Y como su hermano, ella termina:

"Nosotros somos gente pobre y nunca hemos hecho mal a nadie, pero después de esto somos más pobres que antes, y ¿qué podemos hacer? Y lo peor es que todos tenemos miedo que ellos vuelvan algún día, y Julio tiene hasta miedo de trabajar solo en las cañadas, porque no sabe lo que lo espera por allí."

25 de noviembre

Los 30 años en Camiri

Golpeando tan violentamente la mesa que la cabeza del martillo saltó varios metros y cayó al suelo de la biblioteca del sindicato de los trabajadores petroleros en Camiri, el coronel Efraín Guachalla anunció los previstos 30 años para Régis Debray. Una condena igual de 30 años recibió el argentino colaborador del ejército, Ciro Roberto Bustos. Mientras la sentencia era leída en voz alta, los coroneles del consejo militar trataban de aparecer doctos y severos. Régis Debray miró hacia el techo e ignoró a sus jueces tanto como ellos lo ignoraron durante todo el juicio. Bustos estaba sudando y parecía tomar la función en serio.

Algunos días antes la empecinada prensa extranjera peleó su última batalla contra las autoridades militares en Camiri. O mejor dicho, los militares hicieron por última vez imposible el trabajo de los periodistas. La misma prensa mundial que fue casi invitada "a comprobar el carácter abierto y justo del proceso" (general René Barrientos) fue expulsada de la sala de la corte en el mismo momento en que Régis Debray obtuvo la oportunidad de hacer su propia defensa. Cuando el acusado se puso de pie y pronunció las primeras palabras: "Señor Presidente, el respeto que debe...", fue instantáneamente interrumpido por unas cinco personas que gritaron algo sobre "ladrón" y "asesino". En nombre del orden general, el coronel Guachalla hizo abandonar la sala a punta de bayoneta, y a puerta cerrada se permitió a Régis Debray hacer su defensa frente a sus tres monumentalmente estúpidos jueces, mientras veinte periodistas fueron mantenidos a una distancia de diez metros del tribunal con el evidente objetivo de rodear la defensa del acusado con un anillo de hierro y evitar que sus peligrosas palabras llegaran al mundo. Pero los bolivianos —y especialmente los militares bolivianos— tienen una mentalidad comercial, y frases o párrafos completos de lo que Debray había dicho, podían ser comprados unos pocas horas más tarde por comparativamente modestas sumas de dinero.

De acuerdo con ellas, Debray atacó el proceso en lugar de defenderse a sí mismo. Señaló que el Consejo de Guerra no había actuado imparcialmente. Analizó la iniciación de la guerrilla y negó haber sido el que había puesto al ejército sobre las huellas de Ernesto Guevara, y finalmente propuso que si el Consejo quería justicia, debería echar una mirada a la situación de las minas bolivianas y recordar las tres matanzas habidas allí.

Durante las casi dos horas de su defensa, la actitud de los cinco coroneles fue en extremo peculiar. Ellos guardaron una especie de empecinado silencio, y se dice que sólo el Presidente tuvo dificultades para controlar su temperamento medieval.

Después de la sentencia, el régimen instantáneamente recompensó a los coroneles de Camiri por su gran resistencia y paciencia y ascendió a tres de ellos a generales de división. Es probable que Efraín Guachalla, Humberto Iriarte y compañía estuvieran altamente satisfechos, pero como no había puestos vacantes como comandantes de división en Bolivia, el nombramiento de tres nuevos generales se convirtió en una especie de problema. A esto se agregó que "los oficiales que habían terminado con la guerrilla" —v. gr. coronel Zenteno Anaya, coronel Reque Terán y coronel Andrés Selich— se sintieron insultados cuando fueron dejados de lado con unas pocas palabras amables de La Paz, pero sin ningún nombramiento. La rivalidad dentro de las jerarquías del ejército pronto adquirió un contenido político, cuando también el coronel Marcos Vásquez Sempértegui fue hecho general. Entonces se hizo evidente que eran los amigos de Ovando en el ejército los que obtenían los nombramientos, y los de Barrientos los que eran dejados de lado.

Y mientras los oficiales de Bolivia peleaban entre sí, el prisionero retornaba a su vida diaria en su cueva y a las pequeñas pero continuas provocaciones por parte de sus guardianes. Ligeros castigos, aislamiento, ausencia de luz natural, siempre con la amenaza de ser ultimado de una forma u otra.

Como Régis Debray dijo en una especie de entrevista de despedida con algunos periodistas extranjeros: "De ahora en adelante estaré solo. Eso será más difícil y más peligroso".*

* Publicamos en el Apéndice el texto completo de la defensa de Régis Debray.

8

Bolivia. Algunas conclusiones

Fines de noviembre

La izquierda boliviana: algunos cambios últimamente

El panorama político en La Paz es tan encantador como siempre. En el vértice de la pirámide tenemos al jefe de Estado, general René Barrientos, afanosamente construyendo un nuevo partido, que será su cuarto en dos años. Recordamos su Partido de Renovación y Desarrollo Nacional, su Movimiento Campesino Cristiano, su Partido Laboral de Izquierda Cristiana, y ahora tenemos el Partido Campesino Barrientista o algo así. Los otros tres partidos todavía existen, son sólo sus dirigentes los que cambian de un partido a otro y toda la función es pagada por la COMIBOL; es un triste intento de mantener un movimiento político detrás del Presidente.

En la izquierda política están sucediendo extrañas cosas; cosas cuya naturaleza sólo puede ser comprendida si uno recuerda la actitud de los cinco partidos de izquierda en el mes de agosto (ver parte 5). Antes de la declinación de la guerrilla, que culminó con la captura y asesinato del comandante Guevara, los partidos —tanto la izquierda del MNR, FLIN, POR y los dos partidos comunistas— habían jugado una especie de doble juego con los guerrilleros. *Por un lado*, todos los líderes políticos vieron la posibilidad de que la guerrilla pudiera tener éxito, y por lo tanto eran cuidadosos en hacer una oposición pública. *Por el otro*, ninguno de ellos creyó verdaderamente en la guerrilla. René Zavaleta, como un exponente de la izquierda del MNR, estaba mucho más interesado en el juego político en el país, y en parte atrapado en las hermosas ilusiones de los "medios democráticos". El FLIN —frente electoral del partido comunista de Mario Monje y Jorge Kolle— no tenía ninguna actitud especial, porque no tenía ninguna significación real como agrupación política. El POR de Guillermo Lora estaba sumergido en su política especial en las minas, y consideraba esa región como la más importante. El partido comunista de Monje y Kolle era evidentemente el partido que había estado más mezclado en la guerrilla, pero fue también el partido que trató más afanosamente de distanciarse de la guerrilla, después de haber descubierto que una guerrilla victoriosa podría significar la caída de la camarilla dirigente del partido. Finalmente, la agrupación comunista de Óscar Zamora estaba demasiado ocupada con su propia línea "china" para ocuparse realmente de cualquier ayuda concreta a la guerrilla.

Ahora estamos en los últimos días de noviembre, y no hay fin a las discusiones sobre por qué y cómo la guerrilla y el ELN sufrieron una derrota inicial. Y ahora ningún líder político de la izquierda oculta sus segundos pensamientos. Todo el mundo sabía desde el mismo principio que la guerrilla era "una aventura" o estaba "fuera de la realidad de Bolivia", o era "heroica pero en vano", o "sin madurez", o simplemente, "organizada por aficionados".

Jorge Kolle y Óscar Zamora que "se preparaban para la absoluta ilegalidad", están ahora apareciendo públicamente y dan conferencias en la Universidad de La Paz. Lo mismo hacen Lora y Zavaleta. Este último ni siquiera comprende a "esos pequeñoburgueses que aman tanto la muerte que la utilizan como un argumento".

Analizar cada pequeño cambio, cada pequeña corriente dentro de los no muy bien definidos partidos de izquierda, tomaría, sin embargo, demasiado espacio y al fin de cuentas no valdría la pena. El partido comunista de Monje y Kolle no puede de todas formas escapar a algunos señalamientos analíticos, porque allí —en conexión con su línea— hay unos pocos interrogantes que es necesario contestar.

Ahora parece claro que la guerrilla —probablemente a través de "Inti" Peredo como miembro del Comité Central— tuvo alguna clase de contacto con el partido comunista de Monje y Kolle. ¿Cómo se desarrolló este contacto y qué sucedió entre los guerrilleros en Ñacahuasu y los comunistas en La Paz? No es solamente una invención del ejército el que haya habido discusiones entre Mario Monje y el comandante Guevara sobre quién iba a mandar la guerrilla, es evidente que hubo algunas negociaciones, y que el Partido Comunista, aunque lejos de hacerlo sinceramente, había prometido alguna especie de apoyo. Pero desde el primer momento en que la guerrilla entró en acción, no hubo ninguna señal de apoyo o de contacto con La Paz.

La explicación debe ser encontrada en la diferencia entre las grandes promesas a los guerrilleros y las posibilidades y la buena voluntad dentro del Partido Comunista para realizarlas. Con referencia a las primeras —las posibilidades del PC de apoyar activamente la lucha armada en las montañas— es limitada debido al hecho de que el Partido es casi insignificante, y siempre ha sido uno de los partidos comunistas más débiles de América Latina. Con respecto a la buena voluntad —la verdadera y honesta voluntad de apoyar a los guerrilleros— hay también algo que decir: Cuando la guerrilla empezó prematuramente en marzo y no en agosto como estaba planeado, entonces también comenzó la comprometedora, difícil y peligrosa parte del apoyo, y el PC, no queriendo correr *ningún* riesgo y ya en alerta debido a los muchos "elementos de izquierda" en el ELN y en los grupos de la capital, decidió por lo tanto, como una línea general, echarse atrás y salirse de todo el asunto. Esto, por supuesto, no podía ser anunciado públicamente, y por eso se dijo a todo el mundo que quiso escucharlo, "que el ELN era un movimiento independiente, y que el Partido no lo patrocinaba de ninguna forma, pero simpatizaba con el mismo". Esto sonaba modesto e inteligente en agosto, cuando la guerrilla todavía parecía estar victoriosa, y nadie podía ver a través de estas palabras y darse cuenta que el Partido sólo estaba tratando de aislarse de la lucha armada del ELN, porque temía tanto a las consecuencias de una victoria final de la lucha guerrillera, como a una situación comprometida en caso de una derrota. Cuando la guerrilla fue aislada en agosto-septiembre, este aislamiento fue en parte el resultado de esta misma política del PC. En otras palabras, los dirigentes del PC, decían: Algo anda mal, la guerrilla está aislada. Y *fueron ellos mismos los que ya en gran parte la habían aislado.*

Esta política puede muy bien ser ubicada entre el oportunismo y la traición. Esto puede ser deducido de las diferentes etapas por las que pasó el Partido durante la campaña guerrillera: Primero, las promesas de apoyo de alguna clase (fines de 1966, principios de 1967). Luego una silenciosa pero eficiente retirada (marzo-abril de 1967). Después la declaración de que nunca hubo ninguna conexión entre el Partido y la guerrilla, y que el Partido en ninguna forma patrocinaba el ELN (agosto de 1967). Finalmente, las críticas mal escondidas contra los principios de la lucha armada, subrayando que el Partido siempre fue escéptico con referencia al éxito de la misma (noviembre de 1967).

Ahora bien, el oportunismo consiste en que el Partido apoya (en palabras) mientras piensa que la lucha armada puede resultar de alguna utilidad para su propia línea. Cuando se hace más y más claro que el apoyo a la guerrilla puede, por el contrario, tener como consecuencia el verse, por ejemplo, mezclado en una seria lucha contra el régimen, entonces el Partido retrocede pero sin tener el valor de anunciar este acto, porque ¿quién sabe?, la situación puede cambiar una vez más. El ELN puede recuperarse y entonces no sería agradable haber desertado en malos tiempos.

Donde la línea —o la falta de línea— del Partido tuvo mayor efecto es sin duda en las ciudades y especialmente en La Paz. El ELN en las montañas operaba independientemente y sus unidades estuvieron evidentemente, desde el mismo inicio de las operaciones, habituadas a la perspectiva de no obtener demasiado apoyo de las ciudades. En La Paz sin embargo, la pasividad de los cuadros del Partido, dirigidos desde arriba por supuesto, dejaron a los grupos del ELN, que estaban lejos de estar totalmente establecidos, como colgando en el aire, siendo el resultado la captura de unos cinco o diez miembros que más tarde fueron acusados por todos los izquierdistas de tener sólo entusiasmo, pero no madurez ni experiencia política. Como una rápida respuesta a esta acusación se puede decir con algún derecho que ninguno de los partidos políticos de izquierda, y especialmente los del PC, mostraron ningún entusiasmo, ni madurez, ni experiencia política. Y esto en momentos de la historia de Bolivia donde verdaderamente podían haber saldado la cuenta con el régimen de Barrientos.

Ahora uno podría preguntarse: cuál es la línea política, o las líneas políticas, de la izquierda boliviana después del asesinato del comandante Guevara. Porque la crítica mal escondida hacia la guerrilla y la lucha armada debería indicar que los partidos tienen algo con qué remplazar la lucha armada.

Parece que todo el mundo, desde la izquierda del MNR hasta los trotskystas, han retornado a sus viejas posiciones, que pueden ser sintetizadas en las palabras "lucha de mamas" o "rebelión nacional" o "insurgencia".

Lo que hay en realidad detrás de estas frases es difícil saberlo. Mirado desde el punto de vista de la izquierda boliviana, éste parece ser el único camino correcto de combatir al régimen de los generales. Trabajo político y de agitación entre las masas, luego huelgas y manifestaciones para crear una atmósfera de rebelión, que teóricamente puede conducir a la famosa insurgencia, el camino más directo y para los políticos el más fácil, hacia el poder: el pueblo, las masas agitadas e insatisfechas se rebelan contra el régimen y lo remplazan con lo que encuentran a mano. Esto fue lo que sucedió en 1952, cuando el MNR llegó al poder, y éste es el modelo que ha permanecido en las cabezas de los políticos de la izquierda boliviana.

El régimen, sin embargo, ha aprendido algo. Antes que nada ha aprendido a ser agresivo. Cómo dar dos pasos hacia adelante en la represión y entonces uno hacia atrás hacia una liberalización. Si hay huelgas, el régimen trata de corromper a los líderes, o pretende estar en disposición de negociar. Después, si esto no ayuda, entonces represión, y más tarde apresamientos y expulsiones, luego negociaciones y promesas otra vez. En la izquierda política se lleva a cabo el mismo sistema. El régimen deja caer unas pocas palabras diciendo que ha elaborado listas de arresto de tantos y tantos cientos de líderes políticos. Todo el mundo se siente entonces perseguido, pero sólo unos pocos son apresados en realidad. El resto sigue haciendo sus casi públicas conspiraciones en los bares de la capital, y hay una falsa atmósfera de liberalización en el aire, porque "después de todo sólo unos pocos fueron presos".

Y la cronología es siempre la misma: El régimen de Barrientos prepara un golpe (desnacionalización de las minas, disolución de los comités de huelga o manifestaciones, o apresamiento secreto e ilegal de gente "sospechosa" de haber colaborado con el ELN). Entonces los partidos de izquierda tratan de organizar un contragolpe (un nuevo comité, una nueva huelga, una nueva manifestación). Pero el régimen es siempre más rápido en sus reacciones, y la forma en que los partidos de izquierda han puesto distancia entre ellos y la lucha armada, ha sin duda reafirmado a los generales en su creencia de que Bolivia puede ser sojuzgada con violencia militar y un lento pero continuo aumento en la represión general.

Fines de noviembre

Algunas conclusiones

En un país como Bolivia donde todo parece haberse vuelto hacia el pasado, no sólo es difícil sino arriesgado el extraer conclusiones demasiado concretas con respecto al futuro.

Es de todas formas evidente que con la guerrilla y el inicio de la lucha armada contra el régimen de Barrientos, partes del futuro boliviano pueden ser previstas y delineadas.

No es la opinión de todos, pero es la opinión *del autor* que por el momento la situación en Bolivia y el destino del país todavía giran alrededor de la guerrilla como un punto de gravitación.

Esto por las siguientes razones:

1. Ningún otro acontecimiento, ningún partido de oposición, ninguna situación de crisis ha perturbado a la casta dirigente de generales y coroneles, como lo ha hecho la aparición de la guerrilla unos nueve meses atrás.

2. El globo artificialmente inflado de la economía de Barrientos y la propaganda referente a su "wirtschaftswunder", ha explotado, simplemente porque 60 hombres comenzaron la lucha armada contra él en las montañas. Las inversiones extrajeras fueron paralizadas, los precios subieron y el presupuesto fue sobrecargado en extremo.

3. La propaganda oficial, que nunca usó mucho esfuerzo en atacar a la izquierda política, se ha descargado ahora en forma total contra la guerrilla y ensalzando la lucha contra ella.

4. La opinión pública, que en los últimos tiempos no ha sido muy vehemente en mostrar sus sentimientos pro o contra el régimen (aparte de los mineros), ha tenido reacciones después de la aparición de la guerrilla en el sentido de que hay una atmósfera en favor de este grupo de hombres que estaban consecuentemente contra el régimen. Los sentimientos del pueblo —y esto es importante comprenderlo— no están, sin embargo, todavía tanto *en favor* de la guerrilla como *contra* el régimen, pero a medida que la guerrilla continúe su lucha contra el gobierno de Barrientos, esto se convertirá en una y la misma cosa.

El resurgimiento de la guerrilla debe, sin embargo, ser visto a la luz de algunos acontecimientos y condiciones, de las cuales se puede extraer ciertas conclusiones.

El ELN *en las montañas*

La iniciación y el temporario fin de la guerrilla no es de ninguna manera una prueba de que Bolivia no está "madura" para la lucha armada.

Antes que nada: el desarrollo de la guerrilla y las derrotas de septiembre y octubre de 1967 parecen deberse mucho más a una demasiado temprana iniciación de las acciones de combate que a la tan a menudo mencionada "falta de apoyo del campesinado" o al "entrenamiento especial de las unidades de *rangers*", o a "la falta de organización y conocimiento dentro del ELN en lo que se refiere a Bolivia". Las unidades del ELN fueron, gracias a tres seudoguerrilleros que desertaron alrededor del 11 y 17 de marzo y a los campesinos Vargas y Algañaraz, localizadas, y el día 16 la finca de Roberto "Coco" Peredo es ocupada por unidades del ejército. La vanguardia, alrededor de 20 guerrilleros bajo el mando de Marcos, que está en el campamento principal cercano a la finca, empieza a retroceder, porque Marcos estima que no tiene las fuerzas suficientes para resistir la presión del ejército. Cuando Ernesto Guevara y su grupo, que han estado explorando la región de Vallegrande mucho más al norte, regresa al campamento el 20 de marzo, la retirada es paralizada, Marcos destituido, y siguiendo las instrucciones del comandante Guevara, los guerrilleros se preparan para la resistencia desde el campamento central y planifican la primera emboscada, que —como es sabido— tiene lugar el día 23 en la quebrada de Ñacahuasu. Tanto en esta emboscada como en la siguiente, las derrotas de las *bien preparadas* unidades del ejército son desastrosas. El precio de esas victorias es, sin embargo, alto. Indudablemente Ernesto Guevara tenía razón: era necesario tomar la iniciativa, pero el efecto fue que el ejército se dio cuenta de que no se trataba de cualquier clase de rebeldes, sino de un grupo guerrillero relativamente grande y bien organizado. Además, la lucha se inició en un momento en que los guerrilleros sólo tenían un conocimiento limitado de regiones alternativas y donde la red en las ciudades era casi inexistente.

A la luz de esto, debe ser analizado el desarrollo de las acciones del ELN. La colaboración de algunos campesinos —más de media docena no fue necesaria en un comienzo— fue sólo una cuestión de tiempo, tanto como el alcanzar un conocimiento más profundo del terreno de las regiones vecinas. Pero también era la única cosa que el ELN no tuvo. La acción de Samaipata fue una consecuencia directa de la falta de conexiones con los grupos recientemente organizados en La Paz. Para obtener medicinas y otra clase de provisiones necesarias, un fuerte contingente debe utilizar varias semanas en avanzar hacia Samaipata, lo que por un lado resulta un golpe brillante de gran valor propagandístico para los guerrilleros, pero por otro, la fuerza guerrillera queda dividida y la retaguardia de Joaquín es demasiado débil para mantener Ñacahuasu y sale de allí, lo que significa que el ELN pierde su "zona de seguridad", una pérdida que más tarde resulta ser algo casi fatal.

Con respecto al contacto con la población rural, ha sido señalado que el ELN se encontró con pasividad y más tarde hostilidad y traición inmediata (delación). Sin duda esto es correcto, que los pocos campesinos en Ñacahuasu y los olvidados y profundamente religiosos de la región de Vallegrande, fueron pasivos en un principio. Pero en lo que se refiere a la llamada "hostilidad" y "colaboración" con el ejército, esto es explicado por la política seguida por el régimen, de ofrecer dinero por informaciones y difundir una especie de terror medieval en esas regiones, y describiendo a los guerrilleros como hordas de cubanos que se comen a los niños, violan a las mujeres y queman iglesias y pueblos enteros. El campesinado era pasivo porque generalmente no entendía cómo podía habérsele ocurrido a alguna gente el empezar a combatir la miseria y la explotación de siglos, y cuando los guerrilleros les hablaban del régimen, la mayoría simplemente no sabía a qué se estaban refiriendo. La "colaboración" con el ejército y las muchas informaciones tuvieron su motivación en el temor y en el hecho de que muchos campesinos vieron una oportunidad de ganar dinero fácil. El sentimiento antiguerrillero no puede ser medido por esta actitud del campesinado, tanto como el régimen de Barrientos no puede intepretarla como teniendo su origen en una especie de solidaridad hacia él.

Al describir esta parte del campesinado boliviano, uno tiene que recordar una vieja verdad que corresponde a casi todo el campesinado en el mundo: en una situación revolucionaria siempre se vuelca hacia una de las partes: la ganadora.

Otra explicación fue "lanzada" de por qué los guerrilleros sufrieron varias derrotas: la intervención norteamericana y el entrenamiento de casi 1 000 *rangers* en lucha antiguerrillera. Y esta razón es ahora repetida en todo el continente como una prueba del éxito de la asistencia militar norteamericana y sus esfuerzos para detener y aplastar la guerrilla continental.

Un primer plano de las actividades del ejército boliviano —incluidos los *rangers*— muestra, sin embargo, que en ninguno de los combates con los guerrilleros fueron especialmente eficientes. Los diez o más combates mayores y menores anteriores a Vado del Yeso, fueron todos absolutamente embarazosos para las Fuerzas Armadas, y el general Alfredo Ovando Candia ha admitido que después de Samaipata, todo el ejército estaba en una crisis general (palabra por palabra del general, pronunciadas en una conferencia de prensa el 22 de septiembre, que indudablemente había mermado la capacidad combativa de las FF. AA. y se encontraban en una fase crítica). Con Vado del Yeso, una emboscada de extraordinaria crueldad, y que sólo pudo ser llevada a cabo por la colaboración del antes mencionado Honorato Rojas, la situación cambia, pero no se hace crítica en ninguna forma para los guerrilleros. La muerte de Roberto "Coco" Peredo no se debió a una acción planeada en una forma especialmente brillante por parte del ejército y, finalmente, el combate en Quebrada del Churo —dejando de lado la captura del comandante Guevara— no les fue favorable en absoluto. En dos días de combate el ejército tuvo diez muertos y un igual número de heridos (fuentes oficiales), mientras sólo dos guerrilleros fueron muertos en combate y otros tres heridos, capturados y asesinados. A esto se agrega que unos 12 guerilleros en posiciones desventajosas logran romper un cerco de más de 1 500 soldados, de los cuales casi la mitad eran *rangers*.

La suma de todo esto lleva a la conclusión de que el ejército boliviano, pese a sus golpes de suerte, está lejos de ser invencible, y que su talón de Aquiles es como en cualquier otro ejército, el cuerpo de oficiales, que no desea estar al frente de tropas en lucha, y es tan corrompido como siempre.

Un interrogante queda por responder: Después de la eliminación del ELN como una unidad de combate (sólo queda una décima parte del grupo original), ¿será entonces posible reabrir un frente guerrillero?

La mejor respuesta a esta pregunta es una referencia a la experiencia cubana de la Sierra Maestra. Cuando el grupo rebelde de alrededor de 80 hombres desembocó del "Granma" en las costas de Oriente el 2 de diciembre de 1956, fue inmediatamente señalado y *tres días* más tarde, después del desastre de Alegría de Pío, solamente sobrevivieron 12 hombres, rodeados por miles de soldados. Este episodio originó muchas especulaciones, y el régimen de Batista celebró su victoria y dio por descontado, que nada podría provenir del grupo sobreviviente, y que la guerrilla había visto su fin.

El paralelo con los sucesos de Bolivia parece evidente, con la única diferencia de que en Bolivia el comandante incuestionable de los guerrilleros fue eliminado. En Cuba Fidel sobrevivió. En la guerra de guerrillas, sin embargo, los líderes mueren y otros surgen. No hay muchos del tamaño de Fidel y Ernesto "Che" Guevara, pero ¿quién sabe cuántos líderes eventuales y brillantes guerrilleros murieron en Alegría de Pío, y quién sabe —volviendo al caso boliviano— cuántos brillantes comandantes guerrilleros se están formando en estos días en el grupo sobreviviente? La reacción dentro del ejército y el régimen boliviano ha sido idéntica a la del desaparecido régimen de Batista. La victoria total es anunciada, y el general Ovando viaja a Brasil, Uruguay y Argentina, y dice a la prensa y a sus colegas que los guerrilleros bolivianos han dejado de existir. El ejército se distiende. Le "gustaría apoderarse de 'Pombo' e 'Inti' Peredo, porque el primero representa la 'intervención cubana', y el segundo es un líder a nivel nacional", pero aparte de la vacilante movilización de soldados —especialmente del Beni— a lo largo de la carretera Cochabamba-Santa Cruz, hay muy poco afán de emprender más persecuciones. El ejército está convencido de que la liquidación de Ernesto Guevara ha sido un golpe letal contra el ELN, pero "Inti" Peredo representa la gran incógnita del futuro cercano.

El ELN *en las ciudades*

La versión del régimen de Barrientos de cómo estaban organizados los grupos del ELN en las ciudades, es algo cercano a lo cómico. No sólo hay "cientos de ciudadanos de La Paz, Cochabamba, Oruro y Santa Cruz, acusados de haber servido de enlaces"; de acuerdo con el ministro de Gobierno, Antonio Arguedas, los grupos urbanos estaban construyendo *tanques caseros* para usar en las próximas luchas callejeras.

La realidad es, sin embargo, completamente diferente de las versiones oficiales. El 17 de septiembre de 1967, la joven estudiante Loyola Guzmán fue apresada por el DIC y con su arresto culminaron las acciones contra los grupos urbanos del ELN. El golpe del DIC fue convertido en un gran acontecimiento, y su arresto fue descrito por la prensa siempre lista, como el golpe final contra los grupos urbanos. Sin embargo, lo que reveló la captura de Loyola Guzmán fue mucho más: lo débil que era la organización urbana del ELN. El comienzo prematuro de las actividades en las montañas también tuvo sus efectos negativos sobre la organización en La Paz, un hecho que más tarde hizo imposible organizar cualquier clase de apoyo desde la capital, cuando más lo necesitaba la guerrilla.

La construcción de la organización urbana comenzó más o menos al mismo tiempo que Roberto "Coco" Peredo empezó a buscar una finca en la zona de Ñacahuasu. En otras palabras, un año antes de que Loyola Guzmán fuera capturada. Pero en este año el grupo que trabajaba en La Paz había alcanzado muy poco, y estaba todavía en un nivel preparativo cuando el DIC entró en acción. Parece que todo marchó normalmente hasta el mes de marzo, cuando las directivas todavía bajaban de las montañas y eran llevadas a La Paz. Pero cuando la guerrilla inició las operaciones y debido a esto tuvo sus propios problemas, la conexión se cortó y los grupos de la ciudad, por su parte, eligieron esperar futuras instrucciones antes de entrar en acción directa. Estas instrucciones nunca llegaron, y así surgió una extraña y trágica situación; el ELN en las montañas esperaba que los grupos urbanos tomaran una iniciativa, y los grupos urbanos esperaban instrucciones de las montañas. En toda esta espera el ELN combatiente fue quedándose aislado.

Las notas transcritas a continuación fueron escritas por el autor en septiembre, y sirven, en cierta forma, para ilustrar lo que sucedió en noviembre:

"La guerrilla corre un serio riesgo de ser aislada en las vastas zonas montañosas y selváticas, y este aislamiento tendrá, por lo menos, dos efectos negativos —uno inmediato y otro a largo plazo:

"El primero será el aislamiento político de las masas de trabajadores y mineros en las áreas urbanas, y los *grupos* dentro de los partidos de izquierda que están más que deseosos de apoyar e integrarse en la guerrilla, pero que son retenidos por las respectivas direcciones partidarias. Esto significaría otra vez, que el ELN tendría muy poco acceso a la reserva humana en las ciudades, y tendría dificultades para hacer reclutamiento entre los trabajadores y los estudiantes, quienes —en el caso boliviano— deben formar necesariamente el cuerpo principal de la guerrilla, mientras el campesinado permanezca tan atrasado como lo está ahora. En el peor de los casos podría también significar una separación entre las masas que forman la base de los partidos tradicionales de izquierda y el ELN.

"El segundo efecto sería puramente militar. Aun cuando una guerrilla políticamente aislada sería extremadamente difícil de combatir y destruir, la lucha se convertiría en una a muy largo plazo, donde muchas ventajas se encontrarían del lado de las fuerzas armadas. Pese a que un cerco no sería posible, el ejército tendría la ventaja evidente de poder retirarse a las ciudades y reagrupar sus unidades en paz y sin ser molestado. El principio de la guerrilla es no dejar *nunca* al enemigo tener una pausa de descanso, y este principio podría romperse si la influencia de la guerrilla estuviera sólo limitada a la montaña y algunas zonas rurales. La lucha se extendería así a tal vez más de 10 años, en los que la guerrilla ganaría muchas victorias momentáneas, pero no la lucha final, y toda la lucha podría ser librada en vano, si la causa no triunfara.

"El aislar la lucha armada en las montañas de la resistencia en las ciudades, y hacer de la última un imposible, es exactamente lo que el régimen, la policía y las fuerzas armadas están tratando de lograr. Y en esto, ciertas fuerzas de izquierda parecen cooperar efectivamente con el gobierno, porque a cualquiera que uno pregunta en las ciudades, los líderes comunistas de las distintas tendencias, los líderes del PRIN, los del POR, o la izquierda del MNR, todos ellos aseguran que apoyan la lucha armada, pero que no la consideran la única vía para resolver el problema boliviano. Esto significa en realidad que ningún apoyo de significancia está siendo dado al ELN, y que el trabajo 'clandestino' de algunos sectores está limitado a publicar su propia propaganda, donde tratan de sacar ventaja de las batallas que el ELN ha ganado, y aparte de eso, ellos esperan que el régimen se tambalee y se derrumbe gracias a las derrotas militares en las montañas, y que ganarán influencia a través de la así llamada 'rebeldía nacional'.

"La resistencia en las ciudades principales y en la capital, puede ser resumida como sigue:

"Entre la gente en general, hay una pasividad y una casi completa indiferencia en lo que se refiere al régimen. Lo que se manifiesta contra el régimen de Barrientos es mirado con cierto asombro, una ligera simpatía y algo de la misma indiferencia.

"Los partidos no tienen planes de ninguna clase y miran con mal oculta renuencia a sus miembros que se unen al ELN. Un grupo dentro del MNR también tiene algunos planes de enviar hombres a las montañas, y ha anunciado que dentro de los dos o tres próximos meses estará en condiciones de hacerlo, pero todas las características del grupo hacen dudar del éxito de estas intenciones. *Ningún* grupo o partido está, sin embargo, planificando comenzar una resistencia armada realista dentro de los límites de ninguna área urbana. Esto es mucho más lamentable, ya que ciudades como La Paz, Cochabamba y Santa Cruz, parecen ser sitios ideales para la resistencia urbana. La Paz no sólo porque es la capital y la ciudad más grande de Bolivia, toda su construcción y sus vastas áreas de barrios pobres la hacen, de lejos, más apta para la resistencia que, por ejemplo, ciudad de Guatemala. Cochabamba —que es la plaza fuerte de la burguesía de Bolivia, y la ciudad de los hombres viejos y los viejos gastados cadillacs— está situada a la entrada de la tierra baja y controla además la carretera y el tráfico desde el altiplano a las regiones orientales de Santa Cruz. Esta última ciudad, Santa Cruz, ofrece condiciones especiales para la resistencia, debido antes que nada a su actitud negativa hacia el régimen, gracias a su preeminencia falangista y sus discrepancias regionales con el resto de la nación, especialmente con la 'provincia de Barrientos', Cochabamba. Además, Santa Cruz es la ciudad más importante cercana a la región norte de Ñacahuasu, y allí se encuentran los cuarteles generales de la Octava División del Ejército y constituye un terreno seguro para los 'consejeros norteamericanos', que hasta ahora, y sin ser molestados, han podido disfrutar la paz de Santa Cruz.

"En todas las ciudades importantes bolivianas, por lo tanto, el ejército mantiene sus cuarteles generales regionales intactos, la policía trabaja imperturbable, y la maquinaria del gobierno lleva a cabo su propaganda a través de la prensa y la radio, sin interferencias; un hecho que nos muestra que aun cuando la zona montañosa y las regiones rurales del sureste de Bolivia se encuentran abiertas para la guerrilla, las ciudades están tranquilas y casi totalmente controladas por los militares y las autoridades civiles del régimen de Barrientos —una situación que resulta peculiar, pensando en sus paralelos de Venezuela y Guatemala."

Organización política

Aun cuando el ELN se definió a sí mismo como un movimiento que lucha por el socialismo, y aun cuando las unidades fueron dirigidas tanto por comandantes militares como por comisarios políticos, la organización como tal, nunca definió un programa político, y no mostró ninguna señal de formar una organización política propia.

Esto podría tener las siguientes razones:

1. La variedad de las tendencias políticas representadas por los individuos que integraron el ELN (había por lo menos miembros de seis partidos de izquierda, más una cantidad numerosa de combatientes sin afiliación política), podría muy bien constituir un serio estorbo en el camino de la necesaria definición de una sola línea política.

2. Los cuadros dirigentes podían pensar que las condiciones objetivas —ante todo la situación militar— no permitían a la guerrilla gastar demasiado tiempo en discusiones políticas que, comparadas con las necesidades militares y tácticas, pueden ser consideradas como secundarias.

Transcripción de otra nota ilustrativa escrita en el mes de septiembre:

"A medida que la corrupción de los partidos tradicionales de izquierda se hace más abierta, es de todas maneras importante para la guerrilla formar su propia organización política. 'La vieja izquierda política está corrompida —dijo un joven estudiante boliviano— y la guerrilla no sólo debe derrotar a las fuerzas armadas, sino también destruir y eliminar el monopolio que la izquierda política pretende sobre la revolución en Bolivia'.

"Y éste es el punto álgido y todo lo que hay sobre el mismo. Esto es lo que la guerrilla hará tarde o temprano, y es al mismo tiempo exactamente lo que la izquierda política tradicional teme: el fin de su monopolio, el surgimiento de un movimiento socialista combativo que por su propio ejemplo, y no sólo por su pasado y su literatura, pueda reclamar el derecho a ser revolucionario."

Partidos políticos: soluciones políticas

El análisis de la variedad de partidos políticos bolivianos se facilita por el hecho de que los —más o menos— 22 partidos existentes, pueden ser divididos en dos grupos más importantes: un grupo que incluye el PURS en la extrema derecha, hasta el centro del MNR y, tal vez, algunos grupos del PRIN que en ciertas condiciones estarían dispuestos a colaborar con el régimen de Barrientos o los generales que se encuentran detrás de él. Los dos representantes más lastimosos de este grupo son el PIR y los demócrata-cristianos —estos últimos son los que recientemente "salvaron" a Barrientos de caer, cuando su llamado "Frente Revolucionario" se desplomó. Otros colaboradores son los social-demócratas y el ala derecha separada del MNR, el PRA, cuyo líder, el Dr. Walter Guevara Arce, es ahora ministro de Relaciones Exteriores en el reconstruido gabinete boliviano. Los cuatro "partidos campesinos" de Barrientos, que sólo consisten en unos cincuenta líderes corruptos, que han estado cooperando con el MNR a través de todas sus épocas, juegan un cierto papel en el gabinete y en la vida política artificial del país, y es en esta conexión que vale la pena mencionar que Barrientos, con el dinero de la COMIBOL, está creando su propio ejército campesino privado en Cochabamba, bajo la dirección del extremadamente corrompido Jorge Solís, que fue uno de los conocidos criminales del régimen del MNR. Dentro de este grupo, la Falange forma una así llamada "oposición", pero es evidente que este partido, si obtuviera ciertas concesiones estaría más que deseoso de entrar en colaboración con Barrientos, y especialmente con los militares. Las a menudo mencionadas líneas "dura" y "blanda" de la Falange, representadas respectivamente por Mario Gutiérrez y Gonzalo Romero, son en realidad una farsa y constituyen nada más que un exponente de la dualidad oportunista dentro del Partido. Hay muy pocas dudas de que los generales y coroneles que planean un golpe buscarán el apoyo político exactamente de este partido —si es que quieren alguno. El MNR con sus cinco o más fracciones, puede, hasta cierto punto, ser contado entre los colaboradores eventuales, dependiendo de qué ventajas pueda obtener. Esto va para el grupo de Andrade, los "unionistas", y, hasta cierto punto, para el grupo de Víctor Paz. La gente de Espartaco y el grupo Zavaleta, son excepciones, pero ellos sólo tienen muy poca influencia en el juego político del MNR —y no parecen querer tener ninguna.

El otro grupo, formado por el PRIN y los otros partidos de izquierda, evidentemente no cooperan con el régimen actual, pero están comprometidos hasta cierto punto en todo el juego político de Bolivia. Hay muy pocas dudas, por ejemplo, de que los comunistas de Monje tomarían parte en la vida política y en las elecciones si una "vía electoral" les fuera permitida. Los representantes más comprometidos de este grupo, los encontramos dentro del PRIN, cuyo líder, Juan Lechín Oquendo, ha perdido mucha influencia y prestigio entre los mineros, y las críticas más consecuentes, pero más sectarias contra el régimen, provienen de los comunistas de Zamora y del POR. Los diferentes grupos dentro de este último partido, Lora, González y un tercero estudiantil, no tienen mayor significación ya que sus contradicciones son de tipo personal y no ideológico. En general, la consigna de todos estos partidos de izquierda es la "lucha de masas", y de ahí proviene la idea de un "frente común" contra Barrientos. Esto, de todas formas, no representa nada nuevo en la política boliviana, y difícilmente tendrá alguna oportunidad de llegar a ser influyente, por la simple razón de que la misteriosa línea política antiBarrientos, es la única cosa en que estos partidos se ponen de acuerdo.

Simplificando el panorama político de Bolivia, uno podría decir que las tendencias de los políticos bolivianos de derecha se orientan hacia una dictadura más fuerte, "con pantalones". La izquierda responde con la "lucha de masas" y, en el centro, tenemos a Barrientos que continúa como presidente, porque la derecha y los militares "apolíticos" no quieren dar el golpe ahora, y porque la izquierda, gracias a su "política de lucha de masas", no puede hacerlo.

¿Golpe militar?

Como se menciona más arriba, las posibilidades de un golpe militar no son muchas por el momento. La punta de lanza de los militares, representada por el ahora general Marcos Vásquez Sempérteguie, no considera evidentemente que éste sea el momento apropiado para dar un "golpe".

Sus razones parecen ser que la situación global de Bolivia —tanto política como económicamente— es tan crítica que tomar el poder en este momento sería hacerle un favor a Barrientos. Es mucho mejor —parecen pensar los militares— dejar a Barrientos luchar con los problemas y perder cada vez más prestigio, y llevar todo su sistema consigo a su tumba política. Porque lo que los generales como Sempérteguie desean, es una solución tipo Brasil o Argentina a la crisis boliviana, una caída total de todos los partidos políticos y una abierta y brutal dictadura que no tenga que luchar con una Constitución o un Senado y cuya línea política hacia el pueblo sea la de las bayonetas.

Soluciones norteamericanas

La embajada de Estados Unidos en La Paz, dirigida por el embajador Henderson, está tan activa ahora en los actuales planes de golpe como lo estuvo algunos años atrás, cuando Víctor Paz Estenssoro fue derrocado.

Se dice que los norteamericanos tienen dos soluciones para la situación crítica actual.

La solución número uno es un claro golpe militar en que el general Marcos Vásquez Sempérteguie figure como el "máximo". Este oficial es evidentemente un hombre de confianza de Washington, y su posición como jefe del Estado Mayor del Ejército lo convierte en un hombre importante en la política boliviana. Semejante golpe brindaría a los norteamericanos las mismas ventajas que obtuvieron de la intervención militar en Santo Domingo y de los golpes militares en Brasil y Argentina: liquidación de una rebelión nacional o de las posibilidades momentáneas para la misma y la eliminación de una complicada vida política en el país. El general Sempérteguie representaría una dictadura militar extremadamente brutal (no en vano es llamado "el diestro"), en la cual los norteamericanos podrían intervenir más abiertamente, sin tener que luchar con los distintos grupos políticos locales que, por una u otra razón, critican la política de Estados

Unidos. También representaría —incluso ante los ojos de los norteamericanos— más estabilidad en el país y, consecuentemente, una reintensificación en lo que se refiere a inversiones extranjeras.

La solución número dos es evidentemente una salida de reserva, pero mucho más sofisticada. Si las condiciones objetivas lo favorecen (un resurgimiento de las guerrillas fortalecidas o la gente en las calles en la así llamada "rebeldía nacional"), Washington preferiría un gobierno civil en el que el MNR y el PRIN estuvieran eventualmente integrados. Semejante gobierno protegería los intereses norteamericanos con un cierto brillo democrático y podría distraer —espera la embajada norteamericana— la atención de la población de la lucha armada y hacerla menos necesaria. Entonces el gobierno iniciaría un "diálogo" con la guerrilla y la lucha armada cesaría —o en el caso de que la guerrilla persistiera, el gobierno podría utilizar los mismos métodos de Betancourt y luego Leoni, en Venezuela, o los de Julio César Méndez Montenegro en Guatemala— y sería más fácil engañar a los bolivianos y hacerlos creer que esto se haría en defensa de la democracia.

Es de todas formas muy poco probable que los militares bolivianos permitan la constitución de un gobierno civil. La razón para esto es la siguiente: desde la llamada Revolución del 4 de noviembre de 1964, el ejército ha ido ocupando progresivamente todos los cargos importantes en la administración civil de Bolivia. Esto no sólo por razones políticas. En la administración civil del país es donde se gana el gran dinero. Los capitanes y coroneles obtienen —si sólo cuentan con su paga del ejército— pequeños salarios, pero tan pronto como obtienen un "hueso" en la administración civil, pueden darse el lujo de comprar casas y conseguirse los famosos Mercedes Benz que utiliza la alta oficialidad del ejército, en menos de medio año. Un gobierno civil comenzaría instantáneamente una de las "masacres blancas" ya famosas en Bolivia, un cambio radical de los funcionarios civiles de alto rango. Esto debilitaría políticamente la posición de las fuerzas armadas, pero también significaría, por cierto, que el cuerpo de oficiales perdería una buena cantidad de dinero. El ejército no sólo lucharía contra un gobierno civil, también tendría que hacerlo por su dinero y posibilidades de ingresos, y eso haría la lucha más decidida.

Desnacionalizaciones

Una especie de proceso revolucionario se inició en Bolivia con las nacionalizaciones de las minas y la tierra por el régimen del MNR en 1952-53. Luego la revolución nacionalista se corrompió y se hundió profundamente en toda clase de medidas antipopulares y contrarrevolucionarias. Después los generales tomaron el poder en noviembre de 1964, y poco a poco fueron bloqueando las nacionalizaciones. Porque, pese a que la política boliviana tiene muy poco que ver con la lógica, el régimen actúa de acuerdo con las leyes casi matemáticas de un país capitalista subdesarrollado. Los generales no pueden estar del lado del pueblo. Sus cínicos discursos están llenos de consignas populistas y seudodemocráticas, pero los mineros son masacrados, la oposición peligrosa es perseguida y sólo la izquierda sin dientes y oportunista es dejada en paz.

El verdadero caracter del régimen. su fundamento económico es, sin embargo, mejor revelado en las recientes desnacionalizaciones que son llevadas a cabo con un ritmo siempre creciente. Ahora los latifundistas y la "rosca" no pueden esperar más. Ahora los inversionistas norteamericanos y las empresas extranjeras de explotación de minas quieren que termine toda esa vacía cháchara sobre "las riquezas nacionales". Ahora sólo quieren seguridades de un régimen que ha llegado al poder gracias a ellos.

Y el régimen de Barrientos hace sólo lo que se esperaba de él. En el frío y triste edificio del "Parlamento" en la Plaza Murillo, los sobornados y pagados políticos de Barrientos defienden una llamada reorganización económica de las minas. La oposición artificial protesta, y unos pocos senadores seudonacionalistas hacen mutis. Pero los resultados son ya conocidos. Los debates son sólo para el público. La COMIBOL está siendo disuelta en las llamadas sociedades mixtas. Patiño y compañía están regresando.

Gulf Oil y otras compañías norteamericanas menores se han apoderado de Yacimientos Petrolíferos. El gas será explotado en grado creciente por compañías extranjeras.

Aun la tierra está volviendo a sus antiguos propietarios. No las pobres, hostiles tierras del altiplano que demagógicamente fueron entregadas a los campesinos años atrás. No, las regiones ricas y fértiles de las tierras bajas. Las familias como la de Rojas en Vallegrande están regresando a Bolivia nuevamente.

El régimen de Barrientos no ha hecho nada sino lo que la historia esperaba de él. Ha actuado de acuerdo con su carácter. Ha llevado a Bolivia de regreso a los años de la década del cuarenta, a la época de 1948-49, donde la reacción triunfó y donde los discursos vacíos y demagógicos sobraron.

Pero el tiempo no puede ser forzado a retroceder. La historia no puede ser detenida con balas. Un régimen que trate de hacerlo tarde o temprano será barrido por la misma justicia que niega a su pueblo.

Apéndice

Exposición de defensa de Régis Debray

Respondiendo a la fórmula que usted acaba de leer, señor presidente, "el respeto que debe a las leyes y a las autoridades" me obliga precisamente a ser franco frente a ustedes; no puede separarse del respeto que debemos todos, civiles y militares, jueces y reos, reos y fiscal, a la verdad. La mejor prueba de respeto que les puedo dar entonces, señores oficiales, es decirles frente a frente, ahora y aquí mismo, sin rodeos, la verdad sobre hechos aún mal aclarados, la verdad sobre los cargos que me han sido formulados por el acta de acusación, la verdad sobre lo que pienso de este proceso. Preferible que así sea, antes de su fallo, y no a sus espaldas, en forma oblicua o disimulada. De lo contrario, ya no habría respeto, sino servilismo y oportunismo. Agregaré una cosa: si se trata aquí de condenarme a 30 años de cárcel, como lo ha pedido el fiscal, creo que no será demostrar "soberbia", como se ha dicho varias veces aquí, pedir al tribunal militar que me escuche unos 30 minutos, al menos una sola vez. Con carácter previo, les diré que me ha causado sorpresa la intervención o la interrupción, ayer, del auditor de guerra. Ha interrumpido a un abogado de la defensa porque salía de la materia penal, y, a mi parecer, tampoco había entrado en el problema político. Pero no pregunté entonces por qué el auditor de guerra no ha interrumpido al fiscal militar cuando su primer requerimiento, en la primera audiencia del tribunal, cuando leyó, aún antes de las primeras formalidades, un discurso de congreso político y de pretensión ideológica, atacando al llamado "imperialismo rojo", expresión que no figura en el Código Penal, a Fidel Castro, cuyo nombre no aparece una sola vez en el expediente, exponiendo "la política de paz y de progreso" del actual gobierno que no menciona, y con razón, el sumario, agrediéndome además verbalmente, de manera grave y sin ninguna relación con los hechos, estos hechos a los cuales se me ha pedido limitarme, llamándome, además de asesino, bandolero a sueldo, mercenario vendido a Cuba, etc... Que no se me diga que el fiscal representa al Estado y a las leyes establecidas, y que no hizo sino cumplir con su deber de censurar lo ilegal. Porque una cosa es representar al Estado, y otra es ensalzar una política, una cosa es defender las leyes, y otra cosa es atacar a un régimen político y social como lo es el socialismo. Además, una cosa es censurar un delito y otra es insultar a una persona. Pero no hay que reprocharle nada al fiscal, estuvo plenamente acertado al poner de entrada las cosas en su lugar, que es la lucha de clases, de ideas, de intereses. Mejor dicho, la lucha entre dos tipos de violencia, la reaccionaria y la revolucionaria. Y seguramente es la razón, ya que no se debe suponer aquí ninguna parcialidad o complicidad de su parte, por la cual el auditor de guerra no lo ha interrumpido, y por la cual no me va a interrumpir tampoco.

Mi defensor no ha contestado a estas agresiones por honestidad profesional y por atenerse a lo jurídico, e hizo bien. Se ha limitado a destruir pieza por pieza el acta de acusación y cumplió a la perfección su papel. Pero cuando ha sido aludido uno, suele tener el derecho a replicar. Con mayor razón lo tendrá cuando ha sido insultado, y más de una vez. No le pido entonces al tribunal tolerancia, como no ha hecho ya aquí, sino equidad. Él mismo decidirá si puede haber o no alguna equidad en el proceso de Camiri.

Sin embargo, no tengo el menor propósito de contestar al insulto con el insulto, a la retórica con la retórica, al vacío con el vacío; quiero contestar con una pura y simple relación de los hechos. ¡Cómo no va a tener ganas de gritar su indignación un hombre que ha tenido que escuchar durante un mes, sentado y mudo, como si hubiera estado literalmente ausente de los debates, un diluvio meticulosamente orquestado de calumnias, de insinuaciones, de mentiras! ¡Sin hablar de lo que ha tenido que leer en estos pasquines llamados, no se sabe por qué, periódicos! Pero aquí vamos a tratar de silenciar a toda esta indignación, este rencor acumulado, y de ir con calma a los hechos.

Entonces, "considero útil a mi defensa" ayudar al tribunal a formarse un concepto claro y preciso de lo que fue la acción guerrillera, por las fechas correspondientes a las acciones militares que motivan el presente proceso.

"Considero útil a mi defensa", en segundo lugar, aunque el tribunal no se considera responsable de todas las irregularidades cometidas antes o paralelamente a esta acción judicial, ayudar al tribunal a tomar plena conciencia de una maquinación que, aun si no alterara su decisión, sí ha alterado mucho el expediente e influido sobre los debates. Me refiero a la maquinación urdida, secreta y públicamente, secreta y publicitariamente, contra mí, desde los primeros días de mi detención, por la Agencia Central de Inteligencia de Estados Unidos de América.

"Considero también útil a mi defensa" examinar una por una las pruebas acumuladas en este proceso, porque realmente vale la pena. Poco después del alegato de mi abogado defensor, me quedan solamente algunos detalles por agregar, y algunas reflexiones sobre los métodos de la acusación.

Todo eso, serenamente. Porque hemos llegado a un momento donde esta historia guerrillera, o más bien esta primera etapa de la guerrilla revolucionaria boliviana marcada por la muerte del "Che", ya pasó a la historia a secas; a un momento donde se puede aclarar casi todo, de principio a fin, y sin preocuparse de saber si tal elemento constituye o no delito, si es de cargo o de descargo (por suerte, la historia tiene otros criterios de lo justo y de lo injusto que los del Código Penal). Y con este afán, no de quitarme de encima cargos inverosímiles sino de aclarar una verdad histórica aquí desfigurada, hemos llamado dos testigos, bautizados de descargo, pero no nos importaba nada este aspecto de su testimonio. Queríamos solamente que declarasen lo que sabían. Y como esta historia fue escrita en el terreno a la vez por los guerrilleros y por el ejército regular, hemos llamado al único guerrillero que merezca este nombre capturado hasta el día de hoy por el ejército, compañero de ideales, aun si no puede todavía, por su condición de preso, darse cuenta de lo que aquí pasa y ha pasado, al "Camba"; los demás testigos de la guerrilla son esencialmente desertores, vulgares desertores, algunos de los cuales ni han sido presentados en estos debates, incorporados como están ya en el ejército... Y hemos llamado a un adversario de la guerrilla, honesto y valiente, lo bastante honesto y lo bastante valiente para reconocer la honestidad y la valentía de los guerrilleros, el mayor Sánchez. Claro está que es todavía temprano para que la verdad salga intacta, todavía hay presiones, pasiones, inhibiciones, compromisos. Hubiera, por ejemplo, querido que precise el mayor Sánchez si entiende él que la emboscada es un asesinato o bien un acto de guerra, cuántas emboscadas preparó él contra los guerrilleros, cuáles extranjeros y de dónde venían aquellos que participaron en los interrogatorios de los guerrilleros presos, especialmente a los de Vázquez, de Bustos, de mí; sobre qué vertían estos interrogatorios, etc... Pero no ha sido posible.

Todo esto con el fin, repito, no de disculparme, sino de reconstruir honestamente los hechos que pretextan este proceso. Y actuando así, manifestábamos también nuestro respeto a la gran sombra del Che, que dominado hubiera debido dominar estos debates. Del Che, que en toda su vida nunca sacrificó la verdad a una razón de conveniencia o de oportunidad. Del Che, que en vano y en más de una ocasión intentó hacer llegar al pueblo boliviano y a otros el periódico de la guerrilla, que al principio constaba solamente de partes de guerra, donde transcribía con minuciosidad todo lo acontecido, lo malo y lo bueno, las bajas exactas de los dos lados, las victorias y los reveses, sin cambiar nada. Estos partes llevaban el título siguiente: "Frente a la mentira reaccionaria, la verdad revolucionaria". Estos textos nos fueron entregados, dos a cada uno, a Roth, a Bustos y a mí, antes de que saliéramos a Muyupampa, y son ellos los que nos fueron incautados en esta localidad, o más precisamente que fueron incautados al señor Roth, al cual le habíamos entregado los cuatro nuestros y que los tenía en su bolsillo, y no a mí, como dijo equivocadamente un testigo, el teniente Ruiz. Pero todo el proceso pareciendo ser dirigido contra mi persona, no hay que sorprenderse por estas inexactitudes repetidas en los testimonios. Estos detalles no tienen mayor consecuencia.

Lo que sí tiene consecuencia, en este caso enorme consecuencia, es lo siguiente: no se les ha presentado aquí más que la centésima parte de la documentación incautada en los depósitos de Ñacahuasu por la traición de un ex guerrillero, de apodo "Chingolo", expulsado de la guerrilla por Ramón el día 27 de marzo y hoy enrolado en el ejército. Esta documentación debe constar, entre otras cosas, de una decena de diarios de guerrilleros, de un registro del personal, de libretas de apuntes, de libros, de pasaportes, de docenas de rollos de película, de un manuscrito del Che sobre economía política latinoamericana, su última obra completa. Todo lo cual sí fue llevado a Washington para conocimiento del señor Dean Rusk, pero no aquí para conocimiento de ustedes. Pero lo que más duele es que se haya disimulado hasta hoy al tribunal el diario del Che. No se trata por supuesto de reducir este documento histórico, patético, ejemplar, al simple rol de un instrumento de prueba en una contienda tan mezquina como esta que nos ocupa. Pero, en fin, es ahí, más que en cualquier otro documento, donde está escrita toda la historia de la guerrilla, de principio a fin; ahí, el único lugar donde está consignado con exactitud todo lo que fue objeto de debate, objeto de discusiones ociosas —si fuimos combatientes o visitantes, si he servido o no de espía, de enlace, de suministrador de mapas, de comisario político—, ahí está el papel de cada uno, la participación de cada uno. Resulta espeluznante pensar que el tribunal va a tener que decidir de todo eso, que dictar sentencia, sin haber pedido conocer este documento que resolvería todas sus dudas, sin excepción, y algunas más si se puede decir. Ya en eso precisamente estaba el inconveniente, por eso no lo pudieron leer: todo se hubiera esclarecido, se hubiera reducido a polvo el acta de acusación, devuelto a cada uno su verdadera importancia que, en el caso mío, no vendría a ser ni la décima, ni la centésima parte de la importancia que se me quiso dar oficialmente por razones de política nacional e internacional.

Se destruiría además todo el edificio publicitario y propagandístico contra mí montado. Se descubriría, por ejemplo, que en un lapso de 11 meses el Che no habla ni dos veces de *¿Revolución en la revolución?*, lo que es poco para "el ordenamiento y reglamento de la guerrilla", pero suficiente por el verdadero valor de este folleto, que no era para el Che sino un libro más entre la centena de libros que él tenía en el campamento. Se descubriría que mis dos viajes anteriores a Bolivia no estuvieron relacionados con el desencadenamiento de la lucha guerrillera de este año. Entonces, se ha empleado el método tradicional, la intoxicación de siempre. Se anuncian grandes "revelaciones", por supuesto, todas relacionadas exclusivamente con Debray, se desliza una o dos mentiras en los periódicos, se crea expectativa, ya la maquinita del engaño se pone a funcionar por sí sola. Y en fin de cuentas, nada. Lo que no impide a un abogado de la parte civil dar por verdadero, con un aplomo imperturbable, que yo traje dinero al Che Guevara a mi llegada al campamento. La prueba, dice este señor, es que está impreso en el periódico. Con este método se prueba diariamente en Bolivia que el sol gira alrededor de la tierra. Hay un detalle que, por supuesto, no le va a interesar mucho a este señor: Nunca remití dinero al Che, el cual no es hombre que se equivoque con los nombres.

El fiscal hizo alusión a otra frase del diario, relativa a una supuesta misión mía de establecer contactos con el PCB en nombre de Fidel Castro. Aunque no haya sido exhibida prueba alguna, eso venía a punto. Les adelanto que dudo mucho de semejante anotación, en todo caso así redactada. Porque si bien tengo amigos en el PCB, nunca encontré en Bolivia a algún dirigente del PCB para discutir algún problema político, por la sencilla razón de que no tengo calidad alguna ni poder alguno para representar a nadie más que a mí frente a un partido político. Se equivocan, en fin, los que pretenden confundir a la opinión y tergiversar los hechos con semejantes métodos. Se equivocan porque deben de existir documentos donde están recopilados el origen, los principios de la guerrilla boliviana, con fechas, hechos, nombres, documentos que nadie puede confiscar y que serán, sin duda, dados a conocer oportunamente.

No me importa nada que den o no satisfacción al fiscal con su fallo final, lo que sí me importa es ser condenado en base a la verdad, en base a lo que soy y a lo que he hecho. Y no en base a documentos mutilados, a falsos testimonios —hubo aquí cinco, señor presidente, tres de militares y dos de ex guerrilleros—, o a actos de prestidigitación, como han sido las pruebas de cargo hasta hoy exhibidas. Y lo reclamo con tanta más fuerza que el ejército, el gobierno, tienen todos los medios en sus manos para hacer conocer la muy simple verdad. No reclamo ni nunca he reclamado, como pretendió el fiscal, ninguna inmunidad, en nombre de mi condición de escritor, de intelectual. No reclamo contra la pena máxima, aun si hubiera estado en vigor la pena capital; reclamo contra la fundamentación que se quiere darle. El fondo de la cuestión no es la pena que van a dictar, que no tiene importancia, son sus considerandos.

Dentro de la lucha a muerte que oponen hoy, como lo recordaba aquí un abogado, el imperialismo norteamericano y sus protegidos al socialismo y a la revolución, está admitido que quien haya escogido el camino de la revolución se expone tarde o temprano a la cárcel o a la muerte violenta. No veo nada en eso de anormal, ningún motivo de escándalo. Diciendo sí, del fiscal en lo que repitió varias veces, que más afortunado sería el que puede consumirse treinta años en una cárcel que el que muere en un combate. Pienso que es al revés. Pero de todas maneras, lo que sí nunca admitiré es que se disfrace una condena política por delito de ideología en una condena penal. Es que se me dé un papel en la organización guerrillera que nunca he tenido. Es que se me condene por asesino y ladrón, como dice la acusación. Y que se quiera interpretar una declaración de corresponsabilidad política y moral en "una confesión de culpabilidad". ¿Culpable de qué? ¿Y según qué criterio? ¿Político? Admito. ¿Penales? Inadmisible.

Que se me diga: "Lo vamos a condenar porque es marxista-leninista; porque escribió *¿Revolución en la revolución?*, libro que se leyó una vez en su ausencia a algunos guerrilleros; lo vamos a condenar porque es admirador confeso y declarado de Fidel Castro y vino aquí a hablar con el Che sin pedir antes el permiso a las autoridades, ni avisarnos a tiempo; porque se le puso ahí el apodo de Dantón y que cumplió dos o tres veces un turno de guardia adentro del campamento, como cualquier otro visitante". Perfecto, no tengo nada que decir. Por algo existe la lucha de clases, por algo existen las embajadas yanquis, sus batallones de agentes y de propagandistas, por algo la revolución queda por hacer. Pero que se me diga: "Lo vamos a condenar, porque vino en dos oportunidades a espiar el país, porque entregó mapas al Che, porque le trajo dinero, porque formó parte de la plana mayor de la guerrilla, porque planificó las operaciones militares, porque dio cursos a los guerrilleros, porque fue comisario político, autor intelectual de la subversión, combatiente emboscado". Entonces no, protesto, porque todo eso es una serie de cuentos, de mentiras absolutamente no probadas y que nunca podrán serlo. Y protestaré por todas las formas posibles, y cada día de mi detención.

No debe sorprenderles esta actitud mía. Aunque yo proclame mil veces que siento no ser culpable como quisiera entenderlo el fiscal, que siento no haber muerto al lado del Che, no les da a ustedes ningún derecho jurídico de condenarme, ya que, en materia penal, se condena hechos, no intenciones. Dentro de la campaña de infamia que lanzó contra mí toda la reacción latinoamericana, desde el general Stroessner hasta Lleras Camargo, pasando por Luis Conte Agüero y los publicistas de La Paz, se viene recurriendo desde algún tiempo a una astucia bastante hábil, la astucia jurídico-política. Cuando digo: ocurre que no he cometido ninguno de los delitos que se me inculpa, ni directa ni indirectamente; soy estrictamente inocente de los cargos aquí formulados, se me contesta así: "Entonces usted reniega sus ideas políticas, no es capaz de asumirlas, se lava las manos de la sangre que hizo correr con su libro". Y cuando digo: afirmo mi corresponsabilidad política y moral por los actos de mis camaradas, que motivan el presente proceso, entonces se oyen gritos de alegría de parte de estos plumíferos: "¡En fin, el bandolero se confiesa culpable...!" Pero, otra vez: ¿culpable de qué? Parece que estos señores no estarán plenamente satisfechos, no cesarán de ladrar y de expulsar su veneno, antes de oirme confesar que formaba parte de la directiva guerrillera, que escogí y reconocí la zona de operaciones, controlé los preparativos, planifiqué las emboscadas, serví de comisario político y de consejero del Che, con mi folleto haciendo las veces de breviario guerrillero, etc... Entonces, si declaro reales estas invenciones, me declararán honesto y valiente, consecuente y responsable. Se olvidan simplemente que hay que respetar los hechos y primero conocerlos antes de hablar, no son tan maleables. No puedo inventar cuentos para satisfacer sus ansiedades. Éste es el dilema en el cual quisieran encerrarme: o bien aprovechar mi compromiso político para concluir a mi culpabilidad penal, aunque sea a costa de fabulaciones, o bien aprovechar mi inocencia penal para hacer como si no tuviera ningún compromiso político en el fondo o como si se estuviera consecuente con él.

La cosa no es tan fácil, ¡señores! Aquí, en este recinto, no se habla, o se dice que no se habla de política, sino que se trata de aplicar el Código Penal, de aplicar la pena máxima por asesinato, robo y rebelión a un hombre que no tuvo participación alguna, física, inductoria o indirecta, en las acciones militares que se quieren juzgar, aun si está plenamente de acuerdo con ellas.

¿Qué entiendo entonces por corresponsabilidad?

Como revolucionario (en la medida en que me pueda llamar así), me siento y me proclamo corresponsable de todos los "delitos" cometidos por todos los revolucionarios de todas partes del mundo, desde la impresión clandestina de un volante hasta el asalto al banco para recuperar fondos, desde la reunión ilegal hasta la ejecución de un torturador.

Porque encontrándome disponible, y que un jefe responsable me mande llamar en alguna parte para decirme: "Te necesitamos. Te necesitamos porque a nuestro juicio, tú solamente puedes cumplir tal misión mejor que otro y cumpliéndola ayudas a nuestra causa común", entonces ahí voy, listo a cumplirla.

Que quieran sancionar esta disposición o disponibilidad mía, no encontraría en eso nada anormal. Sancionar aspiraciones o disposiciones es precisamente la razón de ser de los procesos políticos.

Si el Che, cuando le planteé a principios de abril que aceptara de una vez mi incorporación definitiva e inmediata a su tropa, me hubiera contestado: "Tienes buenas condiciones físicas, eres apto, estás acostumbrado a la lucha de monte, a la vida del campo. La misión periodística que tienes otro la va a cumplir más tarde. No hay urgencia en eso, quédate ya con nosotros", entonces me quedo, con todo gusto, como combatiente, como guerrillero, dispuesto a combatir donde sea y cuantas veces me sea ordenado. Qué más puede soñar un militante que ponerse bajo las órdenes del Che. Desgraciadamente, caí enfermo en esta época, consecuencia de cierta desnutrición, como lo manifiesta mi confesión, y el Che no tuvo mucha confianza en mi resistencia física. Digo desgraciadamente, porque, de lo contrario, no hubiera nunca salido de la guerrilla, y no me encontraría aquí sentado, aquí hablando, expuesto a toda esta ridícula publicidad, a la propaganda imperialista, al odio de los yanquis y al rencor particularmente activo y expansivo de sus huéspedes de honor, la colonia de exiliados cubanos. Pero es así que entré y salí de la guerrilla como un simple visitante, compartiendo sí la vida cotidiana de los campamentos por un tiempo más largo de lo previsto, porque ahí vivía uno todos los días.

¿Por qué entonces me declaro corresponsable de los actos de guerra de mis compañeros?

Porque, lejos de condenarlos, los apruebo como legítimos y necesarios.

Luego, porque hubiera aceptado participar en su ejecución o preparación si así lo hubiera dispuesto Ramón, o si hubieran estado en condiciones de hacerlo.

En fin, porque el solo hecho de permanecer en las filas revolucionarias, de mantener intacta mi convicción de que la lucha armada es el eje de la lucha de liberación, particularmente en Bolivia, prueba que no reniego estos llamados delitos y que sigo dispuesto a cometerlos. Los ratifico, y adhiriéndome a la concepción moral y política que los ha inspirado, me adhiero también a todo lo que de ella se deriva ineluctablemente.

¿Será acaso que dejo de ser en algún momento un "visitante" para volverme un "combatiente en la guerrilla"? Sobre este punto, de lo que tanto hablaron abogados y fiscal, la verdad es sencillamente ésta.

Cuando nuestro primer encuentro con el Che, no se trataba todavía de combates, de emboscadas, ni se los esperaba para tan pronto. A pesar de lo cual precisó de inmediato mi condición de visitante. Discutimos, sí, mi posible incorporación a la guerrilla. Pero, además del periodismo, él quería que yo cumpliese alguna que otra tarea fuera, y como quería por mi parte resolver algunos problemas personales que me tenían muy preocupado, se ratificó, de común acuerdo, mi salida inmediata de los campamentos. Acordando, sin embargo, que después de eso, regresaría a Bolivia, pero esta vez sí como guerrillero y para quedarme.

De repente se complicó la situación. Ya las comunicaciones con el exterior se habían hecho difíciles. De los cuatro visitantes que se encontraban en el campamento, el Che decidió que Bustos y yo seríamos los primeros en salir, por la localidad de Gutiérrez, y para el Chino y Tania se concibió un plan más cuidadoso de evacuación, por ser elementos de mayor importancia revolucionaria. Después del intento frustrado de Gutiérrez, cuando le volví a hablar de mi incorporación a la guerrilla, me contestó el Che aludiendo a mi deficiente práctica de la vida del monte, que diez intelectuales de ciudad valían menos para él, como guerrilleros, que un solo campesino de la región. Lo que me convenció que sería mucho más útil afuera que adentro, sobre todo en aquellos momentos de aislamiento, y acrecentó mi decisión de salir de la guerrilla como había entrado, como simple compañero de visita.

Y aún así, no quiso forzarnos en correr riesgos de una salida más o menos improvisada. Y si quieren una prueba más de que no nos encontrábamos sumisos a la disciplina férrea de los combatientes incorporados, es que, aunque me había manifestado varias veces su criterio personal sobre lo conveniente que sería el salir rápidamente de la zona, el Che nos dejó elegir, dejando a nuestra sola decisión personal la alternativa de quedarnos todavía más con la guerrilla o de salir por tal lugar o de tal manera. No eran órdenes. Había dado una vez su opinión, y éramos libres de seguirla o no. Interferíamos bastante y en vano sobre los movimientos de la guerrilla, había ya demasiados enfermos entre los guerrilleros, e insistí, por mi parte, en correr los riesgos de la salida de una vez y lo más pronto posible. Cuanto más que nunca habíamos imaginado, aun en caso de ser arrestados en el viaje, semejante trato, semejante ruido, semejante proceso. Y pensaba uno en aquel entonces que mientras más pronto fuera posible salir, más pronto sería posible regresar, esta vez no en plan de visita. ¿Pero para qué? Lo que hubiera podido ser y no ha sido, y ¡ay! no podrá ser ya, no cae bajo la competencia de este tribunal.

¿Por qué entonces un no-combatiente se declara corresponsable de lo cometido por combatientes revolucionarios?

Permítame una comparación.

Corrió la sangre minera en la noche de San Juan. En plena noche entró el ejército en las minas por sorpresa. La mina amaneció con 27 cadáveres y el triple de heridos en el suelo, según cifras oficiales. Porque allá también, señor presidente, hay 27 familias enlutadas, pero que no pueden gritar sus muertos, ni por su venganza, ni ser parte civil en ningún proceso, ni hacer pegar carteles en las calles. Veintisiete lutos callados. Todos los que llevan el uniforme militar son a mi juicio corresponsables de lo cometido en aquella noche. Aunque ustedes no hayan ejecutado, ni planificado, ni concebido esta represión, son a mis ojos, señores oficiales, corresponsables moral y políticamente.

Primero, porque no condenan estos actos sino que los aprueban, según dicen, como un mal necesario para evitar un mal peor para el orden constitucional, el de la subversión generalizada. Nosotros vemos en Ñacahuasu e Iripiti unos males necesarios para evitar un mal peor para el pueblo, el de la opresión generalizada.

Luego, porque hubieran aceptado, por disciplina, participar en ellos si así se les hubiera ordenado.

En fin, porque no han abandonado el uniforme militar después de San Juan.

Salvo a enfermos mentales y a fascistas, a nadie le

gusta que los hombres tengan que hacer la historia matando.

Pero si se quiere hablar de crímenes, ¿dónde están los inocentes? Todos aquí somos cómplices de crímenes, jueces y reos. Ustedes no representan la paz y la felicidad, y nosotros la violencia y el dolor. Entre la violencia militar y la violencia guerrillera, entre la violencia que reprime y la violencia que libera, cada una escoge su lado. Crímenes contra crímenes, ¿de cuáles decidiremos ser corresponsables, o cómplices, o encubridores? Ustedes eligieron a unos, yo elegí a otros, y punto.

Pero veamos los hechos. Veamos si realmente mis compañeros cometieron asesinatos, si mis compañeros son unos criminales.

En su primer requerimiento, el fiscal pidió al tribunal hacer conmigo "un precedente ejemplarizante", o sea, la pena de muerte no habiendo podido ser restablecida a tiempo, a pesar del pedido hecho al Congreso por el general Barrientos, la pena máxima en vigor: 30 años. Como esta pena se aplica solamente a los casos de asesinato, parricidio o traición, como no he traicionado a mi patria, ni matado a mis padres, había que montar una doble impostura, señor presidente.

La primera, bautizar "asesinar" a las emboscadas del 23 de marzo y 10 de abril. Había que demostrar entonces que el ejército no estaba el 23 de marzo sobre aviso de la existencia de los guerrilleros, que fue sorprendido "con sus picos y palas" cumpliendo misiones rutinarias en la zona. Por eso, el fiscal llama a "los asaltantes" no guerrilleros sino "bandoleros".

La segunda, demostrar que tuve participación en estos "asesinatos" si no directamente, al menos indirectamente, por "inducción", como pieza esencial del dispositivo militar guerrillero.

Veamos el punto primero, las emboscadas. El 11 de marzo, a las 7 de la mañana, en el campamento central de la guerrilla, cuando nadie pensaba todavía en operaciones militares, dos hombres del grupo de Moisés Guevara, nombrados por el orden del día para una misión de cacería, agarran sus carabinas, bajan al río, pero en vez de tomar por la derecha, por el este, adonde los terrenos de caza, desaparecen hacia el oeste, hacia Camiri. Son los dos primeros desertores, aquí presentes como acusados, porque se ha llevado la puesta en escena hasta darles puestos de figurantes en el banquillo del acusado, de lo que están un poco disgustados, según tengo entendido.

Antes de haber podido llegar a La Paz, adonde querían ir, según sus declaraciones escritas, para "rendir su informe", son apresados por la zona el 14 de marzo.

El mismo día prestan declaraciones sumamente detalladas, ya que uno de ellos resulta tener conexiones antiguas con la DIC y el "Control político". Dice textualmente en su indagatoria que "él había venido a la guerrilla para realizar una misión de información, pensando sacar algún beneficio de su denuncia". Sus declaraciones escritas del 14 y 15 de marzo figuran en el expediente, a fojas 30 y siguientes. Como no han podido ser leídas en público, les ruego, señores oficiales, leerlas con atención. Encontrarán ahí un esquema preciso de la organización guerrillera: los efectivos presentes en el campamento central en aquel entonces (20 hombres), efectivos haciendo exploración en Vallegrande con el Che (30 hombres), nacionalidad de los guerrilleros, nombres, planes, emplazamiento del campamento, de las sendas, existencia de radiotrasmisoras, etc... Encontrarán ahí no solamente la presencia del Che con su seudónimo de Ramón, sino cuándo y por dónde llegó a Bolivia, con qué disfraz, sus ocupaciones, sus pertenencias, de qué manera se lo está esperando de un momento a otro en el campamento central, etc... Antonio, jefe entonces del campamento, los había tratado entonces como a unos compañeros más, sin ninguna reserva, enseñándoles hasta el juego completo de fotografías, todavía confidenciales, que se venían tomando del Che y de sus acompañantes, desde noviembre. De tal modo que, sin aun esperar el retorno de este último al campamento, se van. Han manifestado ellos mismos haber servido inmediatamente de guías al ejército, por tierra y desde el aire, y fueron luego mandados al Estado Mayor General de La Paz, antes del 23 de marzo, para complementar el informe. Después, como si pudiera haber todavía alguna duda, Choque Choque, también del grupo de Moisés Guevara, cae prisionero, sin ofrecer resistencia, el día 17. Confirma lo expresado por sus camaradas y está incorporado inmediatamente a la tropa como guía, enseñándole cómo se llega al campamento y los detalles de su sistema de defensa. El mayor Sánchez narró aquí cómo vino Choque Choque a la cabeza de las tropas que tomaron el campamento central, a principios de abril.

El tercer elemento de información que da al ejército, antes de Ñacahuasu, un panorama completo de la situación guerrillera es el guía Vargas, un civil uniformado que caerá en la emboscada del 23 mientras guiaba hacia el campamento la columna militar. Este habitante de Vallegrande había sido visitado, imprudentemente, por Marcos, jefe de la vanguardia guerrillera y toda su tropa en armas. Se presentaron a él, a principios del mes de marzo, como geólogos extranjeros, con el fin de comprarle alimentos, ya que había verdadera hambruna entre los guerrilleros que exploraban aquella zona con el Che. Este Vargas tuvo sospechas y los siguió paso a paso desde Vallegrande hasta Ñacahuasu y se fue inmediatamente a dar parte al comando de la IV división de Camiri. Agregando a todo esto las denuncias sucesivas de Algarañaz, la aparición repentina de Marcos y la vanguardia frente a los peones de este último, el ejército naturalmente se moviliza y pasa a la ofensiva. El 16 de marzo ocupa a la fuerza la casa de Coco Peredo ("de techo de calamina") y un soldado cae muerto en la operación.

Los días posteriores, el ejército, que tiene ya localizado el campamento, lanza patrullas cada vez más en adelante. Aviones de reconocimiento sobrevuelan la zona el día entero. La guerrilla se encuentra entonces no solamente bloqueada, con pocos víveres, ya que la finca y el camino a Camiri están trancados, sino sorprendida en un estado de muy poca preparación y además de morcelamiento, ya que el Che y su gente, que habían anunciado su llegada al campamento de Ñacahuasu para el día 1o. de marzo demoran en llegar 20 días. Se le mandan estafetas para prevenirle de esta situación imprevista. Y mientras tanto, Marcos, que se hace cargo entonces del campamento central, ayudado por Antonio, decide abandonarlo por no tener bastantes fuerzas para resistir a la presión creciente del ejército, y retirarse más atrás. Y el

20, cuando en fin llega el Che, encuentra la guerrilla en retirada frente a una ofensiva del ejército. Ve en esta retirada precipitada un síntoma de derrotismo, destituye de su puesto a Marcos, hace regresar a todo el mundo al campamento central, y toma la decisión de defenderlo contra cualquier incursión del ejército. Y a este efecto, con la misión de cortarle el avance, manda a un pequeño grupo de 6 hombres a tomar posiciones a 3 horas más o menos de camino del campamento, en el cañadón de Ñacahuasu. Y ocurrió la emboscada del 23. Lo que pasó en estos días, antes del 23, tuvo una influencia decisiva y fatal sobre todo el curso posterior de la guerrilla. Pero les hice aquí breve recuento solamente para mostrarles cómo la tesis del fiscal, aun apoyándose sobre falsos testimonios, no resiste el examen. El ejército no se encuentra en Ñacahuasu cumpliendo "una misión de rutina", mucho menos con el "fin de abrir un camino". No tiene precisamente "picos y palas y machetes", como dijo el mayor Plata. Viene con ametralladoras 30, morteros de 60, radio transistores, apoyo aéreo, y sabe adónde va; va a tomar el campamento central, en una maniobra combinada con otra columna militar que avanza por el otro lado, desde Gutiérrez. Se trata de un cerco clásico.

A las 12 horas del día 23 la aviación tenía misión de iniciar el bombardeo sobre el campamento. En fin, aun si la opinión pública no estaba todavía alertada en esta fecha (aunque habían aparecido en la prensa, extrañadamente, rumores de guerrilla desde los primeros días de marzo), para los dos lados en pugna, las hostilidades estaban ya abiertas. Para la guerrilla, concretamente, habían empezado el 11 de marzo, fecha de las primeras deserciones, que puso al campamento en estado de alerta; para el ejército, algunos días más tarde con la ocupación de la finca de Peredo.

Aún más. El 23 el ejército está a la ofensiva y la guerrilla a la defensiva. Si en la táctica el ejército fue sorprendido por la emboscada, en lo estratégico, la sorpresa fue para la guerrilla que no tomó la iniciativa del combate y más bien lo rehuyó al principio. Por todas estas razones la emboscada ésa fue no un asesinato, sino un acto de guerra tácticamente declarada con premeditación de las dos partes.

¿La emboscada fue cruel? Sin duda, como toda emboscada. Es un método de combate, tan viejo como el mundo, que existe desde que el débil lucha contra el fuerte, propio a todas las guerras del pueblo, en toda época, que se emplea aun en la guerra regular. ¿Cayeron inocentes, soldados y oficiales? Es cierto. ¿Acaso los soldados bolivianos que cayeron en El Alto de La Paz, en 1952, bajo las balas de los mineros, eran responsables individualmente del latifundismo, de las exacciones de la Rosca, de los salarios de miseria? ¿Los soldados altoperuanos que, defendiendo el poder español, cayeron bajo las balas de los hermanos Lanza, de los "faccioneros" de Padilla, de Azurduy, eran responsables del absolutismo monárquico, del ponguenaje, del monopolio comercial español? Evidentemente no. Estas víctimas lo eran también del régimen de opresión existente, del cual eran instrumentos, ciegamente leales. En todas esas épocas, los uniformados fueron las primeras víctimas de la explotación y represión que defendían, sin darse cuenta, en la mayoría de los casos, de lo que representaban. Víctimas de su deber legal, pero que se volvió ilegítimo, sin razón, sin contenido. Eso basta para que las víctimas merezcan respeto, y sus familiares compasión, pero no basta para que el régimen social que se sirve de ellos para sustentarse en el poder haga demagogia con ellos. Los actos de guerra revolucionaria no oponen individuos —que todos tienen una familia, padres, hijos, amores, infancia— sino simples representantes de dos órdenes irreconciliables. Estos actos de guerra son frutos de los antagonismos sociales, económicos, morales existentes, independientes de la voluntad de los actores, anteriores a ellos. Nadie ha creado esos antagonismos, nadie puede levantarlos, aunque sí deben ser superados y resueltos. La tragedia, por supuesto, es que no caen objetos, números, instrumentos abstractos e intercambiables, sino precisamente, de los dos lados, individuos irremplazables, medularmente inocentes, únicos para los que los han querido, educado, estimado. Pues es la tragedia de la historia, de cualquier historia, de cualquier revolución. No se enfrentan en estos combates personas, sino intereses de clases e ideas; pero los que caen en ellos, los que mueren, son personas, son hombres. No se puede eludir esta contradicción, escapar a este dolor.

Si la emboscada, en sí y por sí, es asesinato, entonces los yanquis, en la zona de Panamá, en Fort Brigg, son buenos maestros en la materia, porque lo principal que enseñan a los militares latinoamericanos y bolivianos, en su curso de selva, es a hacer emboscadas a los guerrilleros, es la táctica y la teoría de las emboscadas. Si la emboscada de por sí es asesinato, porque no se combate de igual a igual, en iguales condiciones de peligro, entonces hay muchos asesinos en el ejército boliviano, que hizo más de una emboscada. Ñacahuasu e Iripiti no fueron emboscadas de aniquilamiento: prueba de eso es el gran número de presos que se hubieran podido liquidar. Eran destinadas a recuperar armamento para luego tener con qué armar a los campesinos y a impedir el acceso al campamento central. Lo que sí fue emboscada de aniquilamiento, sin piedad alguna, fue, por ejemplo, la que hizo el ejército a una retaguardia guerrillera, en Vado del Yeso. Ahí, según contó el mayor Vargas, que dirigió y preparó la operación, se esperó que los guerrilleros estuvieran todos sumergidos en el río, entre las dos orillas, el arma levantada, y se les disparó de los dos lados del río, de atrás, por delante y de costado: de once guerrilleros, preso hubo uno solo. Ahí, el objetivo fue matar, de cualquier manera, y nada más. Ahí murieron sin poder defenderse, salvo por una que otra ráfaga a ciegas, Joaquín, Tania, Alejandro, el Negro, Moisés Guevara, Braulio, Pablo y otros. ¿Diré yo que fue un asesinato? No. Fue una emboscada, de una rara crueldad, pero no fue un asesinato. El ejército aprovechó con habilidad un tremendo error de la guerrilla, o una fatalidad, o su mejor conocimiento del terreno, de los vados existentes en el río Grande, como algunos meses antes la guerrilla había aprovechado en Ñacahuasu e Iripiti errores del ejército: así en la guerra de guerrillas, así en cualquier guerra. ¿Si no fue un asesinato, ni un acto de cobardía Vado del Yeso, por qué lo sería Ñacahuasu? ¿O acaso habría dos medidas y dos pesos, una para el ejército y otra para la guerrilla? Se dirá quizá que fueron los guerrilleros los que empezaron, y que el ejército no tiene la culpa de tener que recurrir a los mismos métodos, que los guerrilleros son responsables de toda esa cadena de emboscadas por haberla iniciado.

Habría mucho que decir sobre eso; lo cierto es que los ex mineros que participaron en la emboscada de Ñacahuasu tenían la impresión, tenían la certeza de continuar una pelea, una muy vieja pelea contra el ejército, un muy viejo enemigo, si bien con otros métodos, una pelea que no habían iniciado ellos, que se había iniciado hace tiempo atrás, por ahí, por Catavi, en los años 1946 y antes...

Pero la verdad es que en lugar de condenar sinceramente, directamente, a una causa, a una concepción revolucionaria, se condena hipócritamente, formalmente, a un método de combate, a una táctica de guerra, sin darse cuenta de que este método —la emboscada— es universal y es empleado también por los militares contra-guerrilleros, los mismos que la llaman asesinato cuando se la emplea contra ellos, y combate heroico cuando la emplean contra la guerrilla revolucionaria. Además, señor presidente, hay que ser franco. La operación del 23 de marzo, de parte del ejército fue conducida muy mal, con toda irresponsabilidad, y de eso la guerrilla no tiene la culpa. Se olvida decir que se mandó a exponer su vida —y así lo expresó el mismo capitán Silva en su testimonio— a estos soldados y oficiales sin tomar medidas de precaución elemental. Según me contaron los combatientes guerrilleros, la tropa se amontonó y reunió frente a ellos en una playa, sin siquiera guardar sus distancias. Todo el mundo sabe, y está escrito en cualquier manual militar, que al entrar en una zona peligrosa cada miembro de una columna en marcha debe guardar una distancia de 50 metros con el que lo precede. La tropa venía para tomar un campamento de guerrilleros. ¿Cómo se pudo proceder así, con esta ligereza, cuando se sabía de qué guerrilleros se trataba, de qué organización guerrillera se trataba, cuando se sabía que el Che Guevara estaba en la zona? Pero eso es otro problema que no me compete tocar.

Lo que sí debo recalcar, porque me consta, es que en esta lucha cruel por naturaleza y a pesar de todas las dificultades en las cuales se debatió la guerrilla desde un principio, nunca esta última se apartó un solo instante del máximo respeto humano, de la máxima humanidad. Todos los heridos fueron curados con todos los medios disponibles, los presos atendidos, alimentados. Se les trajo frazadas para protegerlos del frío de la noche. Se dijo que los muertos, presos o algunos de ellos habían sido despojados de sus prendas. De sus botas sí, porque un par de botas en la selva es vital y los guerrilleros no tienen zapatería a su disposición. De sus uniformes militares, porque los guerrilleros no tienen sastrería ni tela para conseguir uniformes y el ejército sí tenía: en cambio, los presos fueron dotados de ropa civil. Ningún muerto fue, según me contaron los guerrilleros, desnudado. No fueron enterrados en el momento, es cierto, y se ha descrito aquí repetidas veces el aspecto de los cuerpos en descomposición, comidos por los buitres y los gusanos, tales como fueron encontrados más tarde. Pero, ¿por culpa de quién? La primera decisión del Che, cuando fue Coco Peredo a darle el primer parte en la mañana del 23 en el campamento, fue la de mandar en seguida los médicos, y otorgar al ejército una tregua de 48 horas para que venga a recoger sus muertos, ya que el Pincal, donde estaban concentradas las tropas, era muy cercano al lugar de los hechos. Por eso, no recibieron sepultura de parte de la guerrilla los muertos, por esta sola razón. Y fue mucho más tarde que los guerrilleros se dieron cuenta de que nadie había venido a retirar los cadáveres, pero era demasiado tarde para rescatarlos.

Ningún preso, oficial o soldado, fue ultrajado, física ni moralmente. El mayor Sánchez ha contado aquí cómo en Iripiti tardaron una hora en llegar los médicos para curar a los heridos, e imaginó que los guerrilleros primero curaron a sus heridos para luego ocuparse de la tropa. Pero, salvo el Rubio, herido en la cabeza, que murió a los pocos minutos, no hubo ningún herido por parte de la guerrilla en Iripiti, y aun si los hubiera tenido, la orden terminante era curar a los heridos por orden de gravedad sin entrar a considerar si eran guerrilleros o soldados. No, lo que ha pasado es que el campamento donde se encontraban los médicos distaba una media hora del lugar de la emboscada, y eso, con el tiempo de prevenirlos, explica por qué tardaron una hora en llegar. Nada más. Y ya escaseaban las medicinas, especialmente el suero. Cuando un médico, antes de salir preguntó al Che si no era mejor conservar parte del suero disponible para uso de la guerrilla, que no tenía ningún medio para proveerse de él, el Che contestó que eso no debía ser ni tomado en consideración y si hacía falta, se debía agotar lo disponible para salvar, costare lo que costare, el herido enemigo aun si fuera en un estado desesperado. En cuanto a las acusaciones de robo y saqueo, creo que no es necesario ampliar más: bien he sabido que, fuera del botín de guerra, nada fue robado a los presos. Ni un solo trozo de carne, ni una sola papa, ni un solo grano de maíz fue jamás quitado o confiscado a ningún agricultor, sino mediante pago, y a una tarifa fijada por el mismo productor. Y cuando se encontraba ausente el propietario de una finca, la suma correspondiente al valor de lo incautado era remitida con un peón.

¿Sobre qué se apoya entonces el fiscal para llamar bandoleros, delincuentes comunes a los guerrilleros? Ha dicho el fiscal, desde el primer día del proceso, que nunca aceptaría que estos bandoleros puedan ser comparados con los guerrilleros de la independencia altoperuana, con los próceres de la patria, los Camargo, los Warnes, los Padilla, los Lanza. No son guerrilleros, ha dicho el fiscal, porque pelean cobardemente, escondidos en la selva, en emboscadas, en contraste con "nuestros mineros", que ellos sí tienen la valentía de combatir en terreno descubierto, frente a frente. ¿Y acaso los guerrilleros de la independencia no combatieron en las junglas, en las montañas y los cañadones de Inquisivi, de Coroico, de Vallegrande? ¿Y qué hacían si no emboscadas, mortíferas y sangrientas emboscadas a los españoles, arrinconándolos en los desfiladeros montañosos, enterrándolos bajo piedras y rocas que hacían rodar desde lo alto sobre ellos? ¿Y acaso curaban a los heridos enemigos? Y yo me pregunto lo que el fiscal admira más de los mineros del altiplano, si es su valentía, el presentar combate casi inermes, en terreno bien llano y despejado, con anuncio previo, o si es la facilidad con la cual el ejército suele liquidarlos.

No son guerrilleros, ha dicho después el fiscal, porque no tienen bandera. No han hecho ninguna declaración de guerra. Es posible, en efecto, que por haber sido sorprendidos por un ataque repentino del ejército, la guerrilla no haya tenido tiempo de hacer llegar afuera algún manifiesto, algunos volantes, algunos comunicados; es posible que esta falta fue un error, al menos en mi concepto, pero eso no concierne al tribunal. Lo importante es que la guerrilla tenía bandera, la más alta, la más prestigiosa, la más noble que puede tener en Latinoamérica y esa bandera es el nombre del Che. La conocía el ejército, aun antes de entrar en acción, hizo todo para disimularla, para secuestrar, por ejemplo, los comunicados escritos de la guerrilla, los partes de guerra del ELN, y luego se sorprenden de que no se haya mostrado esta bandera.

Pero, sobre todo, no pueden ser comparados, al decir del fiscal, con los guerrilleros de la independencia, porque son extranjeros. Es cierto, había extranjeros entre ellos. Una minoría, por supuesto; la mayoría, la gran mayoría eran bolivianos, pero había peruanos, cubanos y un argentino. ¿Acaso eso es nuevo en la historia de Bolivia, acaso contradice eso el contenido profundamente nacional, patriótico, de esta lucha de liberación? Ni vamos a hablar aquí de los Bolívar, Sucre, Santa Cruz, Belgrano y los cuatro ejércitos auxiliares argentinos, de estos venezolanos, chilenos, argentinos, que fundaron Bolivia, y fundaron toda Latinoamérica. Hablemos solamente, no de estos grandes jefes de ejércitos regulares, sino de los mismos guerrilleros de la independencia, de los Padilla, Warnes, Lanza. Tengo aquí bajo los ojos, editado por la universidad San Francisco Xavier de Sucre, el *Diario de un soldado de la independencia altoperuana*, de un guerrillero que combatió en los valles de Sicasica y Ayopaya, por los años 1820, albores de la nacionalidad boliviana, precisamente en la "facción", o sea, en la guerrilla comandada por José Manuel Lanza. Y leo lo siguiente en el prólogo: "La estructura humana fundamental de la facción está constituida por gente de los propios valles, o sea, por indios y mestizos. Pero la facción es también una mesnada colectiva; hasta ella convergen por vías recónditas aportes de toda índole, insertando en el tronco principal los injertos más variados e inesperados. Desde luego, abundan en la facción altoperuanos de otros puntos del país: orureños, cochabambinos, paceños y aun cruceños... Tampoco faltan en la facción soldados de otros ámbitos americanos; hay algunos bonaerenses, tucumanos y paraguayos, rezagos quizá de la expedición argentina de Rondeau. Están presentes algunos peruanos, cuzqueños. Y en aquella pequeña fuerza india-mestiza que pelea contra España en lo más mediterráneo del territorio montañoso altoperuano, llegan a contarse hasta los ingleses, venidos Dios sabe cuándo y cómo a los valles" (p. 38, Gunnar Mendoza L.).

No le toca a un francés enseñar a un fiscal militar boliviano la historia de su país. Pero ya que tanto se refirió a ella, ahí están los hechos, señores oficiales, de la historia: es así, con estos hombres voluntarios venidos de todos los rincones de Latinoamérica, que se ha liberado Bolivia de los españoles, que se ha fundado Bolivia, y de la misma manera toda Latinoamérica. Y así, de la misma manera, en la misma confraternidad latinoamericana, puesta a prueba en los combates y la vida de campaña, se liberará Bolivia del imperio yanqui, se fundará la Bolivia socialista, y con ella todo el continente del cual Bolivia es corazón.

Para el Che la verdadera diferencia, la verdadera frontera, no es la que separa un boliviano de un peruano, un peruano de un argentino, un argentino de un cubano, es la que separa los latinoamericanos de los yanquis. Por eso, bolivianos, peruanos, cubanos, argentinos son hermanos de lucha y donde luchan los unos deben luchar los otros, porque tienen todo en común, la misma historia, el mismo idioma, los mismos próceres, el mismo destino y hasta el mismo dueño, el mismo explotador, el mismo enemigo que los trata igual a todos: el imperio yanqui. "En la América meridional —decía Bolívar— la lucha es de todos dondequiera que esté." Cuando Bolívar ofreció a Pueyrredón, director supremo de las provincias de Río de la Plata, la hermandad y la ayuda directa de los venezolanos, le mandó a decir en 1821: "Ligadas mutuamente entre sí todas las repúblicas que combaten contra España por el pacto implícito y virtual de la identidad de causa, principios e intereses, parece que nuestra conducta debe ser uniforme y una misma". Y este pacto implícito se hizo carne y hueso en el ejército que vino a liberar al Alto y

Bajo Perú, a crear Bolivia, este ejército que revistó el Libertador poco antes de Junín en Pasco "donde estaban reunidos hombres de Caracas, Panamá, Quito, Lima, Chile y Buenos Aires; hombres que se habían batido en Maipú, en Chile; en San Lorenzo, en las orillas de Panamá; en Carabobo, en Venezuela, y en Pichincha al pie del Chimborazo". El Che, heredero histórico de Bolívar, no tuvo tiempo de reunir aquel ejército en las selvas del sureste boliviano, pero tal era la idea: es difícil, parece utopía, pero es invencible y vencerá. En su carta de Jamaica, Bolívar, en 1815, lanza la idea de una América Latina total, por encima de los particularismos criminales, y la idea de americanos totales. Prematura fue la visión ya hace un siglo y medio. Prematura parece todavía hoy a algunos, y de ello murió el Che, pero no en vano. El Che no habrá "arado en el mar". Él asumió la tradición libertadora, la más patriótica, la más boliviana, la más latinoamericana. Otros han asumido un chovinismo, un espíritu de rencor particularista que no se enraiza en ninguna parte de la historia independentista. Cuando merodea un tigre en la vecindad, y que un cordero, uno más del rebaño, quiere apartar a su vecino, diciéndole "tú no eres de aquí, este pedazo de pradera no te pertenece, tienes que quedar solo en tu patria, que es del otro lado del río", entonces este cordero en vez de hacer que todos se reagrupen y se presten ayuda frente al enemigo mayor, traiciona a los suyos, expone sus vidas y la suya propia. Seguramente habrá hecho algún pacto de alianza con el tigre, pero está bien equivocado si espera escapar así de sus garras. No hay pacto de alianza que valga entre una nación carnívora y una nación comestible y tan rica como Bolivia. El chovinismo, el nacionalismo retrógrado no es sino la máscara sentimental de un frío pacto de entrega.

Ya sé: debemos aquí limitarnos a los hechos, como me lo ha indicado varias veces, señor presidente. Está claro para el mundo entero que los guerrilleros comandados por el Che son los herederos de los guerrilleros de las primeras guerras de independencia, de los primeros patriotas de Bolivia. Si me he referido a los hechos del presente y algunos del pasado, era para mostrarles que ni en este recinto, ni en este proceso, ni frente a las viudas y a los familiares de los militares caídos, se podía desfigurar esta verdad sin desfigurar la historia misma.

Y ahora vamos a la segunda parte de la impostura, a la manera con la cual el fiscal quiso demostrarles mi condición de alto responsable guerrillero. Seré breve, porque mi abogado defensor ha dicho ya lo que había que decir de las pruebas presentadas por el fiscal. Quisiera solamente completar algunas cosas, y poner al desnudo, frente a ustedes, los métodos de la acusación. Hemos asistido, desde la apertura de los debates, a una serie de revelaciones, bien escalonadas, una por cada día, literalmente confundentes. Revelaciones, porque los documentos o las pruebas exhibidas lo fueron por el fiscal a "último momento", sacados no se sabe de dónde, sin que la defensa haya podido ni siquiera examinarlos o conocer su existencia. Y revelaciones que confunden porque es realmente un motivo de consternación que cuando mi defensor, con posterioridad a los debates, pudo acercarse a estas pruebas, vio que eran engaños. Pero aprovechando la modestia profesional de la defensa y su desconocimiento de los hechos, como el silencio forzado del acusado, el fiscal tuvo campo libre para proceder con trucos de prestidigitación publicitarios, con la complicidad cínica de la prensa nacional y oficial.

Primera revelación: dos fotos donde se me ve con arma, una en compañía del Che, la otra solo. Titular en la prensa: Debray fotografiado con armas. Falta un detalle, y es que no aparece ningún arma en las fotos, en estas dos fotos del lote de 1 000 fotos incautadas en los depósitos, pero ¿qué importa? Ha sido logrado el impacto, me acuerdo muy bien cuando fueron tomadas, en el campamento central, y no tenía ni cartucheras, ni armas, llevaba mi carabina solamente para los turnos de guardia y las misiones de caza.

Segunda revelación: mi entrada clandestina al país. Fue establecida, titularon los periódicos. Lo malo es que tenía el fiscal entre sus manos mi pasaporte, con todos los sellos correspondientes. Entonces inventa este curioso razonamiento, el de la clandestinidad artera. Mi clandestinidad en Bolivia ha sido tanto más inmoral cuanto más sutil y cobarde, que no me he apartado una sola vez de la más estricta legalidad. He encontrado a un boliviano desconocido con un santo y seña, dice el fiscal, sin ver que esta "prueba" demuestra solamente que yo necesitaba un intermediario para llegar adonde los guerrilleros, por ser incapaz de llegar ahí por mis propios medios, como lo es un periodista. Y se olvida por supuesto mencionar que me he albergado en hoteles y viajado con mi nombre y mi pasaporte, como consta en los registros.

Otra revelación: he mentido en mi confesión, porque en el 64 entré a Bolivia clandestinamente y proveniendo de Perú, y así lo publica la prensa, como hecho incontrovertible. Lo malo es que mi pasaporte demuestra lo contrario, pero ¿qué importa? Se dirá entonces que he querido disimular mi expulsión de Perú en marzo del 64, perdiendo mi pasaporte en Chile para conseguir otro. Lo malo es que perdí mi pasaporte antes, en Ecuador, en enero del 64, y fue ésa la razón de mi expulsión de Perú, por no tener pasaporte sino un simple salvoconducto otorgado por la embajada francesa de Quito. Pero qué les importa este detalle al fiscal y a la prensa. Sólo cuenta el título sensacional.

Otro golpe: mi libreta de apuntes "guerrilleros", "incautada en Muyupampa". Se lee ahí, según dijo el fiscal, además de mi obsesión por la sangre y las ejecuciones capitales, que "Ramón me misionó en México", y así lo repetirán, con gran ruido, prensa oficial y parte civil. Lo malo es que esta frase es pura y simplemente inventada, como ustedes se darán cuenta. Pero lo peor es que esta libreta fue escrita después de mi detención, en mi celda; que lo que ahí está escrito son las condiciones de mi detención y los preparativos de mi ejecución, y, para colmo, esta libreta de apuntes, estrictamente íntimos, me fue arrebatada en Camiri a punta de pistola por el mayor Echeverría, el cual luego me la declaró extraviada y perdida, y se la encuentra de repente en manos del fiscal. Tales son los métodos de la acusación: secuestro y desfiguración de papeles personales. Otra sensación: el diario del médico, de un médico guerrillero, desconocido por la acusación. Se dio al principio lectura a este documento saltando páginas, frases y palabras un poco comprometedoras por la tesis del que leía. Titular en la prensa oficial: "Che incorporó a Debray, a Bustos como combatientes". No dice nada de eso; el diario del médico emite un simple juicio personal, ya que no participaba en las reuniones del comando donde se debatieron estas incorporaciones, pero ¿qué importa? Lo malo es que si se quiere realmente esclarecer este punto, basta consultar con el registro del personal, puesto al día por Rolando, y en manos del ejército, pero resultaría dañino para el golpe publicitario.

Una nueva revelación fue el ejemplar dramáticamente tendido al tribunal de *¿Revolución en la revolución?*, que se encontró en la mochila "del cubano Joaquín", caído en Vado del Yeso, prueba de que este libro servía de breviario a la guerrilla. Bien pudo ser que lo tenía Joaquín, porque no lo había leído antes, y si pudo ayudarlo en algo, a este magnífico revolucionario, e instruirlo o divertirlo, estoy feliz. Se olvidó decir al tribunal que cada guerrillero tenía por lo regular dos o tres libros en su mochila, porque un revolucionario no puede dejar de estudiar un solo día. ¿Pero por qué se muestra *¿Revolución en la revolución?* y no también las decenas de otros libros incautados a los guerrilleros caídos? Se olvidó también decir al tribunal que el otro ejemplar de este folleto, el que leyó y anotó un día de abril el Che Guevara, fue simplemente encontrado en los depósitos de Ñacahuasu donde lo dejó el Che con otro centenar de libros, novelas, poemas, cuentos, memorias, libros de matemáticas, que leyó él en los campamentos.

Pero lo mejor, lo más asombroso de todo fue la revelación de los mapas. Ahí tocamos el gran arte teatral. Es entonces, como lo tituló en primera página un gran periódico que se dice boliviano, que "la situación de Debray se comprometió seriamente". ¡Y a qué punto! Se lee primero un comprobante de pago por unos mapas comerciales, adquiridos por mí hace tiempo atrás, y con el fin y las circunstancias que constan en mi confesión. Luego, el fiscal depone en la mesa del tribunal un lote de 50 mapas encontrados en Ñacahuasu, y se estima satisfecho. Está hecha la demostración, los periódicos oficiales que hacen la opinión pública no pedían más. Yo compré mapas y la guerrilla tenía mapas del país. Conclusión:

Yo he suministrado a las guerrillas sus mapas. Lo malo es que, examen hecho, no son los mismos mapas, ni por el número, ni por el tipo de mapas, ni por las regiones, pero ¿qué importa? Lo que importa es que en los dos casos se trate de mapas. La publicidad no requiere más. ¿Para qué hablar de un informe ridículo del policía de Teoponte, hecho a base de rumores y del cual las tres cuartas partes son inventadas? ¿Para qué hablar de los falsos testigos, que se contradicen ellos mismos?

Y como en ninguna de estas llamadas pruebas se revela algo convincente, como está ampliamente sabido que no he participado en ninguna acción militar, ni en su preparación, que no he sido tampoco comisario político ni algo semejante, que nunca he dado cursos a nadie en la guerrilla, queda entonces mi obra *¿Revolución en la revolución?* que me acredita, al decir del fiscal, como "autor intelectual" de los llamados asesinatos del 23 de marzo y 10 de abril. Es el único recurso que le queda para justificar, con mi calidad de asesino, su pedido de pena máxima.

Advierto al tribunal que esta elogiosa imputación de ser el autor intelectual de la guerrilla, me cubriría yo de ridículo al aceptar tomarla en serio siquiera un solo instante. Por eso, no quiero contestar aquí personalmente a semejante cargo. Mi abogado defensor, en su alegato final, ha perfectamente demostrado, mediante un simple análisis de este libro, y una simple relación de hechos y fechas, la inanidad de este cargo. Me limitaré a dar lectura a la última parte del razonamiento del doctor Novillo, en su examen de esta "prueba" *¿Revolución en la revolución?*, parte que no pudo leer por haber sufrido varias interrupciones del presidente de este tribunal y del público. Dice así:

"c. Sentido común.

"*1*) En su capítulo 'La lección principal del presente' el libro en cuestión hace culminar su descripción por el rechazo del sistema de los comisarios políticos, sistema que, según el autor, 'no parece corresponder a la realidad latinoamericana'. Sin embargo, no sabe que este sistema regía la guerrilla boliviana, con la existencia de los comisarios políticos: Inti y Coco Peredo, asimismo dos subjefes. ¿Cómo explicar eso si el libro de Debray servía de ordenamiento en la guerrilla?

"2) En las obras del líder único y máximo, político y militar de la guerrilla, obras mundialmente conocidas, que constituyen verdaderos manuales de guerrilla, con croquis, dibujos, detalles militares e instrucciones técnicas, como son *La guerra de guerrillas* de Che Guevara o *Guerra de guerrillas: un método*, del mismo autor, se encuentran ya plasmadas todas las directivas y normas seguidas por las guerrillas, por lo que mal pudo servir para su organización la obra del principiante Debray.

"3) Resulta ilógico y hasta ridículo pensar que un hombre como el Che Guevara y los guerrilleros experimentados que lo acompañaban necesiten la obra teórica de un universitario de 26 años sin ninguna autoridad ni competencia militar. Para planificar sus operaciones necesitaban tan poco del libro que lo relegaron a sus depósitos, junto con otro centenar de libros, a pesar de que el Che tenía siempre libros consigo en la mochila."

Quiero pedir disculpas al tribunal por haber tenido que revisar así todo lo acontecido en este proceso, por haber tenido que bajar a estos detalles, a estas mezquindades, a estas manifestaciones del sentido común, que quizá no les interesen mucho, ni a mí tampoco. Ustedes y nosotros sabemos que nada de eso toca el fondo del problema. Pero ya que uno debe, como nos lo ha impuesto el presidente del tribunal, limitarse a materia penal, a eso se reduce el proceso, a eso se han reducido los debates, y de eso había que hablar. Lo hice solamente para mostrarles, señores oficiales, cómo ha procedido la acusación de principio a fin: yendo no de las pruebas a los cargos, pero de los cargos a las pruebas, o sea, de cargos preestablecidos a la búsqueda de pruebas para respaldarlos, y por no encontrar las pruebas necesarias, se las ha inventado o compuesto o arreglado: el fiscal no tenía más salida. Y por eso pronunció su requerimiento el primer día, aun antes del examen de las pruebas.

No es casual esta forma de proceder. Les he hablado al principio de una maquinación política y policial donde la CIA jugó un papel destacado. Que lo quieran o no, y ciertamente a pesar suyo, este proceso deriva directamente de ella. "El caso Debray" ha sido creado artificialmente desde el mismo día de mi detención. Primero, por razones propiamente políticas: el gobierno se ha servido de mí como de un mero instrumento político de agitación y de propaganda. Ofrecía para él la ventaja de ser extranjero, permitiéndosele levantar en mi contra el nacionalismo boliviano; de ser marxista-leninista, y de haber escrito sobre temas revolucionarios; de ser en fin un amigo de Cuba y de sus dirigentes, lo que le permitía hablar de una supuesta ingerencia de la Revolución cubana, aunque nada, absolutamente nada en mis declaraciones, le permitía relacionarme con Cuba, sino bajo el ángulo de la amistad política y de la convicción ideológica. Le permitía también al gobierno no hablar de otras personas y de desviar la atención pública sobre mí. Y ahí viene el segundo pilar de la maquinación: la CIA. Por haber rechazado sus propuestas y mercadeos, el representante de la CIA después de rendir informes al gobierno boliviano, dejó a este último concentrar todos los fuegos de su propaganda contra mí, y darme una importancia, una relevancia cuya falsedad conocía perfectamente. Ustedes se preguntan quizá, ¿por qué, a pesar de todas las normas constitucionales y humanitarias, he sido incomunicado más de dos meses? ¿Será que he sufrido muchos interrogatorios? No, muy pocos. El primero en Choreti (no cuenta ahí desagradables encuentros con matones del DIC, con oficiales excitados, que saben más de puños y patadas que de interrogatorios), conducido por un agente de la CIA, puertorriqueño o panameño, con el nombre supuesto del "doctor González", hombre hábil y culto, y en presencia del coronel Arana, del mayor Quintanilla, y en una ocasión del mayor Sánchez. Nunca este doctor González fingió creer que podía ser yo un guerrillero, mucho menos un jefe guerrillero: por conocer demasiado bien mis antecedentes, la forma de mi detención, la manera de actuar de los guerrilleros, dedujo este señor que yo tenía alguna misión política, confidencial, con el exterior. Y todo el interrogatorio vertió, no sobre la guerrilla, sino sobre datos, organizaciones, nombres de Francia, Italia, Cuba, supuestamente relacionados con lo que llamaba "el espionaje comunista internacional". Del Che, por supuesto, había mucha curiosidad. Les dije también, en aquel entonces, que compartía yo esta curiosidad, que había tenido la esperanza de encontrarlo como cualquier otro periodista, pero que había sido engañado, que el jefe máximo era Inti, etc... Lo que sabían falso, pero les faltaban testigos presenciales, pruebas materiales y detalladas para probar lo contrario. Y eso fue todo hasta que los mismos, acompañados esta vez por el mayor Saucedo, jefe de la segunda sección de la octava división, y siempre conducidos por el misterioso y poderoso González, reaparecieron en Mancheco, cerca de Santa Cruz, tres semanas después. Esta vez tenían testimonios preciosos, declaraciones detalladas, y tuve que reconocer haber logrado mi entrevista periodística con el Che, dándoles un resumen de aquélla. González, guiándose por un expediente redactado en inglés, me preguntó acerca de todo mi *curriculum vitae*, desde la pequeña infancia hasta hoy; eso duró un día entero, pero nunca pudo encontrar estas supuestas vinculaciones clandestinas, esta supuesta misión confidencial que, según él, había motivado mi presencia aquí. Me ofreció protección y silencio en nombre del gobierno boliviano, aunque él no era boliviano, en el caso de que me decidiera a cooperar con ellos. Y al final me propuso redactar una declaración pública por la cual renunciaría "a mis obras, a mis ideas", denunciando a Cuba, al comunismo, etc., en cambio de mi pronta y discreta liberación. Ustedes ven que para la CIA no hay límite en la inconsciencia, no hay límite en el menosprecio de los hombres. Ustedes ven también que conmigo lo que se ha buscado desde un principio no es justicia, sino propaganda.

Y aquí quiero rendir homenaje a la memoria de Vázquez, del cual me dijeron, aquel 12 de mayo de 1967, que estaba guardado como una "reliquia religiosa", con muchas medidas de seguridad, ya que un falso cura, un hombre disfrazado de cura, según ellos, había venido a secuestrarlo en el hospital. Lo cual no hace muy verosímil la tesis de la fuga, de lo que no hay ninguna prueba seria. Pero tampoco hay prueba de su asesinato, al menos no conozco ninguna, y debo decir honestamente que el destino de Vázquez queda para mí en un misterio. Lo que no es misterio es la manera engañosa, artera, pérfida, con la cual se lo ha hecho confesar, sobre su cama de hospital, aprovechando su debilidad física. Se acercó a él un panameño que le dijo ser periodista del Partido Comunista y un posible enlace con el exterior. Engañado, Vázquez no tuvo reparo en confiarle muchas cosas que el supuesto periodista grabó, y tuvo después que confirmar y precisarlas frente a la policía. Y ciertamente, los que lo han interrogado, los mismos que han interrogado a Bustos, a mí, a otros, deben poder esclarecer lo que realmente ha pasado con Vázquez. Quería solamente hacer constar al tribunal que las declaraciones informativas de Vázquez, muy importantes, ya que estaba presente desde la misma llegada del Che, donde recalca mi condición de visitante, no se encuentran en el expediente, y que la hoja suelta, sin firma, que está ahí para remplazarlas no puede engañar a nadie.

Desde aquel 12 de mayo, aunque volvieron los investigadores, bolivianos y extranjeros, no hablaron más conmigo. No hubo más interrogatorios, al menos para mí, hasta el cese de mi incomunicación, un mes y medio más tarde, en Camiri. ¿Por qué entonces haberla prolongado tanto? ¿Por qué no se ha presentado antes al obispo norteamericano Kennedy? Sencillamente, para tener el tiempo de montar en mi contra esta formidable máquina publicitaria, propagandística, al tiempo de hacer de mí un personaje importante, prominente, un "criminal" de primera categoría, un aventurero sanguinario, además dueño de "revoluciones sensacionales". Eso sería sencillamente cómico si no se hubiera orquestado tan bien, y a mis espaldas. Y cuando en julio me enteré de eso, durante varios días creí estar soñando, sin comprender todavía bien lo que disimulaba este "show". Y seguramente ustedes no pudieron sino dejarse impresionar por todo este despliegue de calumnias, de mentiras, de ataques oficiales y privados concentrados en mi persona. Lo que les voy a contar les permitirá entender mejor el porqué de todo eso. A principios de julio, uno o dos días después de haber prestado mi indagatoria frente al juez Flores, llegaron a Camiri algunos cubanos de la CIA para interrogar de nuevo a los prisioneros, y que se presentaron como mandados o remplazando a este doctor González. El que a mí me tocó tenía un gran mérito: era franco y hablaba sin rodeos. Me interrogó sobre mi libreta de direcciones, inocua por suerte, que me fue incautada en Muyupampa, así como otros documentos, como una credencial del señor Masperó, una tarjeta del director de *Sucesos*, otros papeles oficiales franceses. Lo que les explica, dicho sea entre paréntesis, por qué estos documentos no pudieron ser presentados aquí, ya que este hombre los tenía en su maleta y tuvo que llevárselos con él a Washington o por ahí. Me habló también este cubano, de Cuba, por cierto, de algunas declaraciones de prisioneros venezolanos; pero lo que aquí interesa es la franqueza de este hombre. Al final, me dijo así: "De nuestros informes depende todo. Su suerte está entre sus manos. Nosotros sabemos muy bien que usted no es ningún jefe guerrillero, pero sí debe tener alguna misión clandestina que nos interesa conocer. Si usted coopera con nosotros, si responde bien a mis preguntas sin tratar de engañarnos, le aseguro que toda esta máquina montada contra usted desaparecerá muy pronto. Lo mismo que se la ha construido, la podemos destruir en pocos días, hacerlo pasar en segundo plano y se hablará de usted como de cualquier otro. No más discursos, no más campañas de prensa, no más carteles en la calle, no más manifestaciones". Porque cuando así me hablaba, señor presidente, al mismo tiempo, unas decenas de personas pedían a gritos mi cabeza, justo detrás de las ventanas.

Este señor no salió satisfecho al parecer, y la maquinita siguió funcionando más que nunca. Sistemáticamente, por todos los medios disponibles, se ligó mi nombre con el del Che, dando además muy hábilmente a entender que fue primero gracias a mis "revelaciones" que se reconoció su presencia aquí, cuando era conocida desde mediados de marzo; se ligó mi nombre como lo han visto en los carteles que cubren las paredes de este edificio, con el de Fidel Castro, como si pudiera haber alguna comparación posible entre dos héroes históricos, entre dos líderes de América, y un simple periodista, un simple estudioso de mi edad y de mi nacionalidad. Desde Miami, desde Washington, se lanzaron folletos, editados por la gran prensa de aquí como novelas por entrega, donde se me pinta bebiendo sangre desde niño, presenciando, para mi desayuno, en La Habana, un lote de ejecuciones capitales; capturado aquí en Bolivia en pleno combate, en pleno monte, temblando detrás de un árbol. Cuando se da rienda suelta a la infamia, no sabe pararse, no sabe más que inventar. El ensañamiento aquí en Camiri tuvo formas más sutiles: períodos de incomunicación inexplicada; aislamiento completo en mi celda, mientras los otros presos están juntos. Y se llegó hasta a vestirme, a la fuerza, con este uniforme rayado de presidiario común, cifrado 001, uniforme que nunca antes fue usado en Bolivia, ni siquiera para los delincuentes comunes, en ningún momento de la historia boliviana. Uniforme que ninguno de mis coinculpados aquí presentes, que ninguno de los prisioneros del ejército tuvo que vestir. Todo eso como consecuencia natural del rencor, del deseo de venganza y de la frustración policial. Y, colmo de honor, ustedes saben cómo toda la publicidad ha sido orientada, alentada sobre mí, diciendo después que esta publicidad la he buscado yo, como si yo mismo hubiera escogido ser incomunicado dos meses, como si yo mismo hubiera montado este espectáculo, como si no tuviera que defenderme, que explicar, que revelar la verdad a través de los periodistas a mi alcance. ¿Tendría yo que asistir, callado y consentido, a este diluvio de propaganda y de invenciones? ¿Por qué a la dignidad que protesta, al simple espíritu de resistencia, se le llama "soberbia", "arrogancia", "deseo de provocarles"? ¿Y qué quieren estos señores? ¿La colaboración, la complicidad, el silencio sobre todas estas tractaciones, estas ofertas indignas, este complot? Mi arrogancia tratará solamente en el porvenir de ponerse a la altura de sus insultos.

De verdad, no quisiera estar en el lugar de aquellos que han montado esta puesta en escena, y que tienen en sus manos todos los documentos necesarios para saber la verdad. Y la verdad acabará por saberse, aun si resultara algo decepcionante para el fiscal, la parte o este tribunal. Por algo estoy cada mes rebajando de categoría en los discursos del general Barrientos. Esta "desescalada" es ineluctable. Empecé como cojefe, creo; luego comisario político, luego autor intelectual, combatiente y en la última que pude leer, como simple "estafeta". Sí, esto se acerca más a la verdad. Refleja mucho más mi papel exacto. Acepto la palabra, si hay de todos modos que encontrar alguna forma de incluirme en el dispositivo guerrillero. Es cierto, señores oficiales, que además de mi labor, de mi misión periodística, tenía algunas otras misiones que cumplir en Francia. Nada del otro mundo. Cuando salimos Bustos y yo de la guerrilla, el Che esperaba la llegada de otra gente del exterior, quiero decir de La Paz, verdaderos estafetas. Desgraciadamente, nunca llegaron. Y como ningún guerrillero podía salir de la guerrilla para cumplir alguna misión en la ciudad, por una disposición terminante del Che, ustedes encuentran ahí uno de los motivos principales del fracaso guerrillero, en este rigor político y militar del Che, según el cual ningún combatiente, una vez incorporado al monte, podía bajar más en el llano. Y como no pudieron ir tampoco del llano a la ciudad, hubo quizá este terrible malentendido, cada uno esperando que el otro venga hacia él para resolver cuestiones de máxima urgencia.

Volvemos al proceso. Este proceso político, en el cual la defensa no puede hablar de nada salvo del Código Penal y la acusación de todo, especialmente de política, salvo del Código Penal, es evidentemente simbólico. Se juzga la guerra de guerrilla a través de mí. Se ha pedido para ella treinta años de reclusión: dudo mucho que aguante tanto tiempo, y es lamentable que el fiscal no tenga en su arsenal otra pena más drástica, que acabaría de una vez con el problema. Pero, por el momento, el problema a resolver era otro, y más fácil, mucho más fácil: ¿cómo hacer semejante proceso con semejantes acusados? Si la parte civil tuviera un poco de humor, hubiera tomado algunas precauciones oratorias antes de pedir "el resarcimiento de daños y perjuicios", por las víctimas militares, a seis acusados cuyo único punto común es de no merecer el título de guerrillero, y de no haber, por razones diversas, nunca combatido al ejército boliviano. Tres desertores, que más bien merecen ser condecorados por los servicios incalculables que prestaron al ejército; un hacendado enemigo número uno de la guerrilla en su primera zona de operaciones, y que la denunció dos veces a las autoridades, sin saber, en verdad, de qué se trataba; y dos enlaces, si se quiere, para así llamarlos de una vez, Bustos y yo. Nada de eso daba para mucho. Entonces se encontró la solución, bastaba pensarlo: en vez de hacer un proceso a la medida del acusado llamado principal se ha fabricado un acusado a la medida del proceso que se quería hacer. Es por lo que se me ha hecho pasar del más escueto anonimato a esta sospechosa e inmerecida notoriedad. El juego se ha fabricado sus piezas, como la acusación sus pruebas. Mucho honor para un solo hombre. Que se quiera juzgar la guerrilla boliviana a través de un hombre cualquiera es jurídicamente inaceptable, pero moralmente, para el que habla, intachable. Pero hay algo más. Como lo expuso al principio el fiscal, es a Cuba, a la que aquí se quiere juzgar a través de mí, y poner en el banquillo del acusado. Pero eso no lo permitiré ni lo aceptaré nunca. El fiscal llamó a la Cuba revolucionaria "un foco de inseminación criminal". El único "foco de inseminación criminal" que conozco es Estados Unidos de Norteamérica, que exportó sus crímenes a Panamá, a Santo Domingo, a Guatemala, a Cuba, sus bombas y sus espías, sus tanques y sus barcos. Acusado aquí, en este recinto, hay uno solo y es el imperialismo yanqui, con sus servidores. Pero ya que no se puede aquí hablar de revolución y de contrarrevolución, derecho reservado al fiscal, que se me permita al menos, señor presidente, contestar a dos cargos concretos formulados por el fiscal. Me llamó primero "franco-cubano", mercenario al servicio de Cuba. Es sin duda un diminutivo más en su boca. Para mí es un honor y una alegría. Sin embargo, nada le da derecho al fiscal de arrebatarme mi nacionalidad. Si bien mis amistades personales me han ayudado en mi labor, Cuba no está por nada en mi venida aquí, ni en mis viajes por Latinoamérica. Mi presencia en Bolivia se debe únicamente a una decisión personal mía, tomada en acuerdo con mi editor francés y una revista mexicana. El hecho de que yo haya trabajado en la Universidad de La Habana, como tantos otros europeos, el hecho de que yo haya estudiado la historia revolucionaria de Cuba, admirado esta historia y los que la han hecho, no significa que Cuba tenga la responsabilidad de mis desplazamientos e iniciativas personales. Sirvo a una causa y no a un Estado y respeto a un Estado porque sirve a esta causa, y no a sus intereses egoístas de Estado, porque se confunde con aquélla. Asumo yo solo la responsabilidad de mis actos. Si el fiscal quiere enjuiciar a Cuba, sobre la cual mi confesión no dice una sola palabra, le recordaré que existe un organismo especializado en este tipo de quejas, es el ministerio de colonias yanquis, también conocido como OEA.

El fiscal se refirió también a que yo hubiera traído a los guerrilleros bolivianos "las consignas de mi amo Fidel". Sin duda quiere decir él que los guerrilleros bolivianos recibían consignas desde fuera. Él sabe que es falso. No recibían órdenes de nadie, salvo del jefe que habían elegido ellos mismos, desde adentro, Ernesto Che Guevara. Y le pregunto por mi parte que diga ¿cuáles eran estas consignas? ¡Si la CIA misma tuvo que volverse a casa, a Washington, sin haber podido evidenciar ni una sola de estas supuestas consignas! ¿Y cómo la CIA pudiera descubrir lo que no existe? Fidel no da ni puede dar consignas a nadie, porque ningún hombre, por grande que sea, por lúcido, por generoso que sea, puede dictar su curso a la historia, impedir lo ineluctable o realizar lo imposible. Ningún hombre puede dar a otros hombres la consigna de sacrificarse por la causa libertadora, porque los hombres no renuncian a su confort, a sus hijos, a la luz del día, los hombres no mueren por cumplir una consigna ajena sino por convicción, por una elección íntima, irremediablemente personal.

Pero hay una palabra todavía más insultante en eso, tanto para el que habla como para el propio Fidel: es esa de "amo". Confunde amo con amigo. El amo, el único amo, es el que se hace rico con el trabajo del pobre, del pueblo pobre de Bolivia, es el que explota y humilla, que saquea y que reprime, es el que tiene invertidos aquí, en suelo boliviano, sus dólares: es el señor Johnson. Cuba no tiene dólares o privilegios que ofrecer a nadie, no tiene nada que ofrecer sino su ejemplo: el del sacrificio, del valor y de la austeridad. Entre el amo y el amigo ejemplar, entre Johnson y Fidel, a cada uno de elegir.

Ya voy a terminar. Un abogado de la parte civil manifestó el temor de que la defensa, pidiendo clemencia, niegue a los vencedores el derecho de juzgar a los vencidos. ¿Pero quién quiere pedir clemencia aquí? ¿Quién se atrevió a hablar de vencedores? ¿Quién se da por vencido? ¿Vencido el Che porque murió? Hace años que el Che exponía su vida y escapaba milagrosamente a la muerte; hace años que él tomó la decisión de combatir en primera línea, ahí donde lo necesitaban, aquí y en otras partes; hace años que el Che había aceptado morir en cualquier instante. Solía decir él que su sacrificio no significaría nada, no sería más que un accidente en el curso de la revolución mundial, y que dependía después de cada uno de nosotros hacer de su sangre simiente. Hay hombres todavía más peligrosos muertos que vivos, aun si aquellos que les tienen miedo cortan las manos de su cadáver, incineran el cuerpo, esconden las cenizas. Para nosotros el Che empieza ahora a vivir y la revolución continúa.

No, no invocaré nunca el perdón a los vencidos. No me dirigiré nunca a ustedes como a los vencedores. Al contrario, les diré que si bien siento ser inocente de todos los cargos contra mí formulados, soy culpable frente a ustedes por creer en la victoria final y próxima del Che, culpable por querer cumplir con el compromiso que contrajo irreversiblemente cualquiera quien haya tenido la suerte de ver al Che vivir, pensar y pelear; el compromiso de quedarle fiel y seguir su ejemplo, en la medida de sus capacidades, hasta lo último. Haré todo lo posible para merecer un día el honor desmedido que han de acordarme condenándome por lo que no hice, pero quiero más que nunca hacer. Y con toda serenidad, con todo corazón, les agradezco de antemano la fuerte pena que espero de ustedes.

He terminado.

impreso en offset marvi, s. a.
calle leiria 72 - méxico 13, d. f.
dos mil ejemplares
3 de abril de 1978

www.ingramcontent.com/pod-product-compliance
Ingram Content Group UK Ltd.
Pitfield, Milton Keynes, MK11 3LW, UK
UKHW041843190726
13854UKWH00002B/692

9 789682 301018